BOURRIENNE

ET SES ERREURS.

IMPRIMERIE DE DAVID,
boulevard Poissonnière, n. 6.

BOURRIENNE

ET

SES ERREURS

VOLONTAIRES ET INVOLONTAIRES,

OU

Observations sur ses Mémoires;

PAR MESSIEURS
LE GÉNÉRAL BELLIARD, LE GÉNÉRAL GOURGAUD,
LE COMTE D'AURE, LE COMTE DE SURVILLIERS,
LE BARON MENEVAL, LE COMTE BONACOSSI,
LE PRINCE D'ECKMULH, LE BARON MASSIAS,
LE COMTE BOULAY DE LA MEURTHE,
LE MINISTRE DE STEIN,
CAMBACÉRÈS.

RECUEILLIES PAR A. B.

Tome Deuxième.

⸺◆⸺

PARIS.
CHARLES HEIDELOFF, LIBRAIRE,
QUAI MALAQUAIS, N° 1 ;
URBAIN CANEL, LIBRAIRE,
RUE J.-J. ROUSSEAU, N° 16.
⸺◆⸺
1830

CHAPITRE PREMIER.

Observations sur le 18 brumaire de M. de Bourrienne, par M. Boulay de la Meurthe, ancien ministre d'état, etc.

A Monsieur A. B.

Je vous adresse, Monsieur, les observations que je vous ai promises sur la partie des Mémoires de M. Fauvelet, dit Bourrienne, qui est relative au 18 brumaire. J'ai lu les diverses relations qui ont été faites de cette journée célèbre. La plupart m'ont paru dictées par la haine et la colère. Celles mêmes qui sont d'un esprit différent ne sont ni complètes ni toujours exactes : si bien qu'ayant été un des premiers dans le secret de cette entreprise, et ayant pris à son exécution une part active, j'ai cru devoir en composer moi-même une nouvelle relation, où seront exposés avec autant de simplicité que de franchise, les causes et les motifs qui ont amené ce grand événement, ainsi que la manière dont il a été préparé et dont il s'est accompli.

Cette relation fera partie des Mémoires auxquels je travaille depuis plusieurs années et que j'espère terminer bientôt. Mon idée avait été d'abord de vous la confier pour la faire entrer dans votre plan; mais comme elle est intimement liée avec ce qui la précède et ce qui la suit, en y réfléchissant, j'ai craint qu'ainsi détachée du corps de l'ouvrage, elle ne perdît de la force qu'elle tire de la place qu'elle y occupe, et même que rapprochée sans cesse des allégations mensongères et confuses de Bourrienne, et cela dans le dessein d'y répondre et de tout éclaircir, elle ne fût à chaque instant rompue, ne renfermât forcément trop de redites, et ne devînt ainsi fastidieuse et beaucoup trop longue pour le but que vous vous proposez. Ce n'est donc pas ici l'histoire du 18 brumaire, mais seulement le simple exposé des faussetés, des contradictions et des invraisemblances dont est remplie cette partie des Mémoires de Bourrienne : encore n'ai-je pas cru devoir les relever toutes, sans quoi il m'aurait fallu un volume; je ne m'arrêterai qu'aux principales circonstances; ce qui suffira j'espère, pour faire sentir à tout lecteur judicieux et de bonne foi, combien peu Bourrienne mérite de confiance.

C'est, vous le savez, un bruit accrédité que ce n'est pas lui qui a rédigé les Mémoires qui portent son nom, qu'il a seulement fourni quelques pièces, quelques notes et quelques souvenirs. On va jusqu'à citer le nom de l'écrivain rédacteur. On prétend que tout ceci n'est qu'une intrigue ourdie, et puissamment favorisée, dans le double but de gagner de l'argent en trompant le public, et de dégrader la mémoire de Napoléon. Mais je ne veux point entrer dans toutes ces questions. Les Mémoires ont été publiés sous le nom de Bourrienne; Bourrienne ne les a pas désavoués; je suis donc autorisé à ne voir ici que Bourrienne.

Il y a, dans le tome troisième de ces Mémoires, une première relation du 18 brumaire assez longue, car elle comprend tout ce qui est renfermé dans les chapitres III et suivans jusqu'au chapitre X, et forme une partie considérable de ce tome. Après l'avoir lue, on se croit sans doute bien au fait de tout ce que l'auteur savait sur le 18 brumaire; point du tout : quand on arrive à la moitié du quatrième tome, on est tout étonné de trouver de cet événement une nouvelle relation que l'auteur avait oubliée, quoi qu'il en eût sous la main tous les matériaux. Elle est fondée, selon lui, sur une conversation qu'il avait eue à Milan avec M. Collot, quelques jours après la bataille de Marengo. Bien qu'à l'en croire, il ne prît jamais de notes que de ce que Bonaparte lui disait, il crut devoir faire ici une exception, et il prit, de ce que lui avait raconté M. Collot, des notes d'après lesquelles il a composé cette nouvelle relation, où Collot figure comme principal narrateur. Il semble que Bourrienne eût mieux fait, avant d'écrire sur le 18 brumaire, de rassembler tout ce qu'il possédait de matériaux sur cette journée. Il se fût épargné le reproche d'écrire avec précipitation et comme au hasard, et eût formé un récit qui aurait eu au moins le mérite de la liaison et de l'unité; chose plus satisfaisante pour les lecteurs, qui restent dans le doute à la vue de deux récits qui ne s'accordent pas toujours.

Pour expliquer cette différence, Bourrienne dit : « M. Collot a vu les événemens de très-près, et d'un autre point de vue que moi. Je pense donc que le lecteur me saura gré d'avoir fait alors pour ce qu'il me dit, ce que je ne faisais que pour les paroles du premier consul, c'est-à-dire d'avoir pris quelques notes après notre conversation. J'ai lieu de penser que, sans ce court avertissement, M. Collot serait aujourd'hui fort étonné de la fidélité de ma mémoire; ce qui suit lui appartient donc réellement plus qu'à moi, quoiqu'il en ait probablement oublié une grande partie. »

Je remarquerai ici que c'est vraiment une chose admirable que la mémoire de M. de Bourrienne. J'en ai été stupéfait en lisant ces deux récits, et je suis encore à comprendre comment, avec quelques notes prises depuis tant d'années, il a pu se rappeler les longs discours et les récits détaillés qu'il met dans la bouche tantôt de Bonaparte, tantôt de M. Collot. Toutefois, ce dernier paraît ne pas douter de cette mémoire si extraordinaire, car je ne sache pas qu'il ait désavoué rien de ce que Bourrienne lui fait dire, et pourtant, comme nous le verrons, il lui fait dire des choses ou fausses, ou fort peu vraisemblables.

Cependant, à en croire Bourrienne, ils étaient parfaitement placés, Collot et lui, pour être bien instruits de tout. D'abord, Bourrienne, *toujours cloué au cabinet du général, connaissait*, dit-il, *mieux que qui ce soit, ses projets secrets ; mais il n'était pas à même d'apprécier les choses du dehors.* Cependant, ailleurs il assure qu'il était aussi des petits comités ; et, en effet, dans sa relation, il parle tout autant des choses du dehors que des choses du dedans. Quiconque a parcouru ses Mémoires, a dû être frappé de l'importance et de la sagacité qu'il s'attribue ; il était le confident de tout ; ou si, d'abord, on lui cachait quelque chose, il savait bien le deviner. Même après qu'il eut été chassé par le premier consul, il savait mieux que personne ce qu'on faisait, ce qu'on voulait faire ; enfin, c'est l'homme dont les révélations sont le plus certaines, et sur le général, et sur le premier consul, et sur l'empereur.

Quant à M. Collot, voici la preuve, tirée de la conversation qu'il eut avec Bourrienne à Milan, qu'à l'époque du 18 brumaire il possédait aussi la confiance du général, et qu'il fut bien au fait de tout ce qui se passait alors. Collot avait été fournisseur des vivres-viandes à l'armée d'Italie, commandée par Bonaparte et il y avait acquis l'amitié de ce général. Cependant, lors du départ pour l'expédition d'Egypte, dont lui, Collot, devait être, il se brouilla avec lui, et resta à Malte, d'où il revint en France.

A son retour d'Egypte à Paris, Bonaparte reçut, dès les premiers jours, de nombreuses visites, « au milieu de cette foule empressée (c'est Bourrienne qui parle d'après Collot), une des choses que Bonaparte remarqua le plus, fut l'absence de M. Collot. Il se cacha de moi à cette occasion, car, au lieu de me charger de lui écrire, il en donna la commission à Régnault de Saint-Jean-d'Angély. Celui-ci écrivit, d'après l'invitation de Bonaparte, comme si c'eût été de son propre mouvement. Régnault disait à M. Collot : Vous auriez été bien aise, mon cher Collot, d'être dans ma poche, vous auriez recueilli, il y a une heure, des éloges qui vous auraient flatté. Vous auriez entendu dire que vous étiez bon, sensible, bienfaisant; que vous inspiriez de l'intérêt, de l'estime, et tout cela, c'est Bonaparte qui le disait à Arnault et à moi. Allez donc le voir, il vous recevra avec plaisir. »

Mais pourquoi M. Collot ne s'était-il pas empressé, comme tant d'autres, de rendre visite au général ? C'est sans doute parce qu'il s'était brouillé précédemment avec lui, et qu'il avait refusé de le suivre en Égypte; non, c'est uniquement parce que « si à l'arrivée de Bonaparte il s'était présenté chez lui, il aurait craint d'être reçu comme un adorateur de la bonne fortune, et ce fut pour cela qu'il attendit une lettre de convocation, et il s'en expliqua dans les mêmes termes avec Bonaparte. »

Et que répondit là-dessus Bonaparte? « Vous n'aviez pas cette crainte, lui dit-il, vous m'avez trop bien prouvé que vous ne couriez ni après l'argent, ni après les faveurs; dites plutôt que vous aviez été retenu par un peu d'embarras, et surtout par un peu de fierté. C'est elle qui nous a séparés à Malte; sans elle, vous m'auriez suivi en Égypte... Mais ne revenons point sur le passé, je veux l'oublier. »

Il faut avouer qu'après les beaux complimens que lui faisait le général, si M. Collot eût encore voulu lui tenir rigueur, il se fût montré bien difficile. Mais de son côté, il renonça à sa fierté et le raccommodement se fit.

Remarquez que tout cela se faisait dans un tête-à-tête. Ce n'est pas qu'en arrivant, Collot n'eût trouvé chez le général une assemblée nombreuse, composée de députés, de généraux, et où se trouvaient les magistrats qui régissaient la

France; mais Bonaparte congédia tout ce cercle pour se trouver seul avec M. Collot, tant il avait à cœur de reconquérir son amitié. Bourrienne, qui nous raconte tout cela d'après M. Collot, convient lui-même qu'on doit être surpris que Bonaparte ait traité tout ce monde avec aussi peu de ménagement; mais, ajoute-t-il, « c'est que sous un gouvernement pourri, personne n'avait de consistance réelle; que personne ne pouvait lui être d'un véritable secours, et que par conséquent il ne devait accepter de services d'aucun parti pour n'être pas bientôt importuné de ses exigences. En s'appuyant sur l'un d'eux, il aurait craint de se produire aux yeux de la France comme un chef de factieux, tandis qu'il aspirait alors bien sincèrement à être regardé comme le restaurateur paisible de l'état qui croulait sous le poids de l'opprobre. »

J'en demande pardon à M. de Bourrienne, mais je suis étonné, à mon tour, que lui, qui est doué d'une si haute capacité, et qui connaissait si bien le général, lui prête ici un tel sentiment. Sans doute, le gouvernement était dans un état de dissolution, et Bonaparte avait le désir sincère d'être le restaurateur de l'état; mais comme la France était divisée en différens partis, qu'il ne cherchât pas quel était celui qu'il devait préférer comme le plus analogue aux bonnes intentions qu'on veut bien lui accorder ici ; qu'il crût n'avoir besoin de personne pour le seconder, qu'il se flattât, en un mot, d'accomplir à lui seul, et sans aucun secours, une si grande entreprise, n'est-ce pas lui supposer autant d'ineptie que de vanité? Aussi, verrons-nous M. de Bourrienne démentir lui-même par une foule de faits ce qu'il dit ici.

Mais revenons à M. Collot. Le voilà donc reconcilié avec le général; aussi venait-il tous les jours chez lui. Il connaissait toutes les menées et contre-menées; il assistait à tous les grands conciliabules; il possédait la confiance de Bonaparte; enfin, dit Bourrienne, que nous copions ici, *M. Collot est peut-être, après moi, l'homme qui connut le mieux le général Bonaparte.* D'après cela, il n'y a plus à hésiter, il est clair qu'on doit ajouter une foi entière à ce que ces messieurs nous diront du 18 brumaire. Néanmoins, un doute pourrait peut-être s'élever dans un esprit bien fait. C'est que Bourrienne, auteur des deux relations que l'on trouve dans ses Mémoires, peut à bon droit être soupçonné de les avoir écrites sous l'inspiration de la haine. On sait combien

Napoléon avait de répugnance à changer soit de ministres, soit d'agens. Une fois qu'il avait employé quelqu'un, s'il le faisait sortir de sa place, c'était presque toujours pour lui en donner une meilleure. Jamais il ne disgracia personne qu'à la dernière extrémité et pour les raisons les plus graves. Encore cette disgrace ne durait pas long-temps, et il suffisait que vous l'eussiez servi, pour qu'il ne vous perdît pas de vue, et qu'il ne vous laissât pas sans emploi ou sans ressource : il y en a encore plusieurs exemples vivans. Or, c'est une chose notoire que Napoléon, après avoir long-temps hésité, retira sa confiance à Bourrienne et le renvoya de son cabinet. Il y fut en quelque sorte forcé par la voix publique, et pour ne pas paraître son complice. Je me souviens très-bien que nous en fûmes tous enchantés au conseil-d'état, tant nous souffrions de voir Bourrienne occuper une place de si haute confiance, et dont on l'accusait partout d'abuser étrangement! Bourrienne fit tout au monde pour parer le coup, il pleura, il se roula par terre, mais inutilement : il fallut sortir et dire adieu au cabinet; depuis, il n'est pas de supplications et de protestations de dévouement qu'il ne fît pour y rentrer; mais Napoléon fut toujours inexorable sur ce point, et cependant, conservant pour lui un reste d'intérêt, il le chargea de quelques commissions, et enfin lui donna, pour Hambourg, une mission que les circonstances rendirent importante et dans laquelle il fut maintenu, jusqu'à ce que des plaintes nombreuses, s'élevant de toute part contre lui, Napoléon fit examiner sa conduite, et sur le rapport d'un des premiers fonctionnaires de l'état, et sur l'examen des pièces, le condamna à deux millions de restitution, qu'il n'a pourtant pas payés, ayant su profiter habilement des circonstances de 1814 et 1815.

Or, que tout cela ait rempli son cœur de haine et de vengeance, c'est ce qu'on croira facilement, et d'ailleurs les preuves en sont connues. Il n'y a qu'à se rappeler ce qu'il fit, étant préfet de police, et les lettres qu'il publia à Hambourg où il s'était réfugié, après le retour de l'île d'Elbe; je demande donc s'il est possible à un ami de la vérité de croire aveuglément à tout ce qu'il dit d'outrageant dans ses Mémoires contre Napoléon.

Quant à M. Collot, Bourrienne ne cite qu'une preuve de la confiance qu'il prétend que lui accorda Bonaparte relativement au 18 brumaire, c'est que le 16 il engagea Collot à s'arranger pour donner à dîner à Saint-Cloud, un des jours suivans, à vingt-cinq ou trente personnes. Il paraît que le dîner fut préparé le 19, mais qu'il n'y eut que sept ou huit convives. Ce fait ne prouve certainement pas que Collot eût été initié au secret de l'entreprise. Cependant, soit qu'il la connût, soit qu'il ne fît que la soupçonner, il est certain qu'il y prit intérêt; je puis à cet égard citer un fait dont ni lui, ni Bourrienne n'ont parlé; c'est que le 18 brumaire au matin, ayant appris que Talleyrand, Rœderer, l'amiral Bruix, Réal devaient se trouver au département de la Seine, il s'y rendit les poches bien garnies, et offrit d'avancer des fonds pour le succès de la chose.

Bourrienne assure que Collot assistait à tous les grands conciliabules où se préparait le 18 brumaire. Je crois pouvoir affirmer qu'avant l'événement, il n'y eut point de grands conciliabules. Cela eût été fort imprudent : la chose exigeait, elle fut, en effet, conduite avec beaucoup de secret et en petits comités. Ce n'est pas qu'une grande portion du public ne s'attendît à un grand événement, ne le désirât et n'en parlât. Mais comment se ferait-il, en quoi consisterait-il précisément, très peu de personnes le savaient. Cela est si vrai que le projet de translation à Saint-Cloud ne fut arrêté que le 15, et que le changement que l'on proposerait le 19, ne fut convenu que le 18 assez avant dans la nuit. Nous verrons tout-à-l'heure combien est faux ce qui est dit à cet égard dans les deux relations de Bourrienne.

Mais auparavant, je dois faire encore une observation sur le peu de confiance que mérite aussi la seconde de ces relations, dont le fond, selon Bourrienne, appartient à M. Collot, et où il figure comme principal interlocuteur. Il paraît, toujours d'après Bourrienne, qu'à l'époque où eut lieu, à Milan, la conversation dont nous avons parlé, et sur laquelle la seconde relation a été bâtie; il paraît, dis-je, que Bonaparte et Collot étaient brouillés de nouveau, et sans que depuis il se soient raccommodés. Quel est celui des deux qui avait tort? Demandez-le à M. de Bourrienne; il ne manquera de vous dire que c'était Bonaparte. Voici, en effet, comment il s'explique à ce sujet dans le tome IV :

« Le lecteur n'a probablement pas oublié quelles instances Bonaparte avait faites auprès de M. Collot, pour l'engager à venir en Italie, combien de caresses il avait prodiguées pour l'y déterminer. M. Collot s'y rendit, et vint voir Bonaparte à Milan. Celui-ci le reçut froidement, quoiqu'il n'eût pas encore gagné la bataille de Marengo; mais le moment était venu de lui faire expier les avances faites à Paris. M. Collot, comme on a vu, avait été dans la plus grande intimité de Bonaparte, et ne lui avait rendu que des services. C'étaient deux raisons dont une seule aurait suffi pour causer l'inimitié de Bonaparte. »

Peut-être que sans avilir autant le caractère Bonaparte, un fait dont il fut parlé dans le temps, rendrait mieux raison du mécontentement de M. Collot. Il avait demandé une place de conseiller-d'état, et avait mis, pour la lui faire obtenir, plusieurs personnes en campagne. Mais Bonaparte la refusa constamment, en disant qu'il ne voulait pas avoir dans le conseil-d'état un marchand de viande. Je veux croire que Bonaparte ne rendait pas assez de justice au mérite de M. Collot; mais peut-être ne connaissait-il pas toute l'étendue de ce mérite, et ne pourrait-on pas imputer son refus à l'erreur de son esprit, plutôt qu'à un vice de cœur aussi odieux que celui qu'on lui suppose ici? Quoi qu'il en soit, puisque d'après les allégations de Bourrienne non démenties par M. Collot, celui-ci était si mécontent de Bonaparte à l'époque où il eut avec Bourrienne la conversation d'après laquelle a été rédigée la seconde relation, n'est-ce pas une raison suffisante pour le lecteur de bonne foi de se défier un peu de ce qui est contenu dans cette relation ?

Au reste, voyons, du moins en partie, ce que contiennent ces deux relations. Je ne prétends pas dire que tout y soit faux. Elles renferment quelques vérités si notoires, qu'ils n'ont pas osé les altérer. Ainsi, lorsque Bourrienne décrit la marche triomphale du général depuis Fréjus jusqu'à Paris, et l'enthousiasme qu'excita son arrivée dans cette capitale, il ne dit rien que de vrai. Il ne s'éloigne pas non plus de la vérité, lorsqu'après avoir peint la situation déplorable et désespérée de la France à l'époque de ce retour, il en conclut que la France, en recevant le général, comptait *sur un libérateur, et qu'un 18 brumaire était désiré et attendu.* Collot énonce la même chose en peu de mots. « Vous savez, dit-il à Bourrienne, dans quel état de désorganisation, de mépris et de misère la France était tombée. Elle cherchait une main forte qui pût la retirer de l'abîme, et nulle autre que celle de

Bonaparte ne pouvait la relever de sa chute. »

Comment donc, après avoir si bien reconnu le vœu de la France et la nécessité du 18 brumaire, s'étudient-ils tous deux à flétrir cette journée, ainsi que ceux qui la préparèrent? car voici ce que dit Bourrienne : « Tout dans ces menées politiques est si méprisable, escorté de de tant de fourberies, de mensonges, de guet-à-pens, de supercheries et d'audace, que, pour l'honneur de l'espèce humaine, il faudrait les couvrir d'un voile. Tout finit par des coups de sabre. »

Collot n'est pas tout-à-fait si violent; à la vérité, il compare d'abord tous les députés qui prirent part à cette journée « à ces sénateurs de Rome, qui, forcés de reconnaître un prince qu'ils n'avaient pas choisi, le saluaient à l'envi des noms de libérateur, d'ami du peuple, de père de la patrie, de divin, de tous ces titres enfin qu'invente l'adulation et que répète la crainte.» Mais il adoucit ensuite ce jugement rigoureux. « Il faut, dit-il, rendre hommage à la vérité. Tous les éloges adressés à Bonaparte n'étaient pas dictés par la flatterie ; beaucoup l'étaient par la reconnaissance et l'admiration ; beaucoup plus encore par l'espérance. La France ne doutait pas du génie de Bonaparte, et voulait croire à sa vertu.»

Il ajoute un peu plus loin : «Il faut pourtant que je convienne d'une chose, c'est que, si parmi ces sénateurs éphémères, qui disposaient de la France, quelques-uns obéissaient à des sentimens d'ambition, de cupidité et même de crainte, la plupart de ceux avec qui j'eus occasion de parler ce jour-là et depuis, étaient, à ma connaissance, guidés par un motif plus noble, le désir de sauver l'état, d'une crise dont on n'aurait pu prévoir les conséquences, etc.»

Mais entrons dans quelques détails, et voyons d'abord, d'après ces messieurs, quels furent à son arrivée, les rapports du général, avec le directoire. Bourrienne dit d'abord : «Le lendemain de son arrivée, Bonaparte avait fait une visite au directoire; l'entrevue fut froide.» — A la bonne heure; mais d'après la tournure de la phrase, il semble au moins que la visite était volontaire et spontanée de la part du général. Cependant, un peu plus loin, Bourrienne, en parlant de cette même visite, s'exprime ainsi : «Pour se débarrasser d'une gloire qui le gênait et l'inquiétait, le directoire le manda le 25 vendémiaire, à une séance particulière. Il me dit le lendemain :

«Ils m'ont offert le choix de l'armée que je voudrais commander. Je n'ai pas voulu refuser; mais je leur ai demandé quelque temps pour rétablir ma santé, et pour éviter d'autres offres embarrassantes, je me suis retiré; je ne retournerai plus à leurs séances. (Il n'y alla plus qu'une seule fois.) »

La conversation n'est pas finie, j'y reviendrai tout-à-l'heure; mais auparavant je veux montrer comment Collot rend compte de la même visite.

« De retour d'Egypte à Paris, dit-il, Bonaparte se rendit au directoire avec tant de précitation que les directeurs ne l'attendant pas, n'avaient pas eu le temps de s'accorder sur la réception qu'ils lui feraient. Un huissier l'annonça. Les directeurs embarrassés, le laissent quelque temps dans le salon d'attente; il s'impatiente, sort et descend pour remonter en voiture. Les directeurs avertis font courir sur ses pas. Il remonte, et trouve l'un des cinq souverains accouru au-devant de lui; arrivé près de leurs fauteuils, il les aborde plein d'assurance, comme un homme qui venait bien plutôt demander compte de leur conduite que justifier la sienne... La conférence de Bonaparte avec ces cinq fantômes d'autorité, qui ne formaient même pas l'ombre d'un gouvernement, dura deux heures. A peine osa-t-on le questionner sur l'armée d'Egypte ; le temps se passa, au contraire, à répondre à ses questions sur la situation de la France, et il ne mit fin à cette séance qu'au moment où il fut assez convaincu de sa supériorité. »

Il faut avouer que quand M. Collot eût assisté à tout ce qui se fit et à tout ce qui se dit dans cette circonstance, il n'aurait pu en rendre un compte plus détaillé. C'est dommage que sa relation ne s'accorde ni avec celle de Bourrienne, ni avec aucune autre.

Je reviens à la prétendue conversation que le général eut avec Bourrienne le lendemain de la visite. A ce que nous en avons rapporté, Bonaparte ajouta : « Je me décide pour le parti Siéyès. Il se compose de plus d'opinions que celui du débauché Barras. Il dit partout qu'il est l'auteur de ma fortune ; il aura toujours de la répugnance à jouer un rôle inférieur, et moi, je ne céderai jamais à un tel homme. N'a-t-il pas la folle ambition d'être le soutien de la république. Et que ferait-il de moi ? Barras ne pense qu'à lui, Siéyès, au contraire, est sans ambition politique. »

Voilà, selon Bourrienne, ce que disait de Siéyès Bonaparte le troisième jour de son arrivée à Paris. Hé bien! un peu après, Bourrienne lui fait tenir un langage tout opposé sur le compte du même Siéyès. Bonaparte me dit le 24 octobre : *J'ai affecté, à un dîner que j'ai fait hier chez Gohier*, de ne pas regarder Siéyès qui en était, et j'ai vu toute la rage que ce mépris lui causait. — Êtes-vous sûr qu'il soit contre vous? — Je n'en sais rien encore, mais c'est un homme à système que je n'aime pas. »

Comment donc se fait-il que le 23 octobre, Bonaparte traitât Siéyès avec tant de mépris et montrât pour lui tant d'aversion, tandis que quelques jours auparavant, il s'était déjà décidé pour son parti, en reconnaissant que ce parti se composait de plus d'opinions que celui de Barras, et que Siéyès n'avait point d'ambition politique?

Il y a plus : Bourrienne assure dans vingt endroits que Bonaparte, encouragé, excité par la voix publique, était décidé, dès les premiers jours de son arrivée, à renverser le directoire et à prendre en main les rênes du gouvernement; et dans d'autres endroits, il prétend que toutes les vues de ce général se bornaient d'abord à devenir membre du directoire ; et à la place de qui ? à celle de Siéyès dont il regardait la nomination comme scandaleuse, et cela d'accord avec les autres directeurs; en sorte que c'est sur l'objection qu'on lui fit, que n'ayant pas quarante ans, il ne pouvait pas être porté au directoire, qu'il *se détermina à jouer seul le rôle qu'il eût partagé en cinquième pour la forme.* Ce sont les propres termes de Bourrienne. Or, je crois pouvoir assurer qu'il ne fut jamais question de faire entrer Bonaparte au directoire, et que, si on avait eu cette idée, ce n'eût pas été Siéyès qu'on eût fait sortir du directoire pour y placer le général. Un tel dessein n'entrait pas dans l'esprit de ceux qui désiraient un changement; ce changement n'aurait abouti à rien d'utile et de stable, et Bonaparte le savait mieux que personne.

Nous venons de parler du dîner, où Bourrienne assure que Bonaparte témoigna tant de mépris à Siéyès; il ajoute à cela que Siéyès indigné dit à Gohier. « Voyez comme ce petit insolent traite un membre d'une autorité, qui aurait dû le faire fusiller. » J'ai déjà remarqué combien était invraisemblable la conduite que l'on suppose que tint Bonaparte envers Siéyès, dans ce dîner chez Gohier. J'ajoute que si Siéyès avait tenu le propos qu'on lui prête ici, ce n'est certainement pas à Gohier qu'il l'eût tenu, à Gohier qu'il méprisait, à Gohier avec lequel il était en dissentiment public d'opinions.

Maintenant, pour en venir aux relations de Bonaparte avec les généraux qui se trouvaient à Paris, voici comment M. Collot s'explique à l'égard de Moreau : « On chercha à entrer en négociation avec Moreau, mais son langage fit pressentir qu'il n'y prendrait aucune part (au projet de Bonaparte), et son caractère fit penser en même temps qu'il n'y mettrait aucun obstacle. » — Bourrienne peint, au contraire, Moreau comme un mécontent. « Nous savions, dit-il, qu'il avait été justement sensible aux injustes dédains de Bonaparte, dont il n'ignorait pas les projets. » — De manière que lui Bourrienne et Joséphine étaient fort inquiets pendant que Bonaparte était aux Tuileries dans la matinée du 18. Mais ayant appris indirectement que Bonaparte et Moreau étaient d'accord, cette alliance, long-temps inespérée, leur parut à tous deux d'un favorable augure.

Dans les Mémoires qu'il a dictés à Sainte-Hélène, Napoléon s'explique bien différemment. « Moreau, dit-il, ayant appris par le bruit public qu'il se préparait un changement, déclara à Bonaparte qu'il se mettait à sa disposition, qu'il n'avait pas besoin d'être mis dans aucun secret, et qu'il ne fallait que le prévenir une heure d'avance. »

Cette version est bien plus conforme aux faits connus. Il est certain que Moreau accepta sans difficulté la mission que lui donna Bonaparte le 18 brumaire au matin, et qu'il s'en acquitta fidèlement. Il n'est pas croyable que Bonaparte lui eût montré d'injustes dédains. Ne fût-ce que par politique, il se serait bien gardé de le faire, et d'autant moins que la confiance publique les associait en quelque sorte. Quand le corps législatif donna à dîner à Bonaparte, il y invita Moreau; il était rare que l'un le fût sans l'autre; non qu'on les plaçât tous deux sur la même ligne pour les talens et les services, mais on était persuadé que Moreau pouvait très-bien seconder Bonaparte. Il le seconda, en effet, et cela très-volontairement; car, quoi qu'en dise Bourrienne, il était libre, indépendant, et ni les règles de la discipline militaire, ni le décret du conseil des anciens ne le soumettaient à obéir à Bonaparte. Il faut donc regarder comme autant de faussetés ce qui est dit à l'égard de Moreau dans des *notes historiques,* qui sont insérées comme appendice à la fin du dernier volume de la *Vie de Napoléon Bonaparte,* par le romancier Walter Scott, notes attribuées au général Bernadotte, actuellement roi de Suède, mais qu'il faut plutôt regarder comme l'ouvrage d'un ami indiscret, et si indiscret, si mal avisé, si menteur, qu'il pourrait, à bon droit, passer pour l'ennemi de la gloire de ce général. C'est pourtant dans ces notes que, sans les citer jamais, Bourrienne a évidemment puisé à pleines mains, ainsi que dans les autres écrits les plus contraires à Napoléon. J'avais d'abord eu le dessein de rendre un compte détaillé de ces notes; mais outre que cela eût été fort long, à quoi bon raconter tant d'anecdotes, ou fausses, ou invraisemblables? Le lecteur pourra s'en former une idée en les lisant et en les comparant avec ce que dit Bourrienne des relations de Bonaparte avec Bernadotte.

Celui-ci y est présenté partout comme un ami fidèle de la constitution de l'an III, comme un républicain sévère qui voulait défendre, même le directoire, quoiqu'il le méprisât; et, selon Bourrienne, au moyen des événemens survenus depuis, *la couronne de Suède est devenue com-*

patible avec cette fidélité à la constitution de l'an III.

Bourrienne dit encore que si Bernadotte se montra contraire à l'accomplissement du 18 brumaire, *ce n'est pas qu'il eût pour Bonaparte aucune inimitié personnelle tant qu'il n'eût pas deviné ses ambitieux projets.* Il y eût donc inimitié du moment où il les eût devinés. Or, Bernadotte, *doué d'une rare perspicacité, fut un des premiers à voir clair dans les projets de Bonaparte;* et même, à consulter les *notes historiques* dont j'ai parlé, il faudrait faire remonter plus haut cette défiance et cette aversion de Bernadotte; car étant ministre de la guerre, il aurait dénoncé Bonaparte au directoire comme aspirant à la dictature, et se serait opposé à ce qu'on le fît revenir d'Égypte; il aurait déclaré à Joseph Bonaparte, son beau-frère, que si le général revenait d'Égypte sans son armée, il s'exposerait à la rigueur des lois militaires; enfin, sur la nouvelle de ce retour, il aurait fait entendre au directoire qu'il fallait faire fusiller Bonaparte comme déserteur de son armée et comme infracteur des lois sanitaires.

De son côté, Bonaparte aurait été bientôt ins-

truit des dispositions de Bernadotte contre lui :
« En effet, je me rappelle, dit Bourrienne, que
« dès le second jour de notre arrivée, Bonaparte
« me dit : J'ai déjà appris bien des choses, mais
« nous verrons. *C'est un singulier homme que*
« *Bernadotte...* Ce n'est pas un moyen que Berna-
« dotte, mais c'est un homme obstacle... Je crois
« bien que j'aurai Bernadotte et Moreau contre
« moi ; mais je ne crains pas Moreau, il est mou,
« sans énergie ; je suis sûr qu'il préfère le pou-
« voir militaire au pouvoir politique ; on le
» gagnera avec la promesse du commandement
« d'une armée. Mais Bernadotte a du sang maure
« dans les veines ; il est entreprenant et hardi.
« Il ne m'aime pas, je suis plus que certain qu'il
« sera contre moi. S'il devenait ambitieux, il se
« croirait en droit de tout oser. Vous devez pour-
« tant vous rappeler avec quelle mollesse il a agi
« au 18 fructidor, lorsque je l'envoyai près d'Au-
« gereau pour le seconder. Ce diable d'homme
« est d'ailleurs peu susceptible de séduction, il
« est désintéressé, il a de l'esprit, etc. »

Tandis que tous les généraux et officiers qui étaient à Paris s'étaient empressés de faire leur visite à Bonaparte, Bernadotte, selon Bourrienne, fut plus de quinze jours sans y venir ; ce qui devait encore augmenter la défiance de Bonaparte. Or, avec des telles dispositions réciproques, il semble que leur entrevue devait être froide, fort vague et fort courte. « Je n'y assistais pas, dit Bourrienne, mais je sus bientôt que la conversation avait été longue et vive ; car, dès qu'elle fut terminée, Bonaparte entrant tout ému et très-agité dans le cabinet, me dit avec vivacité : Bourrienne, concevez-vous Bernadotte? »

Alors Bonaparte lui raconta que Bernadotte lui avait dit un *tas de balivernes* sur la situation de la France, qu'il avait eu le front de lui dire qu'il regardait l'armée d'Egypte comme perdue. *Il a fait plus*, ajoute Bonaparte d'après Bourrienne, *il a laissé percer des intentions ; il a parlé d'ennemis extérieurs*, d'ennemis intérieurs; *en disant ces derniers mots, il m'a regardé ; j'ai moi-même laissé échapper un regard, mais patience ! la poire sera bientôt mûre.*

D'après les notes historiques, c'est Bonaparte qui commence à parler des affaires publiques; Bernadotte le laisse s'étendre sur la nécessité d'un changement dans le gouvernement; puis, après l'avoir contredit et sur les circonstances où se trouvait la France, et sur l'armée d'Egypte, il ajoute : « Je ne désespère pas du salut de la république, et je suis convaincu qu'elle saura contenir ses ennemis tant extérieurs qu'*intérieurs.* En prononçant ces derniers mots, Bernadotte, sans y faire attention, regarda en face Bonaparte, *dont la confusion était évidente.* »

Bourrienne fait parler un autre témoin, c'est madame Bonaparte, qui avait été présente à la conversation, et il a grand soin de la faire parler de manière à donner tort à Bonaparte. Il lui fait dire : « En prononçant les mots d'ennemis intérieurs, le regard de Bernadotte m'a fait frémir ; un mot de plus et Bonaparte éclatait. Il est vrai que c'est un peu sa faute, car c'est lui qui a amené la conversation sur la politique, et Bernadotte, en lui présentant l'état de la France en beau, n'a fait que répondre au général qui lui en avait offert un tout opposé. Vous savez, mon cher Bourrienne, que notre ami n'est pas toujours bien discret. Je crains qu'il en ait trop dit sur le besoin d'amener des changemens dans le gouvernement. »

Il semble, en ce cas, qu'après une altercation aussi vive, ces deux généraux devaient éviter de se revoir. Cependant, « quelques jours après, dit Bourrienne, comme nous étions dans le salon de Bonaparte, lui, Joséphine, Hortense et moi, nous voyons tout-à-coup entrer Bernadotte qui n'était point attendu. Sa présence imprévue, après ce qui s'était passé, était de nature à nous causer au moins de la suprise. »

Et à quel propos Bernadotte revenait-il? c'était pour présenter à son ancien général en chef M. Rousselin, qui avait été secrétaire-général de la guerre pendant que lui, Bernadotte, en était ministre. « D'abord, Bonaparte, dit Bourrienne, *soutenu par la présence de plusieurs témoins*, reçut Bernadotte avec aplomb et sans affectation. » —Mais bientôt Bonaparte retombe dans la même imprudence où il était tombé à la première entrevue. *Avec la fermeté que lui donnait la présence des tiers*, il engage de nouveau la conversation sur les affaires publiques, il parle longuement de l'agitation qui règne parmi les républicains, et se prononce avec force contre le club du Manége, qui, pourtant, avait été supprimé depuis un mois. « Mais, dit Bernadotte au général, vos frères sont les principaux fondateurs de ce club, et pourtant, ajouta-t-il d'une voix ferme, n'est-ce pas vous qui m'accusez de l'avoir favorisé?.. Vous savez bien que votre ami Salicetti, et celui de vos frères qui est son confident, se font remarquer parmi les directeurs du club du Manége. C'est aux instructions *de je ne sais qui* qu'on doit attribuer l'effervescence dont vous vous plaignez. A ces derniers mots, au ton surtout avec lequel il prononça ces mots *de je ne sais qui*, Bonaparte, n'y pouvant plus tenir, rompit la glace. *Eh bien oui!* général, s'écria-t-il avec fureur, *oui, j'aimerais mieux vivre au milieu des bois, qu'au milieu d'une société qui ne présente aucune sécurité.* Bernadotte lui dit alors avec noblesse : Eh bien! quelle sécurité vous manque-t-il ? » Alors madame Bonaparte, à l'instigation de Bourrienne, fit cesser le débat, en détournant la conversation sur d'autres objets, et Bernadotte sortit l'instant d'après.

On voit facilement que dans ces deux conférences, qui sont tirées des *notes historiques*, et qui ne renferment que des faits faux, c'est Bernadotte qui joue le beau rôle, un rôle rempli de fermeté et de noblesse, au lieu que Bonaparte n'y figure que comme un indiscret, un étourdi, qui ne sait pas cacher ses desseins à un homme qu'il regarde comme son ennemi; un emporté qui éclate, et qui se livre à sa fureur.

Certainement, d'après cela, Bonaparte devait éviter toute espèce de rapports avec Bernadotte;

point du tout, quelques jours après, il s'invite lui-même à déjeûner chez Fernadotte, *en lui disant qu'il serait charmé de passer quelques instans avec lui*, et il y va avec Joséphine, un jour qu'ils devaient tous dîner à Morfontaine, chez Joseph. Au retour de Morfontaine, « Bonaparte, dit Bourrienne, ne me parla que peu de ce qui s'était passé dans la journée, et je vis qu'il n'en était pas fort satisfait. J'ai su depuis, ajoute-t-il, qu'il avait beaucoup causé avec Bernadotte, qu'il avait fait tout au monde pour se rendre aimable, ce qui lui était si facile quand il le voulait ; mais que ces frais de conversation avaient échoué contre *la sévérité républicaine* de Bernadotte, quoiqu'il fût soutenu par la présence de ses trois frères et de Régnault de Saint-Jean-d'Angély. »

En vérité, il fallait que Bonaparte eût furieusement à cœur de gagner Bernadotte, et qu'il le regardât comme un homme bien important et bien essentiel pour lui; mais il fallait aussi qu'il fût bien malheureux dans sa tentative, puisque tous les efforts qu'il faisait pour y réussir n'aboutissaient qu'à un résultat tout opposé. Il s'y prenait fort mal apparemment; et pourtant, Bourrienne, après avoir exalté non-seulement le zèle patriotique, mais la *rare perspicacité* de Bernadotte, convient que Bonaparte, qu'il fait presque partout parler comme un niais, *n'était pas homme à se laisser vaincre en finesse et en activité, et que chaque instant voyait se grossir les rangs qu'il avait ouverts.*

J'ai déjà dit que les deux conseils s'étaient réunis pour donner à Bonaparte et à Moreau un dîner qui eut lieu dans l'église Saint-Sulpice. C'était simplement un témoignage de reconnaissance nationale, et qui n'avait aucun rapport avec le projet du 18 brumaire. Cependant Bourrienne, qui prétend qu'il assistait à ce dîner (je ne sais à quel titre; car je ne pense pas qu'on l'y eut invité), n'en parle que comme d'une intrigue et après avoir dit qu'il régnait parmi les convives une grande diversité d'opinions; que l'inquiétude, la méfiance commençaient à s'emparer de ceux qui n'étaient pas entrés dans le grand complot; que l'on se communiquait à voix basse, ici, ses projets, ses espérances; là, ses craintes, ses pressentimens; là encore son inquiète curiosité, ajoute : « Mais le but du
« banquet était atteint; deux partis, jusqu'alors
« irrités l'un contre l'autre, s'étaient amalga-
« més, et ils étaient prêts à marcher ensemble

« contre l'ennemi commun. » — Que signifie tout ce galimatias, cet amalgame malgré la grande diversité d'opinions, et cette disposition des deux partis à marcher contre l'ennemi commun? Quel était cet ennemi commun? Était-ce Bonaparte? C'était donc pour marcher contre lui qu'on lui donnait à dîner, et quoiqu'il y eût un parti qui lui était favorable et qui était dans le grand complot, il n'en voulait pas moins agir contre lui que le parti contraire.

Selon Bourrienne encore : « Bonaparte mit
« peu de personnes dans la confidence de ses
« projets ; il ne les communiqna qu'à celles
« qui lui étaient nécessaires; le reste suivait
« machinalement les chefs de l'impulsion qu'ils
« lui donnaient. Ils attendaient dans une obéis-
« sance passive le résultat des promesses qu'on
« leur avait faites et sous la foi desquelles
« ils s'étaient engagés. Aussitôt que l'on vit ap-
« procher le dénouement du drame que l'on
« composait, les agens des conspirateurs, les
« journaux, les partisans de la mesure projetée,
« se répandirent partout. On n'entendit plus
« que les exclamations : Il n'y a plus de répu-
« blique!... c'est fini. — Les poignards sont le-
« vés sur les représentans du peuple qui la dé-

« fendent. — La liberté va périr. — La consti-
« tution de l'an III est condamnée! »

En vérité, voilà de singuliers conspirateurs, qui s'en vont d'avance criant partout : nous conspirons, nous allons tout changer, tout renverser, et nous poignarderons ceux qui s'y opposeront! Et comment M. de Bourrienne, qui était constamment cloué au cabinet du général, et qui ne savait rien des choses du dehors, se trouvait-il néanmoins partout pour entendre de si belles exclamations?

Dans la distribution des rôles que Bourrienne assigne aux chefs de la conspiration, il met toujours en première ligne Fouché, qui était déjà ministre de la police, et Collot fait autant. « Réal, dit Bourrienne, sous l'influence de Fou-
« ché, négociait avec le département, et, selon
« les instructions de son chef, marchait avec
« assez d'adresse pour perdre, sans compro-
« mettre Fouché, ceux dont le ministre tenait
« son pouvoir. » — « Je vois, dit-il encore,
« dans mes notes prises à Milan, que Fouché et
« Talleyrand furent les premiers à témoigner,
« par les bruits favorables au premier con-
« sul qu'ils répandaient dans Paris, qu'ils en-
« traient dans les projets de Bonaparte, et qu'ils

« y engagèrent Siéyès sans beaucoup de diffi-
« culté. »

Après avoir raconté, d'après les mêmes notes, que dans la soirée du 18 les mécontens s'agitaient vivement, il ajoute que les yeux de lynx de Fouché étant incessamment ouverts sur leurs menées, il fut instruit de leur réunion, et accourut à dix heures du soir chez Bonaparte ; qu'il y convoqua sur-le-champ les principaux acteurs du mouvement commencé sous de si heureux auspices : qu'après avoir exposé l'état des choses, il proposa de n'admettre à l'assemblée du lendemain, où une nouvelle constitution devait être promulguée, que les seuls représentans qui avaient déjà donné des gages de leur adhésion. « Nous leur distri-
« buerons, dit-il, des cartes d'entrée. Tous ceux
« qui se présenteront sans en être munis, seront
« exclus, etc. »

Or, il n'y a pas dans tout cela, en ce qui concerne Fouché, un seul mot de vrai. Fouché n'était nullement dans le secret. Il ne fut instruit que le 18 au matin, avec tout Paris, de ce qui venait de se passer au conseil des anciens. Bonaparte n'avait pas voulu qu'on l'en informât auparavant. Arnault, dans son *Histoire de Na-*

poléon, raconte à ce sujet une anecdote fort piquante. Réal pourrait en révéler une plus piquante encore. Quant à la réunion du 18 au soir, ce ne fut pas chez Bonaparte qu'elle eut lieu, mais bien à la commission des inspecteurs de la salle du conseil des anciens. Ce ne fut pas assurément Fouché qui la convoqua; il n'y fut pas convoqué non plus, il n'y assista pas, et tout ce qu'on lui fait dire à ce sujet est absolument controuvé.

Mais admirez la bonne foi, la véracité et l'exactitude de M. de Bourrienne! Voilà ce qu'il raconte dans sa seconde relation, et voici comment, dans la première, il parle, ou plutôt il fait parler Bonaparte, de cette réunion dans la soirée du 18 brumaire :

« Bonaparte me dit dans la soirée : *J'ai la
« certitude que l'on arrête, dans ce moment, à
« la commission des inspecteurs de la salle, ce
« que l'on fera demain à Saint-Cloud; j'aime
« mieux que ce soit ces gens-là qui le décident;
« cela flatte leur amour-propre. J'obéirai aux
« ordres que j'ai concertés.* »

Or, il est certain (et on le croira facilement) que Bonaparte assista à cette réunion, qui avait pour objet, non de préparer une nouvelle constitution, ce qui eût été fort intempestif, mais de se fixer sur l'état provisoire que l'on proposerait le lendemain à St.-Cloud; qu'il y assista, dis-je, dès le commencement jusqu'à la fin, en sorte que tout y fut convenu de concert avec lui. Jusque-là il n'y avait eu aucune délibération sur ce point important : la réunion se composait de Bonaparte, de Siéyès, de Roger-Ducos et des députés des deux conseils qui s'étaient le plus signalés comme partisans d'un changement qu'ils regardaient comme nécessaire.

Tout est donc mensonge dans ce que raconte Bourrienne à cet égard. Collot n'est pas plus véridique dans le récit qu'il fait des événemens de la matinée du 18. Je n'en releverai qu'un trait. « Je regrette, dit-il à Bourrienne, que vous « n'ayez pu, comme moi, voir le général au « conseil des cinq-cents. Certes, d'après l'ac- « cueil qu'il y reçut le 18, il ne devait pas s'at- « tendre à la scène du lendemain à Saint-Cloud : « il entre, et soudain il est salué du nom de « sauveur de la patrie. Ceux des représentans, « qui avaient été initiés la veille, les affidés de « Fouché, envoyés d'avance pour envahir la « salle, la firent retentir à son arrivée d'accla-

« mations inouïes. Le reste, surpris ou inti-
« midé, entraîné par le mouvement, se joignit
« aux premières clameurs, et ce fut alors que le
« décret qui nous combla de joie, attribua au
« général le commandement de la force armée.
« Si vous aviez assisté à ce spectacle, si vous
« aviez vu Bonaparte sortant triomphant, re-
« vêtu de son nouveau titre, et certain de la
« translation de la représentation nationale à
« Saint-Cloud, si vous aviez vu la salle des an-
« ciens, la salle des cinq-cents, abandonnées en
« un instant, etc. »

En lisant ce passage, on ne sait pas ce qui doit surprendre le plus, ou de l'ignorance profonde, ou de la mauvaise foi qui l'a dicté. Il suppose que le décret de translation ne fut rendu qu'aux cinq-cents en présence de Bonaparte, qui y fut reçu avec acclamation et salué du nom de sauveur de la patrie.

Or, le décret avait été rendu le matin entre sept et huit heures, par le conseil des anciens, seul compétent pour le rendre. Il fut simplement communiqué, entre onze heures et midi, au conseil des cinq cents, qui n'avait pas le droit d'en délibérer, non plus que sur aucun autre objet. Le président en donna seulement lecture et prononça l'ajournement de la séance au lendemain à midi, à Saint-Cloud.

Bonaparte, occupé ailleurs, ne mit pas le pied dans le conseil des cinq-cents, où, en effet, aucune raison ne pouvait l'attirer ce jour-là. Sans compter la notoriété publique, un simple coup-d'œil sur la constitution de l'an III et le *Moniteur* montre la fausseté de tout ce qu'on fait raconter ici à Collot.

Avant d'en finir sur cette journée du 18, je crois devoir parler encore de la prétendue conversation que Bonaparte eut le soir avec Bourrienne; car, si l'on veut en croire celui-ci, jamais Bonaparte ne se couchait sans lui avoir rendu compte de ce qu'il avait fait, dit et pensé dans la journée, et même de ce qu'il se proposait de faire le lendemain. J'ai déjà cité le commencement de cette conversation du 18 au soir, et j'ai fait voir combien elle était mensongère. Le reste roula sur Bernadotte. Celui-ci n'avait pas été convoqué avec les autres militaires dans la nuit du 17 au 18; mais le 18 au matin, Joseph l'avait amené chez Bonaparte. Bernadotte était le seul des généraux et officiers qui ne fût pas en uniforme, ce qui surprit tout le monde. Bonaparte le tira à part, et eut avec

lui un entretien qu'il raconta le soir à Bourrienne, et dont voici la substance : « Savez-vous
« ce que je lui ai dit quand je l'ai emmené ? Tout ;
« il a su à quoi s'en tenir, j'aime mieux cela. Je
« lui ai dit que son directoire était détesté, sa
« constitution usée, qu'il fallait faire maison nette
« et donner une autre direction au gouverne-
« ment. Puis, j'ai ajouté : Allez mettre votre uni-
« forme ; je ne puis vous attendre plus long-temps,
« vous me retrouverez aux Tuileries avec tous nos
« camarades... Bernadotte me dit alors qu'il ne
« voulait pas prendre part à ce qu'il appelait une
« rébellion. Bourrienne, concevez-vous cela ? Un
« tas d'imbécilles, des gens qui avocassent du ma-
« tin au soir dans leurs taudis. Tout a été inutile,
« je n'ai pu vaincre Bernadotte ; c'est une barre de
« fer. Je lui ai demandé sa parole de ne rien en-
« treprendre contre moi. Savez-vous ce qu'il m'a
« répondu ?... Je resterai tranquille comme ci-
« toyen ; mais si le directoire me donne des ordres
« d'agir, je marcherai contre tous les perturba-
« teurs. Après tout, je m'en moque bien, mes
« mesures sont prises, et il n'aura pas de com-
« mandement. Au surplus, je vous dirai que je
« l'ai tout-à-fait rassuré sur la suite de cela. Je l'ai
« embêté des douceurs de la vie privée, des plai-

« sirs de la campagne, des délices de la Malmai-
« son, que sais-je? Je lui ai fait de la pastorale, et
« je suis parti... Bonsoir, Bourrienne. »

Voilà comment Bourrienne fait parler Bonaparte. Je dirai seulement que cette conversation prétendue est encore tirée des *notes historiques* dont j'ai déjà parlé. Si ce qui suit dans les notes était vrai, il faudrait regarder le général Bernadotte comme un intrigant ridicule, qui n'ayant pas un homme à sa disposition, cherchait par tous les moyens à se faire un parti pour agir contre Bonaparte, et prêt, s'il le fallait, à commencer la guerre civile (1).

Mais remarquez encore à ce sujet l'inconséquence de Bourrienne. Il représente dans cent endroits Bernadotte comme un républicain zélé, pur, désintéressé; il se donne même comme son ami; et pourtant, en parlant de sa conduite chez Bonaparte le 18 au matin, il dit: *Je crus m'apercevoir qu'il y avait beaucoup de jalousie dans son fait,* c'est-à-dire que si Bernadotte refusait de seconder le mouvement qui allait mettre Bonaparte à la tête des affaires, c'est qu'il

---

(1) Voyez dans les *Notes historiques* les petites manœuvres qu'emploie Bernadotte pour soulever la 69ᵉ, les mesures qu'il suggère à ses amis, etc. (*Note de l'Éditeur.*)

était jaloux de lui, et qu'il aurait voulu être à sa place, ce qui contredit évidemment l'idée qu'il veut donner ailleurs du patriotisme et du désintéressement de Bernadotte. Pour moi, j'ai eu peu de rapports, il est vrai, avec ce général, mais je n'ai jamais remarqué cette odieuse jalousie que lui reproche Bourrienne.

Avant d'en finir, arrêtons-nous encore un instant sur la journée du 19 brumaire. Bourrienne et Collot rendent un compte fort inexact des séances de Saint-Cloud; mais je ne les suivrai pas dans ces détails sur chacun desquels je pourrais les contredire; je me borne à relever quelques circonstances principales. On sait que, vers quatre heures, Bonaparte se présenta d'abord au conseil des anciens et le harangua. Je dirai dans mes Mémoires comment et par qui il fut déterminé à cette démarche; je rappellerai le discours qu'il y tint, et l'effet décisif qu'il produisit sur le conseil. Voici ce que dit Bourrienne: « Tous les discours que l'on a arrangés
« depuis l'événement, diffèrent entre eux; cela
« doit être. Il n'en a point été prononcé aux an-
« ciens, à moins que l'on n'appelle discours une
« conversation brisée avec le président, conver-
« sation tenue sans noblesse, sans dignité. Les

« questions du président se pressaient assez rapi-
« dement, elles étaient claires. Rien de plus con-
« fus, de plus mal énoncé que les réponses am-
« bigues et entortillées de Bonaparte. »

Tout cela est faux. Il n'y eut point de conversation avec le président; le discours s'adressait à tout le conseil. Le président ne fit point de questions à Bonaparte; il se borna à maintenir l'ordre. Le discours du général, loin d'être ambigu et entortillé, fut au contraire, très-clair et très-positif. La vraie question, que personne n'avait encore osé aborder, y fut énoncée par lui avec autant de précision que de courage, et loin de révolter le conseil, comme le prétend Bourrienne, ce discours lui imprima un mouvement décisif.

Bourrienne ne rapporte de ce discours que quelques mots sans liaison et comme échappés d'une tête égarée et tout-à-fait perdue. « On ne
« peut véritablement pas, dit-il, s'en faire une
« idée, à moins d'avoir été présent. Il n'y avait pas
« la moindre suite dans tout ce qu'il balbutiait, il
« faut bien le dire, avec la plus inconcevable in-
« cohérence. Bonaparte n'était point orateur... Je
« m'aperçus du mauvais effet que produisit ce
« bavardage sur l'assemblée et de la décontenance

« progressive de Bonaparte. Je lui dis à voix basse,
« en le tirant doucement par le pan de son habit :
« *Sortez, général, vous ne savez plus ce que vous*
« *dites.* »

Je demande s'il est croyable qu'il ait été assez effronté pour se permettre une telle impertinence envers le général. Il s'en vante aujourd'hui, mais cela même est une preuve de son peu de bon sens et de pudeur. Pour rendre cette grossièreté plus vraisemblable, il dit : *Je me trouvais à la droite du général, et nos habits se touchaient.* Or, cela n'est pas vrai ; c'était Lavalette qui était immédiatement à la droite de Bonaparte, et selon le témoignage de celui-ci, bien autrement imposant que celui de Bourrienne, il était physiquement impossible que Bourrienne, placé comme il l'était, pût tirer le général par le pan de son habit, et lui parler à voix basse.

Enfin, pour compléter son tableau, voici ce que dit Bourrienne : « J'ai dit comment Bona-
« parte avait parlé au conseil des anciens. Voici
« comment le *Moniteur* rapporta son discours. »
Et il copie en effet un discours de Bonaparte, qui se trouve dans le *Moniteur*. Vous croyez sans doute que c'est celui qu'il prononça aux an-

ciens le 19 brumaire, à quatre heures de l'après-midi, à Saint-Cloud ; non, c'est celui qu'il prononça le 18, à Paris, devant le même conseil, à huit heures du matin. Peut-on commettre une plus énorme bévue ?

Je pourrais en relever bien d'autres, et cela sans sortir de ses relations. Je ne crains pas de dire qu'elles renferment à peine quelques assertions qui ne soient pas susceptibles d'une juste critique. Les faits, les motifs, les intentions, tout y est ou controuvé, ou dénaturé. Au lieu d'un récit simple, fidèle et vraiment historique, on n'y trouve qu'un mauvais roman sans liaison, sans jugement, sans vraisemblance, dont il a pris les matériaux en partie dans son imagination égarée par la vengeance et la cupidité, et en plus grande partie, dans des écrits antérieurs, également inspirés par la passion, et qui ne méritent que le nom de libelles.

J'ai parcouru les premières livraisons des *Mémoires de Bourrienne*, et tel est le dégoût que leur lecture m'a causé, que je n'ai pas eu le courage de l'achever. Ce n'est pas que leur contenu m'ait surpris, je m'y étais attendu lorsqu'on annonça cette publication avec tant d'emphase et de charlatanisme. Mais ce que j'admirai, c'est que Bourrienne, qui a tant de raisons de se tenir à l'écart et de se faire oublier, osât se produire en public, avec la mission d'avilir Napoléon et toute sa famille. C'était bien l'homme assurément qui était le moins croyable sur leur compte, et on ne pouvait pas choisir un plus mauvais instrument. Qui pourrait ne pas hausser les épaules, en le voyant partout trancher de l'important, de l'habile homme, et, qui pis est, du moraliste? Il a cherché encore à se couvrir d'une ombre d'impartialité, en accordant çà et là quelques éloges à Napoléon; mais qui ne voit d'abord que c'est pour mieux faire passer tout le mal qu'il en dit, et quel homme de bon sens peut être dupe de ce manége?

Il y a pourtant, à ce que l'on assure, une classe de personnes par qui cette diatribe de Bourrienne a été avidement accueillie et prônée; ce qu'il faut attribuer à leur ignorance des faits et peut-être encore à leur esprit de parti, à leur trop grande facilité à croire à la calomnie. Ce sont ces personnes que vous voulez désabuser et convaincre de leur erreur ou de leur injustice. J'applaudis fort au projet que vous avez formé pour y réussir; et si vous jugez que les observations que j'ai faites sur la partie des *Mémoires de Bourrienne*, qui est relative au 18 brumaire, puissent entrer dans votre plan, je vous autorise à en faire usage.

Agréez, Monsieur, l'assurance de ma considération distinguée.

Boulay de la Meurthe.

P. S. On vient de me communiquer les observations que Joseph Bonaparte a faites sur les Mémoires de Bourrienne. Entre les nombreux démentis qu'il donne à ce dernier, je remarque celui-ci, sur le récit de Bourrienne relativement à la matinée du 18 brumaire :

« *Tout ce récit est controuvé ; le général Bernadotte n'a pas vu le général Bonaparte dans la matinée du 18, il n'est pas entré dans sa maison.* »

Et Joseph ne craint pas d'invoquer là-dessus le témoignage de Bernadotte lui-même, en disant : *Le général Bernadotte vit encore, sa femme et sa sœur* (madame Joseph) *savent aussi bien que moi qu'il ne vit pas le général le 18 brumaire.*

Que le général Bernadotte soit entré ou ne soit pas entré dans la maison de Bonaparte, qu'il ait causé ou qu'il n'ait pas causé avec lui ce jour-là, c'est une chose tant indifférente en soi, et qui n'a pu avoir sur l'événement aucune influence. Il n'y a donc véritablement aucune raison de suspecter l'assertion de Joseph, parfaitement instruit de tout ce qui se passa dans cette circonstance, dont il fut le témoin. Il est clair qu'il aurait tout aussi bien dit le contraire, si le contraire eût été vrai.

Or, il résulte de ces témoignages de Joseph, que, sur le point dont nous parlons, Bourrienne a menti, comme à son ordinaire. Car, si Bernadotte n'a pas vu ce jour-là Bonaparte, il est donc faux qu'ils se soient entretenus ensemble, et surtout qu'il y ait eu entre eux réciprocité de reproches et de menaces. Pour suspecter le récit que fait Bourrienne, je ne me fondais que sur l'invraisemblance de ce qu'il affirme; mais, maintenant, je n'ai pas le moindre doute que tout ce qu'il dit à cet égard ne soit une fable ridiculement imaginée, ainsi que la conversation qu'il met dans la bouche de Bonaparte avec lui, dans la soirée du 18, conversation sur le commencement de laquelle je l'ai déjà convaincu de fausseté.

En tout cas, je ne crois pas à la nature et à l'aigreur de toutes ces relations que Bourrienne suppose avoir eu lieu entre le général Bernadotte et Bonaparte, lesquelles, comme je l'ai dit, sont presque toutes extraites de ces *notes historiques* dont j'ai souvent parlé. Sans nul doute, ces deux généraux se sont vus à cette époque, et il n'est pas vrai que Bernadotte, qui avait servi sous Bonaparte, et qui était beau-frère de Joseph, ait été plus de douze jours sans rendre visite à son ancien général en chef, au retour de l'Egypte. Mais j'ai lieu de croire que leurs entrevues se sont toujours passées d'une manière convenable. Je me rappelle très-bien un fait dont j'ai été témoin : j'allai dans l'après-midi du 13 ou du 14 chez Bonaparte, et j'y trouvai les généraux Bernadotte et Jourdan. Comme ils se retiraient ensemble, Bonaparte, s'adressant à Bernadotte, lui dit en riant : *Allons, Bernadotte, convertissez le général Jourdan, il faut qu'il soit aussi des nôtres. — Je tâcherai*, répondit Bernadotte, *mais je crains que cela soit difficile.* D'après cela, n'ai-je pas droit de penser que Bernadotte s'était montré bien disposé en faveur de Bonaparte, et qu'il faut rejeter, comme autant de contes ridicules, les conversations injurieuses et menaçantes que raconte Bourrienne? Ce n'est pourtant pas que je croie que Bonaparte eût mis Bernadotte dans la confidence de ses projets, qui même, au moment dont je viens de parler, n'étaient pas encore définitivement arrêtés; mais, sans être dans le secret, Bernadotte devait bien se douter que l'on méditait quelque chose, et il se conduisait de manière à donner une idée favorable de ses dispositions. J'accorderai, si l'on veut, qu'il ne vit pas d'un bon œil le 18 brumaire; mais qu'il ait eu envers Bonaparte, soit ce jour, soit les jours précédens, les mauvais procédés qu'on lui attribue, je le crois d'autant moins que cela n'était ni dans son caractère, ni dans ses formes polies.

CHAPITRE II.

SUITE DES OBSERVATIONS DE M. D'AURE.

A Monsieur A. B.

Je continue mes observations puisqu'elles vous intéressent. C'est d'un homme dont vous aimez le courage, que je vais d'abord vous entretenir.

1° Page 304 :
« Après la bataille qui fut livrée le 25 juillet,
« Bonaparte envoya un parlementaire à bord du
« vaisseau-amiral anglais ; nos rapports furent
« pleins d'urbanité, et tels qu'on devait s'y at-
« tendre entre deux nations civilisées. »

Plus je relis cette phrase, et moins je comprends son laconisme. Sur un fait aussi important, le secrétaire particulier, l'ami intime du général en chef, son ancien camarade d'enfance, n'a pu, certes, ignorer ce qui se passa à Alexandrie après la bataille d'Aboukir, pour l'envoi de ce parlementaire. Le départ de Bonaparte de l'Égypte est un de ces événemens auxquels on ne saurait porter trop d'attention. Ses résultats ont été immenses, son arrivée en France a changé totalement sa situation; et, dans ce cas, je crois qu'il est de mon devoir de suppléer au peu de lignes qu'a laissé sortir de sa plume sur cet événement, l'auteur des Mémoires, par un récit plus détaillé. Aussi serai-je moins laconique que ne l'a été M. de Bourrienne, qui pourtant l'est souvent moins sur des événemens d'un intérêt plus médiocre.

J'étais aussi à Alexandrie après la bataille; j'avais suivi le général Bonaparte dans cette courte et brillante campagne. Je n'étais pas dans le secret du départ, mais j'ai su plus tard, par le général Marmont qui commandait dans cette place, tout ce qui s'était passé à l'égard du parlementaire envoyé à bord du commodore Sidney-Smith. Voici ce que me dit à ce sujet le général Marmont qui avait toute la confiance de son général en chef, qui lui avait donné des marques de satisfaction pour sa belle conduite pendant son commandement à Alexandrie. Je laisse parler le général Marmont :

« Depuis la défaite des Turcs sur les plages
« d'Aboukir, le général Bonaparte voyait la si-
« tuation de l'armée française beaucoup meil-
« leure dans ce pays, mais il était très-inquiet
« de celle de la France ; il n'avait reçu d'Europe
« depuis quelque temps, qu'une armée turque
« qu'il avait complètement anéantie. Les prison-
« niers nombreux de cette nation qui avaient
« été faits, dans cette glorieuse journée d'Abou-
« kir, ne savaient rien ou ne voulaient rien dire
« sur les événemens d'Europe. On est peu étonné
« de ce silence de la part des Turcs, quand on
« connaît leur apathie pour tout ce qui s'est
« passé loin de chez eux. Pourtant, le général
« Bonaparte désirait vivement savoir des nou-
« velles de France ; on ne pouvait s'en procurer
« que par les Anglais ; aussi ce fut à eux que
« l'on s'adressa. Il fallait un prétexte pour aller
« à leur bord ; on prit celui de proposer un
« échange de prisonniers turcs contre des sol-
« dats français ; je fus chargé par le géné-

« ral en chef Bonaparte d'envoyer à bord du
« commodore Sidney-Smith, un parlementaire
« pour lui proposer un échange. Je choisis pour
« remplir cette mission, le lieutenant de vais-
« seau Descorches, qui était employé à Alexan-
« drie près du commandant de la marine Du-
« manoir. Je connaissais toute l'intelligence de
« cet officier, je savais qu'il parlait parfaitement
« bien anglais; personne mieux que lui ne pou-
« vait remplir une mission semblable. Je le fis
« donc partir avec les instructions nécessaires
« pour proposer un cartel d'échange. D'avance,
« je prévoyais qu'il ne serait pas accepté, mais
« comme il fallait absolument arriver à bord
« du commodore anglais pour savoir quelque
« chose, je lui donnai cette mission apparente,
« en lui recommandant de tâcher d'obtenir de
« nos ennemis, le plus de renseignemens possible
« sur la situation des affaires en Europe, et
« particulièrement sur celles de France.

« Le lieutenant Descorches se rendit donc à
« bord du commodore anglais. Il y fut reçu avec
« courtoisie et bienveillance; on refusa net,
« ainsi que je l'avais prévu, d'accepter les con-
« ditions de l'échange proposé. Descorches, d'a-
« près ses instructions, feignit d'être mécontent

« d'un tel refus, et s'expliqua assez fortement
« sur ce sujet. Mais comme le véritable motif
« de sa mission n'était pas d'insister beaucoup
« sur cet échange, il cessa d'en parler, et enga-
« gea alors une conversation avec le commodore
« Sidney-Smith sur les événemens qui s'étaient
« passés en Europe. On lui donna tous les dé-
« tails de nos malheurs, on lui raconta tous les
« désastres qu'avaient éprouvés nos armées en
« Italie et en Allemagne; et pour lui prouver
« combien tout ce qu'on lui disait était vrai, on
« lui remit quelques gazettes de Francfort qui
« annonçaient ces mauvaises nouvelles. Le lieu-
« tenant Descorches, heureux d'avoir obtenu ce
« qu'il désirait, revint à terre, donna de vive
« voix au général Bonaparte les renseignemens
« qu'il avait eus, à bord des Anglais, sur les évé-
« nemens d'Europe et sur la situation malheu-
« reuse de la France; de plus, il lui remit les ga-
« zettes de Francfort. Le rapport de Descorches
« produisit le plus grand effet sur l'esprit du
« général Bonaparte; aussi sa résolution fut-elle
« bientôt prise; il se décida à partir pour France,
« donna des instructions en conséquence à Gan-
« theaume et à Berthier. Le premier reçut l'ordre
« d'armer en toute hâte les frégates *la Carère*

« et *la Muiron*, qui stationnaient à Alexandrie,
« d'y faire préparer des vivres pour quatre à
« cinq cents passagers. Un obstacle empêchait
« l'exécution de cet ordre; les deux bâtimens
« n'étaient pas mouillés dans le même hâvre;
« l'un était dans le port vieux, et l'autre dans
« le port neuf. Il fallait les réunir dans ce
« dernier dont la sortie est plus facile. On ne
« pouvait le faire avec sécurité tant que la
« croisière anglaise resterait devant Alexan-
« drie. Que faire pour l'éloigner? Voici le moyen
« que je pris pour arriver à ce résultat. Je par-
« tis suivi de quelques troupes pour Aboukir où
« j'établis mon quartier-général, avec l'inten-
« tion de continuer mes négociations avec l'a-
« miral Sidney-Smith pensant bien qu'il me
« suivait, afin de communiquer plus facilement
« avec moi. Ce que j'avais prévu arriva, l'ami-
« ral anglais vint mouiller à Aboukir, j'entamai
« avec lui de nouvelles négociations qui ne fu-
« rent point admises. Pendant ce temps-là, la
« frégate avait passé du port vieux au port neuf
« où l'armement se continua avec beaucoup
« d'activité. L'amiral Smith, voyant nos rela-
« tions interrompues, leva sa croisière, s'éloigna

« de la côte et fut faire des vivres et de l'eau à
« Chypre.

« Les deux frégates, *la Muiron* et *la Carère*,
« étant prêtes, la croisière anglaise levée, le gé-
» néral Bonaparte, d'après mes rapports et ceux
« de l'amiral Gantheaume, se rendit en toute
« hâte à Alexandrie pour s'y embarquer, et pro-
« fiter de la disparition des vaisseaux anglais,
« pour mettre à la voile. Le départ se fit hors de
« la vue de la croisière anglaise.

« Le commodore Smith a dit depuis, pour sa
« défense, qu'instruit du projet de départ du
« général Bonaparte, il s'était rendu à Chypre,
« pour y faire de l'eau dont il manquait, et re-
« venir promptement devant Alexandrie réta-
« blir un blocus encore plus serré qu'il n'avait
« été jusqu'alors. »

Voilà le récit que me fit dans le temps le général Marmont. Je le crois très-véridique.

J'ai pensé, Monsieur, qu'il était convenable d'entrer dans quelques détails sur un événement aussi important que celui du départ du général Bonaparte d'Égypte; et que je ne pouvais mieux faire que de laisser parler le général Marmont, qui, par sa position à Alexandrie, et par la confiance qu'avait en lui le général en chef Bonaparte, a été plus à même que qui que ce soit de bien connaître sa volonté et le motif réel qui détermina son retour en France.

2° Troisième volume, page 187.

« D'autres examinaient sa conduite en Égypte.
« L'armée qui avait triomphé sous ses ordres, il
« l'avait laissée pleine de confiance, mais dimi-
« nuée d'un tiers. Tout ce qui restait était livré
« aux plus cruelles angoisses de la misère et du
« besoin ; c'était un chorus général de plaintes
« et d'accusations. »

Je suis trop ami de la vérité pour ne pas être en partie l'avis de M. de Bourrienne sur le malaise de l'armée ; il y a pourtant exagération dans son dire : il est positif que le départ inopiné du général en chef Bonaparte produisit un effet fâcheux, dans le premier moment, sur l'esprit de l'armée ; mais j'ajouterai aussi que cette dernière passa promptement de l'inquiétude à l'espoir lorsqu'elle sut que le général Kléber était son chef. On avait avec juste raison une grande confiance dans ses talens, son noble caractère et sa probité ; on était persuadé que jamais l'ambition ne lui ferait trahir ses devoirs envers elle ; aussi les rumeurs un peu exagérées qu'avait occasionné le départ du général Bonaparte, cessèrent dès que Kléber fut arrivé au Caire, et l'on ne pensa plus à sortir d'Égypte qu'avec honneur.

L'armée n'était point diminuée d'un tiers; à peine l'était-elle d'un quart. Son état sanitaire était excellent; il y avait peu de fiévreux aux hôpitaux; les blessés provenant de la campagne de Syrie et de la bataille d'Aboukir y étaient encore assez nombreux; mais grâce aux talens de nos officiers de santé et à la bonté du climat, une grande quantité de ces blessés purent joindre très-promptement leur corps. Je ne pense pas, comme l'auteur des Mémoires, que ce qui restait était livré aux plus cruelles angoises de la misère et du besoin. A cette époque, les troupes étaient bien nourries et bien logées; l'habillement allait être renouvelé. Il le fut, quelque temps après, par de très-bons draps que l'on acheta à différens négocians du pays.

Quant au chorus général de plaintes et d'accusations, il y a exagération; un mois après que le général Kléber eut pris le commandement de l'armée, il n'en était plus question, et elles furent si peu sensibles que pas un officier-général n'en signala au général en chef de l'armée, tant on avait de confiance en Kléber, qui, par de sages dispositions, une grande fermeté, sut bientôt pourvoir à tous les besoins de l'armée et ramener à lui les esprits les plus mal disposés. Et, en effet, que pouvait-elle craindre lorsqu'elle avait à sa tête un général aussi expérimenté, et des hommes tels que Desaix, Reynier, Lanusse, Damas, Belliard, Friant et tant d'autres pour la diriger et combattre avec elle?

3o Page 287.

« A bord de l'*Orient*, Murat resta constam-
« ment dans la disgrace la plus complète. Du-
« rant la traversée, Bonaparte ne lui adressa
« jamais la parole. En Egypte même, le géné-
« ral en chef le traita avec froideur, et l'éloi-
« gna souvent du quartier-général par des mis-
« sions difficiles. »

Que dira M. de Bourrienne, et que penseront de lui ses lecteurs et les miens, lorsque j'affirmerai que Murat n'était pas embarqué à bord de l'*Orient*, mais sur la frégate l'*Artémise*. Certes, l'erreur est complète et la prétendue disgrace de Murat difficile à expliquer : on aura même peine à y croire lorsque je dirai que, débarqué en Égypte, le général en chef Bonaparte donna toujours de très-beaux commandemens à son ancien aide-de-camp, et le traita même avec faveur. Après l'arrivée de l'armée au Caire, il eut celui de la province de Kelioube, la plus voisine de la capitale. Lors de la poursuite d'Ibrahim-Bey, et notamment au combat de Salahieh, Murat commandait la première ligne de cavalerie; il eut l'honneur de charger le premier les mamelucks, et, dans son rapport, le général Berthier mentionne honorablement la conduite de Murat à cette affaire. A notre retour au Caire, il reçut en don, de la part de Bonaparte, une très-belle maison sur la place d'Esbequiels, et dans laquelle il donna une fête à son général en chef. Dans la campagne de Syrie, il eut le commandement en chef de la cavalerie et fit toujours l'avant-garde de l'armée jusqu'au Jourdain. A Saint-Jean d'Acre, il obtint la permission de participer aux travaux du siége, et de diriger un des assauts dans lequel son aide-de-camp, Auguste Colbert, fut blessé dangereusement. Dans notre retraite sur l'Egypte, il fit l'arrière-garde de l'armée sous les ordres de Kléber. A notre retour au Caire, il fut chargé de poursuivre notre ennemi le plus dangereux, l'intrépide Mourad-Bey; à la bataille d'Aboukir, il reçut le commandement en chef de la cavalerie, quoiqu'il y eut un officier général de cette arme plus ancien que lui, et auquel Bonaparte, pour ménager à son ancien aide-de-camp l'occasion de se distinguer, donna un autre commandement. On sait les services importans que rendit à l'armée la cavalerie; la victoire fut due à son audace, à l'habileté de son chef, qui fut blessé dans cette journée, et qui obtint pour récompense le grade de général de division. Peu de temps après, Bonaparte part pour France, il choisit pour l'un de ses compagnons de voyage Murat, quoique très-souffrant encore de sa blessure. Arrivé en France, il suit son général à Paris, qui lui assigne, dans les événemens du 18 brumaire, le poste le plus périlleux, et enfin, pour lui prouver son estime, sa constante amitié, et combler les vœux de Murat, il lui donne pour épouse sa sœur Caroline. Maintenant, comment expliquer cette prétendue disgrace? il n'est pas d'usage d'accabler de bienfaits l'homme qui n'est pas en faveur. M. de Bourrienne a été mal informé, ou ses souvenirs l'auront trahi dans cette occasion, comme dans beaucoup d'autres.

4° Quatrième volume, page 297 :

« L'on a pas craint d'imprimer que cette malheureuse armée d'Égypte, en perdant l'espoir

« de revenir en Europe, en avait perdu le désir.
« C'est un des plus grossiers mensonges anti-his-
« toriques que l'on ait pu faire. Que l'on inter-
« roge tous ceux qui restent de cette expédition,
« il n'en est pas un seul qui ne réponde : Vous
« en parlez bien à votre aise. Que l'on se rappelle
« la lettre que m'écrivit Desaix en arrivant à
« Toulon, et celle qu'il adressa à Bonaparte. »

A peine le grand événement du 18 brumaire fut-il connu en Égypte, qu'il changea en grande partie l'opinion de l'armée sur sa position. Elle comprit parfaitement que sa situation devenait meilleure, puisque son ancien général en chef se trouvait à la tête du gouvernement. On pensait généralement qu'il aurait à cœur de donner à son successeur les moyens nécessaires pour se maintenir dans un pays dont il connaissait toute l'importance, et certes, le général Bonaparte était trop intéressé à la conservation de sa conquête, au bien-être, à la gloire de ses anciens compagnons d'armes, qui avaient affronté tant de périls, éprouvé tant de fatigues, combattu avec tant de courage sous ses ordres, pour ne pas envoyer promptement tous les secours qu'il lui serait possible de réunir. Ce que l'armée avait prévu, eut lieu ; des nouvelles arrivèrent de France, à la vérité, un peu tard, par le colonel Latour-Maubourg. Cet officier annonça à Kléber l'événement du 18 brumaire, la chute du directoire et la nomination de Bonaparte au consulat, et cela, au moment même où l'armée se disposait à évacuer l'Égypte par suite de la convention d'Élarish. L'embarras eût été grand si la mauvaise foi des Anglais ne nous eût tiré d'affaire. On apprit avec joie dans l'armée l'avènement de Bonaparte à la première dignité de la république. Il y eut même un véritable enthousiasme, cette nouvelle ne contribua pas peu à assurer l'anéantissement de l'armée du grand-visir dans les plaines d'Héliopolis. Cette campagne terminée, et après que la ville du Caire fut rentrée dans l'ordre, l'armée se trouva dans l'abondance, et fut payée de la solde arriérée par la levée des contributions extraordinaires mises sur les villes et les provinces qui s'étaient insurgées contre nous par l'instigation des Turcs et des Anglais. Malheureusement cet état de bonheur ne dura pas long-temps. Kléber, ce héros qui venait de se couvrir de gloire, fut tué par la main d'un misérable fanatique, poussé à commettre cette horrible action par les insinuations de ce même grand-visir, qui crut se venger noblement de sa défaite d'Héliopolis et de sa fuite d'Égypte, en faisant tomber sous les coups d'un assassin, le plus noble, le plus généreux de ses ennemis.

Un malheur non moins grand pour l'armée succéda à celui de la mort de Kléber. Menou prit, par le droit de l'ancienneté, le commandement de l'armée et le gouvernement du pays; et ce général, quoique bien intentionné pour la conservation de l'Egypte, fit tout pour la perdre. Aussi ne sut-il pas défendre la conquête de Bonaparte et de Kléber. Il est pourtant juste de dire que notre position devenait meilleure de jour en jour, par les soins du gouvernement français qui s'occupait avec ardeur d'améliorer la situation de l'armée; aussi, pendant le commandement du général Menou, reçut-elle fréquemment des nouvelles de France; mieux que cela, des renforts. Deux frégates, l'*Égyptienne*, la *Régénérée*, et plusieurs petits bâtimens de guerre, arrivèrent successivement chargés d'hommes et de munitions. Un secours plus considérable était annoncé; Gantheaume était parti de France avec une escadre ayant à bord des troupes de débarquement. On savait qu'il était dans la Méditerranée; mais, pour le malheur de cette armée d'Egypte, cet amiral se présenta partout, excepté à Alexandrie, où il avait ordre d'aller.

La tranquillité était telle dans le pays, que l'on y voyageait en toute sûreté, et que les Arabes n'osaient plus se montrer nulle part en ennemis. Les contributions rentraient avec facilité; un recrutement fait parmi les noirs de l'Afrique augmentait les corps de l'armée. La 21me, qui occupait la haute Egypte, en avait reçu 300, et ces nouveaux soldats combattirent avec courage dans toutes les affaires où cette demi-brigade se trouva engagée. Des bataillons coptes et grecs, des cavaliers syriens avaient été organisés sous Kléber, et cette formation avait été continuée sous Menou. La cavalerie française était devenue excellente et ne craignait pas de se mesurer avec les cavaliers turcs les plus intrépides; l'artillerie était parfaite, l'infanterie soutenait sa vieille réputation; des généraux habiles commandaient en sous-ordres ces troupes, mais hélas! le général Menou n'était point général en chef; il s'occupait plus des détails minutieux de son commandement, que des hautes opérations militaires. Il préférait l'emploi des petites intrigues à celui des grandes mesures; pensant, comme Machiavel, que *diviser* était *gouverner*, et je dirai comme le général Reynier, qui, dans son excellent ouvrage sur l'Egypte, en parlant de son évacuation par les Français, assure que le sort de l'armée eût été tout autre, si son chef avait été digne d'elle.

J'ai l'honneur d'être, monsieur, avec une parfaite considération.

Votre très-humble et très-obéissant serviteur,

H. d'Aure.

CHAPITRE III.

Observations sur le procès de Pichegru, Georges, etc.

On conteste à M. de Bourrienne l'heureuse particule qui fait l'objet de son ambition. C'est pure chicane, car s'il ne l'a pas, il mérite de l'avoir. Voyez en effet la touchante sollicitude que l'émigration lui inspire! Quelle peine il éprouve lorsque les faits l'accusent! Quel regret il ressent lorsque le cours des choses amène le récit des attentats dont elle s'est souillée! S'il retrace l'explosion du 3 nivose, c'est moins cette atroce conception qui le frappe que la qualité de ceux qui l'exécutent ou la dirigent. Cette affreuse machination lui paraît sans doute quelque chose; mais ce qu'elle lui présente de plus triste, c'est qu'on ne puisse pas en charger les jacobins, et qu'il faille en laisser la responsabilité à de bons royalistes, à d'honorables gentilshommes. Passons néanmoins sur cette petite faiblesse, et venons aux détails de la relation de cet effroyable attentat.

« La police, dit M. de Bourrienne, tome IV,

« pag. 198, la police ne sut rien du complot du
« 3 nivose... Ce ne fut que le samedi 31 janvier
« 1801 que Fouché vint à la Malmaison, appor-
« tant avec lui les preuves authentiques (p. 212). »
M. de Bourrienne affecte vainement d'indiquer
avec une grande précision l'instant et le lieu où
Bonaparte reçut les premières notions exactes
qu'il obtint sur les auteurs du complot. Les
choses ne se passèrent point comme il les rapporte; ce ne fut ni par Fouché, ni à la Malmaison qu'il apprit à quels hommes était due
la catastrophe de la rue Saint-Nicaise, mais bien
aux Tuileries, et de la bouche de M. Réal. Celui-ci, qui se trouvait chez le ministre au moment où le petit François (Carbon) était arrêté,
fut aussitôt dépêché aux Tuileries. Introduit dans
le salon, il y trouva Joséphine au milieu d'une
société nombreuse. Il lui fit part de la découverte. Elle se leva sur-le-champ, frappa à la
porte du cabinet où Bonaparte était enfermé,
lui transmit ce qu'elle venait d'apprendre, et re-
parut presqu'aussitôt avec le premier consul qui
paraissait un peu déconcerté. Il alla droit à
M. Réal, reçut de nouveau la nouvelle qui lui
était apportée, et fit quelques questions sur le
signalement de Carbon. La réponse le satisfit.
Eh bien! dit-il après un instant de réflexion,

justice sera faite. Voilà comment la chose s'est passée. Ce n'est, on le répète, ni à la Malmaison, ni par Fouché, que Bonaparte reçut les premiers détails. M. de Bourrienne peut s'en assurer.

« Louis XIV, suivant cet écrivain, ne connaissait pas les hommes, il ne pouvait pas les connaître, et puis il n'a jamais été malheureux (tome IV, page 228). » Peut-on assembler plus d'inepties en aussi peu de mots? Peut-on prêter de tels propos au général Bonaparte? Quoi! le premier consul ignorait les orages dans lesquels s'était écoulée la jeunesse de Louis XIV? Il ne connaissait pas les troubles de la fronde, les intrigues du coadjuteur, les exigences, les prises d'armes de Condé? Il ignorait les désastres de la guerre de la succession? Les humiliations dont les alliés abreuvèrent la vieillesse du grand roi? Les complots ourdis dans sa cour même pour le détrôner? C'est d'un souverain à qui l'on prodigua l'insulte, à qui l'on voulut imposer la honte de détruire son propre ouvrage, de chasser son petit fils du trône où il l'avait élevé, qu'on fait dire au premier consul qu'il ne fut jamais malheureux. Le propos est-il vraisemblable? Le savant Bourrienne compte-t-il à ce point sur la bonhomie de ses lecteurs?

« Je dois dire, continue M. de Bourrienne,
« que le Portugal, pour obtenir la cession d'Oli-
« venza et de son territoire, fit offrir sous main
« à Bonaparte, par mon intermédiaire, huit mil-
« lions s'il voulait contribuer à l'acquisition de
« cette ville pour le Portugal. »

Et à l'intermédiaire, combien lui offrit-on? Combien devait-il toucher? Combien même avait-il touché d'avance? Comment M. de Bourrienne, qui connaissait, nous dit-il, toute l'inflexibilité de Bonaparte à cet égard, osa-t-il se charger d'une proposition de cette espèce? Il fallait un motif déterminant pour le faire; des considérations bien fortes pour courir une chance si périlleuse.

Une chose non moins étrange, mais qu'établissent irrévocablement les Mémoires, c'est que de tout ce qu'il écrit, M. de Bourrienne ne sait rien à fond. Les événemens passaient autour de lui avec une telle rapidité, qu'absorbé, noyé dans dans les apostilles, les enveloppes et les dictées, il était devenu comme le secrétaire de Rivarol. Je dis tous les événemens, j'ai tort, car quoique nommé conseiller-d'état, M. de Bourrienne n'assistait jamais au conseil. Il ne paraissait jamais dans les sections, jamais à aucun conseil privé, où M. de Bassano seul tenait la plume; jamais aux audiences diplomatiques; il en convient lui-même, il était tout-à-fait en-dehors de ce qui se faisait autour de lui. « J'étais, nous dit-il, tome v, « page 135, *j'étais tellement accablé de travail que « je n'avais pas alors le temps de réfléchir sur « l'immense quantité de choses qui se déroulaient « sous mes yeux.* » Voilà la vérité: Bourrienne n'a presque rien su, et surtout n'a presque rien compris. — Cette ignorance, cet éloignement des affaires se manifestent dans la relation qu'il donne du procès de Pichegru. Aux folies que ses devanciers ont débitées sur cette conspiration, il ajoute une atrocité qui lui est propre. Il ne veut pas que le complot ait germé dans le cerveau de ceux qui ont été sur le point de le consommer. Il prétend que Georges, Pichegru étaient dupes, que c'est la police qui a tout fait. « Jamais, dit-il, tome v, page 263, jamais on ne persuadera aux personnes douées de quelque raison, que la conspiration de Moreau, de Georges, de Pichegru et autres accusés aurait eu lieu sans les sourdes protections de la police de Fouché. » Fouché était étranger comme la police, comme la France entière à cette conspiration. Il y a plus Fouché, par la position où il se trouvait à cette époque, devait moins que personne être initié au secret du complot. Il avait rompu toute liaison avec la police; ou plutôt la police avait rompu tout rapport avec lui : loin de recevoir ses inspirations, elle le surveillait, ne perdait de vue aucune de ses démarches. De son côté, il ne la traitait pas mieux. Il accusait sa maladresse, riait de ses gaucheries, ne perdait aucune occasion de s'égayer à ses dépens. Courant sans cesse de Pont-Carré à Paris, de Paris à Pont-Carré, faisant continuellement des quolibets sur le grand-juge, de temps en temps sa cour au premier consul, il tenait toutes les susceptibilités en alerte, ne laissait sommeiller aucune des passions qu'il avait soulevées contre lui. Cette conduite n'était pas faite pour appeler les révélations de la police. Quant aux amis qu'il y avait laissés, l'un venait de se compromettre en protégeant un homme que le gouvernement faisait poursuivre et était au plus mal avec le premier consul; l'autre eût tremblé de tout son être, s'il avait seulement pu croire qu'on le soupçonnât de conserver des liaisons avec son ancien chef. Fouché ne pouvait donc obtenir aucun renseignement de la police, encore moins disposer du plus mince de ses suppôts. Au reste, M. de Bourrienne avait un moyen facile de savoir à quoi s'en tenir à cet égard. Ministre d'état, que ne s'adressait-il à ses collègues? Il aurait su qui les avait appelés, qui les avait envoyés, quels étaient leurs moyens et leurs intermédiaires. Il aurait vu si MM. de Polignac, qui sont pourtant doués de quelque raison, croient aux machinations qu'il fait ourdir par la police. Toutes ces niaiseries n'ont, au surplus, rien qui doive étonner. M. de Bourrienne, chassé des Tuileries, chassé depuis long-temps, n'a pu connaître les détails de cette atroce conspiration, quelque peu compliqués qu'ils soient. Il ne sait à cet égard que ce qui a couru les rues ou se trouve consigné dans des ouvrages dont les auteurs n'étaient pas mieux instruits. Une observation qui mérite d'être faite, c'est que le secrétaire, si leste à se prévaloir des noms, ne cite pas, ou du moins ne cite qu'une seule fois celui du magistrat qui a dirigé toute l'instruction de cette trame odieuse. Comment se fait-il que lui qui invoque si fréquemment l'autorité de divers personnages qui ne pouvaient rien savoir, indique à peine celui qui a tout vu, tout éventé, tout conduit? Serait-ce parce qu'il vit encore? Ou le ministre d'état ne compte-il d'amis, de confidens que parmi les morts? Avec ceux-ci, il est vrai, on n'est pas exposé à des réclamations fâcheuses. On peut en toute sûreté, mettre un sot propos dans la bouche de *mon ami Rapp;* faire faire une impertinente révélation par *le bon Duroc;* ni l'un ni l'autre ne viendront démentir l'impudent conteur. Ce n'est pas que tout mérite également de l'être. Non, le secrétaire laisse quelquefois échapper des aveux que certaines fonctions qu'il n'avoue pas, quoi qu'il les ait cependant remplies avec zèle, rendent précieux. Moreau, nous dit-il, *n'a pas voulu un seul instant le rétablissement des Bourbons.* Je n'ai pas suivi le procès de ce général célèbre; je n'ai pu, par conséquent, saisir des nuances qui n'ont pas échappé à M. de Bourrienne, mais je crois à la répugnance qu'il énonce, je pourrais même au besoin en donner la preuve. Il n'en est pas ainsi de Georges.

« Ce conspirateur n'avait point, dit-il, l'intention d'agir! » Et l'attaque de vive force avouée par lui. Quoi! vous suiviez les débats et un aveu semblable vous est échappé!

« Ces messieurs étaient venus sur le continent « pour examiner l'état des choses. » Ils n'avaient pas d'autre but! MM. de Polignac, Rivière, Georges, Pichegru, Dusillon, tout cet essaim de favoris, d'hommes de main, qui débarquent à-la-fois sur tant de points différens, ne voulaient que voir, que s'assurer de l'état des choses! La reconnaissance était nombreuse, et par trop innocente.

« La plupart des conjurés étaient déjà soit au
« Temple, soit à la Force, quand l'un deux,
« Bouvet de Lozier essaya de se pendre. »

Pichegru n'y était pas! Georges n'y était pas!
Beaucoup d'autres encore avaient échappé aux perquisitions de la police.

« Rappelé à la vie, on apprit de Bouvet de
« Lozier que, doué du courage qui affronte la
« mort, il ne l'était pas de celui qui affronte
« les interrogatoires de la justice, et qu'il s'était
« déterminé à se tuer dans la crainte de faire
« des révélations, »

Ceci est évidemment copié de Fauche, et n'en est pas plus exact. Bouvet, avant de conspirer contre le gouvernement consulaire, avait demandé à être au nombre de ses employés. Ses sollicitations furent vives, appuyées même par des hommes puissans alors. M. Réal, sur la recommandation d'une dame qu'il aimait, avait lui-même joint son apostille, à celles qui recouvraient la pétition. Bouvet échoua, mais garda le souvenir de la bienveillance que le préfet de police lui avait montrée. Aussi, impénétrable pendant deux jours pour son collègue, il s'ouvrit à lui dès qu'il fut transféré dans son cabinet. Il le prévint qu'il ne répondrait à aucune interpellation, qu'il ne signerait aucun interrogatoire, mais se prêtant de bonne grâce à un long entretien, il lui signala sans réserve les agens et les ramifications du complot. Il lui apprit, ce que l'on ignorait encore, que Pichegru était à Paris, qu'il était arrivé avec la bande de Georges, que lui-même l'avait conduit de la Falaise-Biville à Saint-Leu. Il lui fit également connaître les entrevues qui avaient eu lieu entre ce général, Georges et Moreau. Il lui donna des détails sur la réunion qu'ils avaient eue au boulevard de la Madeleine et convint que c'était l'indécision de Moreau qui avait seule arrêté l'explosion du complot. Ces révélations furent aussitôt rendues au premier consul, et Bouvet conduit au Temple ne se pendit que le lendemain. Ce n'est pas pour éviter de faire des révélations, mais de regret d'en avoir fait qu'il chercha à s'ôter la vie. On réussit à prévenir son dessein, et c'est encore tout troublé de la tentative qu'il venait de faire sur lui-même qu'il demanda à entretenir M. Réal. Ainsi il ne s'est pas pendu pour ne pas faire de révélations, mais parce qu'il en avait fait. Je reviens à la version de M. de Bourrienne.

« Les appuis secrets donnés, dit-il, aux conspi-
« rateurs par la police de Fouché ne m'ont jamais
« paru douteux... Il est probable que cette cons-
« piration... que l'adroit Fouché regarda comme
« un coup de parti d'y engager Moreau... Il n'est
« pas douteux non plus que des agens secrets de
« Fouché qui faisait tomber la police dans les
« piéges, etc, etc. »

Les appuis secrets, les agens secrets, il est probable, il n'est pas douteux. Voilà les preuves de M. de Bourrienne. Voilà les indices sur lesquels il accuse, les élémens avec lesquels il échafaude une atroce imputation. Ce n'est pas tout;
« L'arrestation presque simultanée des conju-
« rés, prouva bien, dit-il, qu'on savait où les
« trouver. » L'arrestation simultanée! Voyez le beau miracle. Aussitôt que Querelle eut parlé, la police se mit en mouvement, et la chasse fut d'autant plus vive que le danger était plus grand.

« On sait qu'un individu avait offert au
« prince Condé d'assassiner le premier consul. »
On ne sait rien de semblable. Tout cela est une série de contes que M. de Bourrienne prend, on ne sait où, mais qu'il débite, on voit pourquoi.

« Cet homme fut reconnu pour un agent de

« police. » Reconnu! par qui? par M. de Bourrienne? Non, son heure n'était pas venue, il veillait sans doute encore au profit de l'usurpation. Par qui donc? je l'ignore, et le secrétaire peut-être aussi. Mais qu'importe, il ne s'en va pas moins nous entretenir d'un agent anglais que Mehée de Latouche mystifia, de l'effroi que le premier consul cherchait à jeter parmi les émigrés et de l'avis qu'une main généreuse fit tenir au duc d'Enghien. Quel était cet agent que joua si bien Latouche? L'ambassadeur anglais près l'électeur de Bavière, le représentant du souverain des trois royaumes, qui s'essayait à l'assassinat. M. de Bourrienne n'a garde de le dire; c'est un membre du corps diplomatique, un Anglais; il mérite tout égard. En revanche, confondant les choses et les époques, le secrétaire nous parle des rassemblemens d'émigrés; il nous apprend qu'une main généreuse fit tenir un avis utile à leur chef. Vous cherchez quel rapport ont ces deux affaires, aucun; mais ou l'homme d'état dissimule ou il n'a pas la plus légère notion de ce qui s'est passé sous ses yeux. Comment cela s'est-il fait? je ne pourrais le dire; mais cet homme si prodigieux, ce colossal Bourrienne... Eh bien! Napoléon, qui, chaque jour, était plus frappé de la justesse de son coup-d'œil, ne l'a jamais chargé du plus mince rapport, de la discussion de l'affaire la plus facile! Ce n'est pas tout, ces conseillers d'état, que le chef de l'empire consultait habituellement, qui avaient sans cesse la plume à la main, dont l'opinion était si fréquemment sanctionnée par l'expérience, ils ne se sont jamais avisés, je ne dis pas, qu'ils surpassaient, mais qu'ils égalaient, soit en force de conception, soit en capacité de travail, cet homme à cent têtes et à cent bras, auquel M. de Bourrienne ose se comparer. Se mesurer avec un tel homme! pauvre Bourrienne! Poursuivons cependant: « Charlemagne, nous dit le subtil secrétaire, « fut supérieur à son siècle, mais Bonaparte « fut supérieur seulement aux hommes de son « siècle, ce qui, assure-t-il, est bien différent. » Qu'on lâche de pareilles billevesées dans un mélodrame! à la bonne heure! Mais dans des Mémoires, dans les Mémoires d'un ministre d'état, c'est blesser le genre, c'est dépasser les bornes de la niaiserie. Il est vrai que M. de Bourrienne se relève aussitôt de toute sa hauteur. Il ne conteste point le génie de Bonaparte, il le reconnaît, il l'avoue, il en admire même la beauté.

La concession n'est-elle pas charmante! Ce pauvre secrétaire, comme il donne sa mesure en voulant prendre celle du grand homme.

« J'ai, poursuit M. de Bourrienne, la convic-
« tion et la preuve que Moreau ne conspirait
« pas. » Pour la conviction, à la bonne heure, mais pour la preuve, voici un document qui servira à la compléter. C'est une lettre du général Moreau au général Reynier :

« Depuis ton départ, mon cher général, je n'ai reçu aucune nouvelle de toi, et je n'en aurais pas même entendu parler, si tu n'avais eu quelques relations avec Guilleminot, qui m'a dit que tu étais aux environs de Nevers.

« Est-ce que tu ne fais aucune démarche pour faire cesser ton exil? Il me semble qu'il est bien long.

« J'ai eu, depuis que je t'ai quitté, une correspondance assez singulière avec David, le cousin de Souham, au sujet de Pich...... Il croyait que j'étais un obstacle à sa rentrée; j'ai dit que non, ensuite il m'a témoigné le désir que je me raccommodasse avec lui, et qu'il le désirait.

« J'ai répondu que Pich... ne pouvait m'en vouloir, puisque j'avais reçu des reproches mérités du directoire pour avoir gardé, pendant quatre mois, des papiers que j'aurais dû envoyer dans les vingt-quatre heures, etc., etc.; qu'au surplus, que je n'avais mis dans cette affaire aucune animosité ni haine particulière etc.; ça en est là maintenant.

« Tâche de me donner de tes nouvelles ; je t'embrasse avec amitié.

6 thermidor, an x.

« Moreau. »

« Je conçois, continue M. de Bourrienne, que « le premier consul ait pu croire que les véritables « conspirateurs, etc. » Comment les véritables conspirateurs ! les Polignac, Georges, Pichegru, Rivière, etc., n'étaient venus tout-à-l'heure que pour s'assurer du véritable état des choses; auraient-ils formé d'autres projets? en voudraient-ils maintenant à la vie du premier consul? Oh! non, ils se disposaient à regagner tranquillement l'Angleterre lorsque ce noir *Fouché* les fit arrêter. Mais laissons ces nobles conspirateurs et revenons au texte. « Je conçois également que les « véritables conspirateurs aient cru que Moreau « était leur complice et leur chef, car le but

« des machinations de la police fut de donner « un fondement à ces croyances qui importaient « au succès de ses tentatives. » Quelle étrange amphigouri! quelle conception singulière! quoi! Moreau n'avait épousé aucune des vues qu'on lui prêtait, et tout le monde, gouvernans et conjurés, le croyaient l'âme du complot! On se concertait, on prenait des rendez-vous, sans avoir cependant d'autre but que de promptement regagner l'Angleterre. Moreau, recevait les confidences qui lui étaient faites, pour empêcher les conspirateurs de se compromettre, il ne venait aux réunions qu'avec les intentions pures de la chaste moitié de Figaro! Tout cela est fort vraisemblable, mais c'est M. de Bourrienne qui nous le dit, et M. de Bourrienne doit être cru sur parole, car il ne raconte rien qu'il n'ait vu; il ne cite pas un fait dont il ne soit sûr. Son éditeur l'atteste, et quoique les Mémoires soient remplis de dissertations, d'hypothèses, d'événemens, dont les masses et les détails lui sont tout-à-fait étrangers, on ne doit pas moins avoir pleine confiance à ses récits.

« Pichegru était doué d'une force prodigieuse, « et l'on savait qu'entouré de moyens de défense,

« il ne se laisserait pas prendre sans une vive résis-
« tance. On s'introduisit dans sa chambre à l'aide
« de fausses clefs... On le trouva endormi. Une *lu-*
« *mière était allumée* sur sa table de nuit. L'es-
« couade renversa la table pour éteindre la lu-
« mière, et se jeta sur le général qui se débattit
« en criant de toutes ses forces, et à tel point
« qu'il fallut le lier. Ce fut dans cet état que le
« vainqueur de la Hollande fut conduit au Tem-
« ple d'où il ne devait plus sortir vivant. » La
lumière ne fut point éteinte. Pichegru, éveillé
en sursaut, voulut saisir ses pistolets et ne put
y parvenir. Il se débattit avec fureur, blessa
un gendarme d'un coup de pied dans la poi-
trine, fut à son tour blessé d'un coup de pointe
vers le genou. Épuisé bientôt par sa vive résistance, il fut lié, garotté au milieu des hur-
lemens qu'il ne cessa de faire entendre, et
conduit nu, non pas au Temple, mais dans la
rue des Saints-Pères. Il fut déposé en cet état dans
le cabinet de M. Réal, continua ses cris et ses
imprécations jusqu'à ce qu'enfin rendu de fureur
et de fatigue, il consentit, toujours étendu sur le
parquet, à répondre aux questions qui lui furent
adressées.

Il n'est pas vrai que ce soit un de ses amis qui

l'a livré. C'est un habitué de la Bourse, nommé Blanc et non Leblanc, qui, après avoir consenti à le recevoir chez lui, courut le vendre à Murat. Ce misérable, tout bardé de papiers de francmaçon, demanda cent mille francs; ils lui furent comptés, mais il eut la frénésie de solliciter la décoration, il reçut l'ordre de quitter Paris. Il se dirigea sur Hambourg, où, quoi qu'en dise le ministre de France près les villes anséatiques, il ne s'établit point. Le prix du sang lui était devenu à charge; il porta sa honte ailleurs.

« Pichegru fut amené au Temple dans la nuit
« du 22 au 23 février. »

Il était grand jour lorsque Pichegru fut conduit rue des Saints-Pères, et c'est dans la matinée, un peu tard, qu'il fut transféré au Temple.

« La police fit publier des pamphlets de toute nature, et le comte de Montgaillard fut appelé de Lyon pour rédiger un libelle contre Moreau, Pichegru et les princes en exil. »

Comment donc! M. de Bourrienne, qui sait tout, ne sait pas quel est l'auteur de ce *libelle!* Il ne sait pas qui l'a écrit! qui l'a revu! Lui qui devine ce qu'on lui cache, il prend le change sur ce qu'on ne dissimule pas. Permis à Fauche de se méprendre sur les hommes. Il rêve de

Montgaillard; Montgaillard s'occupe incessamment de lui; tous les deux ont leurs motifs pour ne pas s'oublier l'un l'autre; mais M. de Bourrienne n'a rien à démêler avec Mulhen. Comment se méprend-il au point de ne jamais parler de Fauche que pour lui emprunter quelque erreur.

« Quel homme que ce Pichegru! » s'écriait Réal en sortant de l'interroger. Quel homme que ce M. de Bourrienne! Comme les discours qu'il prête aux personnages qu'il met en scène sont vraisemblables; car, sans doute M. Réal pensait tout haut, comme c'est l'usage dans les mélodrames. Peut-être aussi que ne rencontrant que des guichetiers, des porte-clefs dans ces tristes lieux, il avait pris l'habitude de leur rendre compte de ses sensations.

« Pichegru avait subi dix interrogatoires! » Dix interrogatoires! C'est beaucoup; je vérifie, j'en trouve quatre, et en vérité c'est déjà quelque chose. L'un eut lieu en présence de nombreux témoins; c'est une précaution qui fut prise parce qu'on se doutait bien que Pichegru refuserait de signer. Ce fut à l'issue de cet interrogatoire que M. Réal, apercevant un volume d'une vieille traduction de Xénophon sur la table du général, lui demanda s'il désirait avoir des livres. Un seul, répondit Pichegru.—Lequel, lui dit le conseiller-d'état? Des voyages?—Oh non! répliqua Pichegru avec un sourire mélancolique, je suis las des voyages. — En ce cas quel est celui que vous désirez?—Sénèque.—Sénèque, reprit le préfet, en faisant une allusion que l'interlocuteur saisit parfaitement! mais, général, le joueur ne demande Sénèque qu'après avoir perdu la partie, et la partie n'est point... Il ne laissa pas achever la phrase; ayez la bonté de me faire parvenir un Sénèque.—Français ou latin?—Pichegru hésita, et se ravisant presqu'aussitôt : Latin, dit-il, je pourrai l'entendre encore. Le Sénèque fut envoyé et trouvé le lendemain du suicide sur la table de Pichegru. Il était retourné, mais ouvert à l'endroit où Sénèque dit qu'au moment où il faut désespérer de la liberté publique, l'homme probe n'a plus qu'à mourir.

« Le jour où Réal prononça l'exclamation que « j'ai rapportée, fut le jour du dernier interro- « gatoire. » M. Réal eut, en effet, ce jour-là, avec Pichegru, une longue conversation sur l'île de la Guyane et les particuliers sur Cayenne; mais cette conversation n'était pas un interrogatoire; elle ne fut point écrite, M. de Bourrienne n'a pu savoir les propos qu'elle avait amenés.

« Pichegru ne ménagea pas celui qui le pour-
« suivait, et témoigna la ferme résolution de
« dévoiler, aux yeux du public, les trames odieu-
« ses des complots dans lequel l'avaient attiré la
« police. » Où M. de Bourrienne a-t-il puisé
ses détails? dans les interrogatoires? Il ne les
connaît pas puisqu'il prétend qu'ils n'ont pas été
imprimés, ils ne contiennent d'ailleurs rien de
semblable. Dans Fauche-Borel? Il lui a fait, sans
doute, de larges emprunts, mais le brave Neu-
châtelois ne s'est pas élevé jusques-là. Où donc?
Je ne sais, et peu importe après tout; car ces té-
nébreuses machinations, Pichegru était-il le
seul qui les eut pénétrées? Georges, Moreau,
Rivière, les Polignac les ignoraient-ils ou n'a-
vaient-ils pas le courage de les dévoiler? On était
vraisemblablement assuré du silence de tous les
complices. Cadoudal lui-même consentait à n'é-
bruiter aucune des ramifications du complot.
Pichegru persistait seul à ne pas se laisser condamner sans mot dire. Sa mort prévenait toute
révélation : on l'étrangla, afin de pouvoir en
finir plus à l'aise avec les autres. Refusez-vous
de croire à cette froide cruauté? Demandez-vous,
sur quels documens on accuse le premier con-

sul de s'être joué avec une si atroce indifférence de la vie des hommes? M. de Bourrienne n'en produit aucun; mais il est convaincu du fait. Vous ne jugez pas la réponse péremptoire; vous continuez vos questions; il proteste que la *chose est démontrée*. Vous insistez encore, vous voulez absolument des preuves. Des preuves! il n'en a pas. *Mais toute idée de suicide lui paraît inadmissible. Le rapprochement des faits, l'accumulation des probabilités ne lui laissent pas sur ce tragique événement les doutes qu'il voudrait avoir.* Ainsi, il est *démontré, il paraît, l'instinct populaire*; voilà sur quoi repose cette noire accusation, les élémens qui, à défaut de preuves matérielles, positives, doivent déterminer la conviction. Mais si quelqu'un, s'emparant de cette étrange manière de constater les délits, venait tout-à-coup s'attaquer à l'auteur; s'il lui disait: *J'ai la conviction, il paraît, il m'est démontré, l'instinct public* m'assure que vous avez fait.... tout ce que je pourrais raconter, M. de Bourrienne passerait-il condamnation? Où si, s'appuyant de semblables preuves, on voulait démontrer que le secrétaire intime est pudibond, candide, innocent comme un chérubin, serait-on condamné à croire que Napoléon s'est mépris, que Lafayette a eu tort; serait-on, en un mot, condamné à croire... tout ce qu'on ne croit pas?

« Le dernier asile de Georges avait été chez
« une fruitière de la rue de la Montagne-Sainte-
« Geneviève. C'est de chez cette femme qu'il ve-
« nait de sortir pour monter dans le cabriolet
« qui devait le conduire chez un nommé Ca-
« ron, parfumeur. Or, il est difficile de pen-
« ser, etc. »

Il n'y a de vrai dans tout ce roman, que l'arrestation de Georges et la mort de l'homme de police qu'il abattit d'un coup de pistolet. Il est vrai néanmoins qu'il était attendu chez Caron, devenu depuis parfumeur de la duchesse d'Angoulême, et plus tard, on l'assure du moins, l'un des huissiers de la chambre. C'était un tartufe libidineux qui vivait scandaleusement avec une concubine, et faisait coucher, dans la pièce où il couchait lui-même, une jeune fille, témoin forcé des ébats de son patron. Ces petits excès, n'empêchaient pas, du reste, Caron d'être fort dévôt et de faire dire des messes au Saint-Esprit pour savoir si Dieu approuvait qu'il donnât asile à Georges. Cette pieuse consultation égaya M. Réal : Que vous a répondu le Saint-Esprit?

demanda-t-il à Caron. — Rien, lui dit le parfumeur sans se déconcerter. —Pour quoi donc, reprit le conseiller d'état, accordiez-vous l'asile? —Parce que, reprit le perruquier, qui ne dit mot consent.

Quant au sac de souverains que l'auteur fait piller par le voisin chez qui s'était réfugiée la jeune fille, il suivit bien intact celui à qui il appartenait.

M. de Bourrienne, dont la mémoire est si sûre, et qui se rappelle, heureusement pour la postérité, les réflexions qu'il a faites, il y a trente ans, aurait pu nous retracer plus nettement ces détails; mais il élaborait un complément de preuves, et la satisfaction de convaincre Fouché de machinations, valait bien la peine qu'il s'y arrêtât. Sa recherche n'a pas été vaine; car, *comment aurait-on pu se procurer le signalement de ceux que personne n'a jamais vus*, si la *police secrète* ne les eût fournis? La question est péremptoire et Fouché convaincu. Dans une affaire ordinaire, la chose se concevrait, car on tenait chez le consul, comme aux états-majors, comme à la police, des registres où se trouvait le signalement de gens qui certes n'étaient jamais venus à Paris; mais ici ce n'est pas le cas, on avait eu garde de se procurer ceux des ennemis les plus ardents qu'eut le premier consul.

« Ayant réuni ses compagnons dans la cour du
« Temple, Georges les harangua. Quand vous
« ne vous sentirez pas assez forts en vous-mêmes,
« leur dit-il, regardez-moi, songez que je suis
« avec vous; songez que mon sort est le vôtre :
« oui, mes chers enfans, nous ne pouvons avoir
« un sort différent, etc. »

Le sermon de Georges est emprunté au père Fauche-Borel; quoique copié par Bourrienne, il n'en est pas plus vrai. Il y a de la niaiserie, s'il n'y a pas autre chose, à reproduire des homélies qu'on sait bien avoir été fabriquées après coup.

« On jugea convenable de les faire paraître
« (les conjurés) devant le tribunal spécial au-
« quel Bonaparte avait donné pour président le
« régicide Hémart. » Hémart n'a jamais fait partie de la Convention. Il n'était par conséquent pas régicide.

« Ce choix inspira dans Paris une horreur gé-
« nérale. » Ce choix n'inspira rien, car il n'y eut pas de choix à cette époque; Hémart était depuis long-temps président du tribunal.

« Lecourbe entre inopinément dans la salle
« avec un jeune enfant. Il le prend, l'élève dans

« ses bras, et s'écrie d'une voix forte, mais émue :
« Soldats, voilà le fils de votre général. A ce
« mouvement imprévu, tout ce qu'il y avait de
« militaires se leva spontanément, et lui présente
« les armes. » Rien de tout cela n'est vrai. La
scène dont il s'agit n'eut pas lieu, les soldats
ne présentèrent pas les armes, le tribunal ne
courut jamais le danger de voir son autorité méconnue. Moreau eut, il est vrai, un assez beau
mouvement. Il répéta celui de Scipion, et dit
aussi, à pareil jour, j'ai battu l'ennemi; cessons
tout débat, et allons rendre grâce aux dieux,
mais ce fut le seul, et si quelque chose doit surprendre, c'est que ce général célèbre qui put
jouir de l'impression qu'il avait faite sur l'auditoire, ne retrouva plus ni mouvement, ni inspiration; car il avait vu ce qu'il pouvait faire, et
il n'ignorait que, quelque soit le grief qui donne
lieu à un procès où le gouvernement accuse, le
public prend toujours parti pour le prévenu.
C'est un fait que confirme l'histoire de nos longues agitations. Le comité révolutionnaire de
Nantes fut lui-même applaudi. Carrier seul
n'a inspiré aucune sympathie.

« Ceux qui se seraient fait une opinion de ces
« mémorables débats par les insertions officiel-

« les publiées dans le *Moniteur* et dans les au-
« tres journaux, en auraient une bien fausse
« idée. » Je le crois, car aucun n'en a parlé.
Tous avaient défense de rendre compte du
procès.

« Je vois encore Hémart, tout contrefait; je
« le vois avec son horrible figure. » Si je ne me
trompe pas, Hémart, qui existe encore, n'est
ni contrefait ni mal de figure. Mais toute la haine
que montre M. de Bourrienne contre le président
du tribunal ne tiendrait-elle point à une méprise? Le secrétaire intime, comme cela arrive
assez fréquemment à ceux qui n'ont pas connu
la révolution, ne confondrait-il pas un nom avec
un autre? Ne prendrait-il pas Hémart, président
du tribunal, pour Amar membre de la Convention, et après avoir arrangé les noms sur ses
souvenirs, n'aurait-il pas arrangé l'histoire sur
les noms?

« Il fallait, d'une part, l'entourer (Moreau)
« d'une garde assez imposante pour contenir
« l'empressement du peuple et de ses amis, et,
« d'une autre part, il fallait aussi ne pas telle-
« ment grossir cette garde, qu'elle pût devenir
« un point redoutable de ralliement, etc. »

Tout cela est un tableau de pure fantaisie.

Moreau libre; Moreau, fidèle au drapeau sous lequel il avait vaincu, avait sans doute une puissance d'opinion qui n'était pas à dédaigner. Mais affilié d'une bande de choans, allié, compagnon de Georges, traduit comme lui devant le tribunal pour menées royalistes, le vainqueur de Hohenlinden n'était plus qu'un déplorable transfuge, hors d'état d'exciter le moindre mouvement.

« Je viens de la Conciergerie (c'est M. Réal qui
« parle); j'ai vu Georges; c'est un homme ex-
« traordinaire. Je lui ai dit que j'étais disposé à
« lui offrir sa grâce, s'il voulait promettre de ne
« plus conspirer et accepter du service. »

M. Réal disposé à faire grâce de la vie! M. Réal offrant du service! Comme tout cela est vraisemblable! comme ce conseiller d'état devait être prodigue de choses qui ne dépendaient pas de lui, et que Napoléon seul pouvait donner! Ces folies, au reste, sont encore empruntées de Fauche. A la vérité, le héros n'est pas le même. Dans l'un de ces écrivains, c'est M. de Rivière qui repousse épaulettes et ambassade; dans l'autre, c'est Cadoudal qui préfère la mort aux honneurs; mais le fonds est le même, il n'y a de variante que dans le nom du personnage.

CHAPITRE IV.

Paris, 30 juin 1830.

A Monsieur A.° B.

J'applaudis fort à votre projet. Signalez les inexactitudes de toute espèce que renferment les Mémoires de M. de Bourrienne. Je voudrais pouvoir contribuer à cette œuvre utile, mes yeux malheureusement ne me le permettent pas. Je vous envoie cependant quelques obser- servations, veuillez les joindre en forme de *poscriptum* à ma lettre que vous avez déjà.

Lettre à M. Bourrienne, sur quelques passages de ses Mémoires relatifs à la mort du duc d'Enghien.

Monsieur le ministre d'État,

On ne m'a remis que ce matin le cinquième volume de vos Mémoires, dont j'ai commencé la lecture par les vingt-unième et vingt-deuxième chapitres, qui renferment les causes de la mort du duc d'Enghien et les circonstances de ce funeste événement. Comme vous citez mon témoignage à l'appui de votre jugement, il m'importe de bien préciser mes opinions à cet égard, non certes pour atténuer l'horreur d'une telle action, mais pour ne point rendre odieux au-delà de ce que la justice exige, l'homme que vous et moi et tant d'autres avons servi, et devant qui l'Europe s'est prosternée après cet horrible attentat. Vous dites :

« L'histoire n'attribuera donc pas cet holo-
« causte, ni au hasard, ni à un zèle criminel, ni
« aux intrigues d'alors..... elle n'y verra qu'un
« acte d'une délirante ambition et d'une poli-
« tique sauvage et barbare qui se permet tout. »
Mém., tom. v, page 317.

S'il est vrai, 1° que Bonaparte ait été trompé par le rapport de ses polices; 2° si on lui a laissé ignorer la conduite inoffensive du prince; 3° si on lui a persuadé qu'il était à Ettenheim avec le général Dumouriez et son état-major, et qu'à la même époque il existait dans le grand-duché de Bade un rassemblement d'émigrés armés, *alors il faudra attribuer ce déplorable holocauste à autre chose qu'à une ambition délirante, et à une politique sauvage et barbare qui se permet tout;* il faudra faire la part des conseils pernicieux, des informations frauduleuses, et des déceptions habilement combinées. Or, je crois pouvoir donner pour certains le premier et le troisième des faits que je viens d'indiquer, et le second comme très-vraisemblable.

1ᵉʳ FAIT. *Bonaparte a été trompé par ses polices.* Le succès de Méhée de La Touche, qui, à Munich, avait si utilement pour lui et si habilement mystifié l'Anglais Drake, mit ses pareils en goût de ces mystifications lucratives. Étant sur les lieux, je fus à portée de voir les autorités françaises des bords du Rhin s'évertuer à découvrir et à arranger des complots. Aucune, sans doute par crainte de perdre le fruit de la priorité d'invention, ne s'adressa à moi pour avoir le fil de ces trames, bien que rien ne fût plus naturel et plus convenable. Ces spéculateurs politiques avaient déjà disposé de ma place; j'ai connu celui qu'ils avaient destiné à être mon successeur. Dans l'audience que j'eus de Napoléon à Aix-la-Chapelle, je le vis frappé de surprise lorsque je lui dis, qu'à l'époque où l'on parlait d'un rassemblement d'émigrés dans le grand-duché, j'étais allé à Strasbourg pour désabuser et rassurer M. le préfet Shée. Il s'écria à plusieurs reprises : *Vous êtes allé à Strasbourg, vous avez averti M. Shée!* Ces exclamations me firent tenir pour certain qu'on le lui avait caché, et que ma négligence avait servi à faire ressortir le zèle des dénonciateurs.

2ᵉ FAIT. *On a laissé ignorer à Bonaparte la conduite inoffensive du prince.* Je vous fais juge, Monsieur, du degré de vraisemblance de cette assertion. Dans les lettres, qu'en ma qualité de chargé d'affaires, j'adressai antérieurement et postérieurement à l'horrible catastrophe, et desquelles il est facile de vérifier le contenu, si on ne les a pas fait disparaître, puisqu'elles étaient toutes numérotées, je rendis compte au ministre des affaires étrangères de l'insignifiance des intrigues de quelques émigrés, qui se trouvaient dans ma légation, de la résidence du duc d'Enghien à Ettenheim, des motifs qui l'y retenaient, et de la vie paisible qu'il y menait. Quoique ces objets eussent fait la matière de plusieurs de mes dépêches, lorsque je fus à Aix-la-Chapelle devant Bonaparte, il me parla comme si je n'avais fait aucun rapport, au sujet du prince et des émigrés. Je sais bien qu'on peut dire que c'est lui qui aura voulu qu'on détruisît mes lettres, et qu'il aura feint devant moi d'en ignorer le contenu. Mais voici un fait qui semble démontrer que bien réellement on lui avait caché ou dissianulé les rapports que j'envoyais. Un des griefs qui m'avaient fait mander était d'avoir épousé une proche parente de la baronne de Reich, accusée d'intrigues avec les émigrés. Prévenu de cette inculpation, j'avais envoyé au ministre un certificat bien en règle constatant que ma femme ne tenait à cette dame par aucun degré de parenté, et cependant on avait laissé ignorer à l'empereur l'existence de ce certificat; car le premier reproche qu'il m'adressa fut celui de mon mariage. Etait-ce ruse de sa part? était-ce un jeu concerté entre lui et son ministre? Ce qui me donne à penser le contraire, c'est le peu de satisfaction que celui-ci eut de mon audience, à laquelle il assistait.

3ᵉ FAIT. *On lui a donné comme réelle la présence à Ettenheim du général Dumouriez avec son état-major, et d'un rassemblement armé d'émigrés dans le grand-duché de Bade.* Ces faits sont prouvés par les journaux, par le *Moniteur* de l'époque, et les reproches que m'adressa à ce sujet Napoléon. La machine infernale, l'arrestation de Georges et de ses complices, n'avaient pas dû le confirmer médiocrement dans l'idée qu'il y avait eu un foyer de conspiration dans le grand-duché.

Si, maintenant, les faits précités sont vrais dans leur totalité, ou leur presque totalité, doit-on purement qualifier le déplorable événement, de *délirante ambition*, de *politique sauvage et barbare qui se permet tout?* Tout y est-il pour une ambitieuse cruauté, et rien pour l'erreur? N'y a-t-il pas eu intrigues perfides, zèle criminel dans la soustraction et la falsification d'aussi importans renseignemens? Napoléon, persuadé, ou faisant semblant d'être persuadé de leur vérité et de leur exactitude, n'était-il point autorisé, envers ceux au moins qui les avaient envoyés, à en appeler pour sa justification, comme il le faisait à Sainte-Hélène, *au droit de défense naturelle et de haute politique?* S'il eût pu avoir connaissance de vos Mémoires, il n'aurait point manqué de s'appuyer sur ce que vous dites, tome v, page 230 : « Je dirai franchement qu'a-
« près tout ce dont j'ai été témoin, je ne crois
« que bien peu à la possibilité d'une alliance
« entre la morale et la politique. » Non, le crime n'est jamais politique; ce que Bonaparte nommait *haute politique*, n'est que de la haute iniquité; toute politique qui viole la morale est fausse et détestable, et tôt ou tard elle porte, pour ceux qui la pratiquent, des fruits aussi em-

poisonnés que ses principes. Lui-même, il n'a eu des succès réels et durables, il n'a été véritablement grand, que lorsque ses actions ont été conformes à la morale, et il est très-probable que les premières dispositions pour son voyage de Saint-Hélène datent de la matinée du 21 mars 1804. Pour terminer sur ce point incident, songeons à la politique et à la mort de l'empereur Alexandre et à celles de lord Castlereagh.

Votre récit, d'ailleurs si intéressant et si véridique, m'a laissé une chose à désirer : vous auriez dû nous dire, et personne ne le pouvait mieux que vous, s'il est vrai, s'il est probable que Bonaparte ait commis le crime tout seul, de son propre mouvement, et sans être poussé et confirmé dans sa résolution par des conseillers perfides et intéressés. On lit dans vos Mémoires, tome VI, page 18 : « La date du 9 mars se rap- « porte à la veille du jour où s'assembla le con- « seil, dans lequel Bonaparte décida du sort du « duc d'Enghien. » Il y eut donc conseil tenu, dans cette fatale occasion. Quels sont les personnages qui y furent appelés et qui y assistèrent ? Vous dites que Bonaparte y *décida du sort du duc d'Enghien*. Mais décida-t-il seul ? Ne pourrait-on pas savoir les votes de tous, comme vous avez fait connaître celui de Cambacérès? En montrant qu'il fut seul de son avis, et en faisant peser sur lui, s'il la mérita, toute la responsabilité, vous feriez honneur à votre sévère impartialité historique ; en la faisant, s'il y a lieu, partager par des complices qui auraient voté comme lui, vous allégeriez sa culpabilité, et vous rendriez hommage à une ancienne et grande amitié.

Voici une réflexion qui semble prouver qu'il n'a pas été seul de son avis pour condamner le prince infortuné. Si, en effet, dans le conseil du 10, les conseillers présens avaient été unanimes pour rejeter le projet de son arrestation et de sa condamnation, Bonaparte n'aurait pu adresser à Cambacérès le reproche que vous dites qu'il lui fit, d'être *devenu* avare du sang des Bourbons. On n'adresse pas à un seul ce qui est commun à tous; le reproche n'aurait eu rien d'amer si chacun l'avait mérité. Notez encore que le vote de Cambacérès n'est qu'une demi-absolution, car il veut qu'on tende un piége au prince pour le prendre en flagrant délit. Il faut qu'il y ait eu des votes plus positifs et plus entiers que celui-là, pour que, leur étant comparé, il ait attiré le sanglant sarcasme sur son auteur. Si ce vote eût été le plus fort de tous, l'animadversion du premier consul se serait tournée contre ceux qui en auraient émis un plus doux et plus modéré. Disons donc qu'il est très-probable que Bonaparte n'est pas le seul coupable dans cette condamnation.

Quant à moi, qui me fais une sorte de scrupule de juger avec équité, mais non au-delà de l'équité, cet homme colossal, j'ai acquis sur les lieux la certitude qu'il avait été égaré par des rapports mensongers, suggérés par l'intérêt de ces êtres vils qui, pareils à des reptiles vénimeux, naissent de la corruption des grandes civilisations; rapports dont la sagacité de son génie aura d'abord vu le côté favorable à son ambition démesurée, et que malheureusement il aura fait tourner à ses vues. Le crime, ainsi ou autrement expliqué, est toujours horrible, mais il est moins odieux; en le considérant sous cet aspect, on se pardonne et l'on se console plus facilement d'avoir admiré un ambitieux égaré qu'un calculateur sanguinaire. Au reste, quelques circonstances atténuantes qu'on invoque en sa faveur, de quelques couleurs qu'on adoucisse la noirceur de son attentat, il en restera au moins sur sa mémoire la tache ineffaçable de la violation du territoire étranger, et la condamnation à mort sans jugement d'un prince innocent, ou, ce qui est plus atroce encore, sa condamnation par suite d'un jugement dicté et commandé d'avance, et dont il a fallu faire, en le corrigeant, une seconde version.

J'en étais à cet endroit de ma lettre, lorsque l'interrompant pour continuer la lecture de votre sixième volume, je suis arrivé à l'audience que vous donna l'empereur le 14 juin 1804. J'ai été frappé de ce qu'il vous dit et de ce que vous lui répondîtes au sujet du duc d'Enghien, qu'il désignait sans le nommer. « Encore si c'était la seule « grande faute qu'ils m'eussent fait commettre ! « — Sire, comme vous avez été trompé !.... » Vous convenez donc qu'il a été trompé dans cette sinistre condamnation, et que, contrairement à vos premières assertions, il y a eu *menées perfides, zèle criminel, intrigues* d'alors. En ne désignant pas, si vous les connaissez, ceux qui ont composé le conseil du 10 mars, et qui lui ont fait commettre cette *grande faute*, vous laissez quelque doute sur l'entière sincérité de cette partie importante de vos Mémoires : en qualité d'historien, en qualité d'ancien serviteur et ami de Napoléon, vous êtes tenu de confirmer ou d'in-

firmer les paroles que vous adressait Joséphine :
« Vous qui le connaissez, Bourrienne, vous sa-
« vez qu'il n'est pas méchant ; ce sont ses con-
« seillers et ses flateurs qui lui font commettre
« de vilaines actions. »

Je terminerai cette lettre par une observation sur un autre passage de vos Mémoires relatif à l'auguste victime ; vous me rendrez justice, si vous pensez que cette observation est uniquement dictée par le désir de bien connaître la vérité, dans une affaire qui s'adresse à toutes les sympathies, et qui commande spécialement mon intérêt, les circonstances ayant voulu que je n'y fusse pas étranger. Je ne prétends ni appuyer ni contredire les faits que vous rapportez, j'en cherche seulement l'explication. On lit, tom. V, page 304 : « M. Talleyrand fit prévenir ce
« prince par une femme qui était près de lui et
« dont il était amoureux, de se tenir sur ses
« gardes et même de s'éloigner....... A-t-on des
« doutes ? voici d'autres faits : ce fut le chevalier
« Stuart qui écrivit à M. de Cobentzel pour lui
« demander un passeport pour le duc d'Enghien. »
Si le prince, ainsi que vous le dites, a été prévenu, comment s'est-il fait que ni lui ni aucun de ses fidèles serviteurs n'aient été sur leurs

gardes, lors de l'arrivée à Ettenheim du détachement français venu pour le saisir? Pourquoi y resta-t-il, après les soupçons surtout que, la veille de son arrestation, excita l'apparition des gendarmes déguisés, Charlot et Pferdsdorff? Pourquoi au moins ne pas avoir placé des personnes, pour veiller et l'avertir en cas d'événement? Négliger à ce point de profiter d'un avis aussi capital et venant d'une aussi haute source est, vous en conviendrez, un inconcevable aveuglement. D'où vient le silence gardé sur cet avis par la princesse qui l'avait reçu, par celui qui l'avait porté, et par ceux à qui, pour l'utiliser, on avait été forcé de le communiquer? Je conçois que durant la puissance de Napoléon, on n'ait pas voulu compromettre l'auteur d'un tel service; mais après le retour des Bourbons, n'était-ce pas devoir, devoir impérieux, de proclamer de dessus les toits, le nom de celui qui avait donné à leur famille cette preuve d'attachement? Quant au passeport demandé par le chevalier Stuart, il est jusqu'à un certain point étonnant que, pour une affaire qu'on ne pouvait que trop malheureusement juger instante, on ait de Paris demandé à Vienne un passeport qui devait revenir à Ettenheim, tandis qu'il y a moins de vingt lieues d'Ettenheim à Carlsruhe, où les ministres de Suède, de Prusse, d'Autriche et de Russie se seraient empressés de donner un passeport au prince, soit en son nom, soit sous un nom supposé, et lui auraient offert chacun dans leur hôtel un asile inviolable. Il serait trop minutieux de vous faire observer qu'en disant *voici d'autres faits*, vous avez donné à entendre plusieurs faits, et que cependant vous n'en rapportez qu'un seul, celui du passeport demandé et tardivement accordé. Pour s'assurer de la vérité sur ce point, il faudrait s'adresser au ministre de S. M. Britannique ou à M. de Metternich; mais il n'est que trop évident, que lors même qu'ils donneraient le certificat le plus authentique, ceux qui auraient la meilleure disposition à y croire, auraient bien de la peine à y ajouter foi : tel est l'inconvénient des vérités officielles. Mais ce qui résulte invinciblement de la citation que j'ai faite, et d'autres passages de vos Mémoires, c'est que le dessein d'attenter à la liberté et à la vie du prince était bien connu d'avance, et qu'il aurait été sauvé, s'il eût été averti à temps.

Ou ce fut postérieurement au 10 mars, jour dans lequel, suivant vos Mémoires, Napoléon arrêta le sort du duc d'Enghien, que fut demandé le passeport en question, et alors il n'y a pas lieu d'accuser la lenteur du cabinet autrichien, qui, le 15, jour de l'arrestation, ne pouvait même en avoir reçu la demande; ou cette demande fut faite antérieurement, et alors, d'après les retards éprouvés ou présumables de la chancellerie de Vienne, la résolution du conseil du 10 une fois connue, ceux qui avaient demandé le passeport et donné l'avertissement lorsque le danger était éloigné, ne devaient-ils pas aussitôt envoyer quelqu'un en poste, qui, arrivant le 12 ou le 13, aurait averti et sauvé la victime désignée? Si, par ce moyen, le prince eût échappé, combien grand eût été le mérite de M. de Talleyrand, en se compromettant aussi étrangement envers l'empereur! C'eût été un acte sublime de dévouement; mais l'héroïsme n'est pas de devoir.

J'ai l'honneur, monsieur le ministre d'état, de vous offrir l'hommage des sentimens de ma haute considération.

Le baron Massias.

P. S. Comment expliquer la sécurité de la Pr..... de R....., celle dont les Mémoires disent que le duc d'Enghien était amoureux, et dont il était aimé jusqu'à l'adoration? Si elle avait reçu l'avis salutaire dont parlent les Mémoires, n'aurait-elle pas forcé le prince à s'enfuir? Ne l'aurait-elle pas environné de sauve-garde? Aurait-elle trouvé assez de moyens de se rassurer? N'aurait-elle pas redoublé de vigilance à l'apparition de Charlot et Pfersdorff? *Nam qui fallere possit amantem?* Comment tromper une amante aussi passionnée? Lorsqu'elle apprit la terrible catastrophe, elle devint momentanément folle. J'ai particulièrement connu une dame qui avait voué au duc d'Enghien un culte allant presque jusqu'à la superstition. Elle avait fait une chapelle très-bien ornée dans lequelle elle avait placé, comme relique, une botte de l'infortunée victime qu'elle était parvenue à se procurer. Cette dame, à dix reprises différentes, m'a parlé de sa visite en entrant dans les moindres détails. Jamais la princesse dans son délire, jamais lorsqu'elle eut recouvré sa raison, ne se reprocha sa cruelle négligence, et ne s'accusa d'être coupable de la mort du prince pour avoir négligé l'avis qu'on prétend lui avoir été donné.

Une des causes de la mort du duc d'Enghien fut indubitablement la déposition de Georges Cadoudal qui, dans son interrogatoire dont je tiens le contenu de celui même qui l'interrogea, répondit que les conjurés attendaient pour agir l'entrée en France d'un prince français que le consul jugea devoir être celui qui se trouvait sur les frontières, à Ettenheim. L'interrogatoire de Georges est au greffe du tribunal criminel.

Une autre cause de la funeste catastrophe est un fait que je tiens pour assuré, et dont certains grands personnages de la cour savent bien se vanter. Georges, pour montrer à un chef de l'émigration combien il était sûr de son coup, lui dit de se trouver tel jour, à telle heure, dans tel village que devait traverser le premier consul. Celui-ci parut au moment indiqué escorté de quelques guides; alors, sur un signal donné, parut la troupe de Georges déguisée et éparpillée. Mais il se tint dans l'inaction, en donnant pour raison que *tant qu'un prince français, n'aurait point mis le pied sur le territoire français en tuant le consul, il travaillerait pour la révolution et non pour la royauté.* Ce fait peut être parvenu à Bonaparte et avoir contribué à sa funeste résolution.

J'ai l'honneur, monsieur, de vous offrir les sentimens de ma considération la plus distinguée.

Le baron MASSIAS.

CHAPITRE V.

Suite des Observations de M. le comte de Survilliers.

Volume v, page 4. — La mission (celle de pacifier l'Ouest) était difficile. Ce fut pour cela que Bonaparte voulut en charger Bernadotte; mais l'esprit conciliateur de ce général, ses manières chevaleresques, etc.

Les interprétations sinistres que le secrétaire intime donne aux démarches les plus simples du premier consul prouvent assez qu'il n'écrit qu'un libelle. Le général Bonaparte avait trop le sentiment de ce qu'il valait, pour s'abaisser au rôle et aux petites intrigues des petits tyrans du moyen âge; le secrétaire intime ne l'a pas connu, ou n'a pas voulu le connaître; il paraît l'avoir fait à son image, et le proverbe trivial ne saurait ici avoir son application!

Bernadotte voulut avoir une mission aux États-

Unis lors de la négociation de la Louisiane, et le consul y consentit : peu de temps après, il préféra (sur les représentions de ses amis, et surtout de Joseph, qui le voyaient s'éloigner avec peine) le commandement de l'armée de la Vendée, commandement digne de ses manières chevaleresques et de son habileté; le consul le lui accorda, parce qu'il avait le désir de lui complaire et qu'il le jugeait capable de remplir avec succès une tâche aussi difficile.

Dans l'affaire de la 52ᵉ à Tours, qui ne voit le besoin de médire! La lettre du consul est convenable, le genre de fermeté dont il s'agit devait faire la fortune du colonel, et sans doute que le général Bernadotte n'envia pas le grade que le colonel Liébert obtint, pour avoir exécuté fidèlement ses ordres.

Page 9. — La vérité est que, par une disposition d'esprit que je ne saurais m'expliquer à moi-même, plus je voyais croître la haine injuste que lui portait Bonaparte (à Bernadotte), plus je me sentais d'entraînement et d'amitié pour la noblesse de son caractère.

M. de Bourrienne n'était pas à cette époque, pour Joseph, aussi mal disposé qu'il l'est aujourd'hui. Il savait bien qu'il était le frère du premier consul, que Bernadotte était le beau-frère de sa femme et son ami; il n'était pas fâché d'obliger l'un et l'autre, et ne tarda pas à faire à Joseph des ouvertures qui n'eurent pas de succès; aujourd'hui, Bernadotte est sur le trône; Napoléon est dans la tombe, et Joseph dans l'exil; il n'est pas difficile d'expliquer à M. de Bourrienne, *cette disposition d'esprit, qui le porte à cet entraînement* d'amitié pour un roi, d'ingratitude pour un mort, et d'irritation pour un proscrit.

Page 18. — Il prit fantaisie à la bande joyeuse de m'écrire un bulletin de ses plaisirs et de ses contrariétés pendant le voyage.

Petite vanité, qui ne lui permet pas de voir que le secrétaire du premier consul n'était qu'un bureau d'adresse: voyez le P. S.; s'il était si intime de la mère, de la femme, de la famille du consul, comment ne se demande-t-il pas à lui-même, s'il n'y a pas quelque ingratitude à traiter si mal des gens qui l'ont traité si bien?

Quelle leçon pour les nobles hôtes qui lui donnent aujourd'hui l'hospitalité en Belgique?

Page 21. — Quel homme! quel homme! que ce Lucien, s'écriait-elle (Joséphine) dans son désespoir. Si vous saviez, mon ami, les honteuses propositions qu'il a osé me faire!

N'est-ce pas là une singulière naïveté, qui

échappe à l'auteur des Mémoires : l'étrange récit que vous allez nous faire, est-il donc la vérité sur la famille du premier consul? Une infâme calomnie sera-t-elle la vérité, parce qu'elle sera débitée par un homme qui a promis de noircir la famille de son bienfaiteur ?

Mais ce Lucien que vous calomniez si effrontément, quel intérêt avait-il donc à ce qu'un bâtard remplaçât ses propres enfans ? Était-il fou, maniaque ? Était-ce un ambitieux effréné, celui qui, peu de mois après, préféra la vie domestique de Rome au tumulte des affaires? qui vécut éloigné de Paris, au milieu de la nouvelle famille que l'hymen et l'amour lui avaient donnée, honoré de l'intime amitié d'un pape, saint de nom et de fait; entouré des hommages de ceux qui estiment les beaux-arts, les lettres, les sciences, et l'indépendance d'un noble caractère, tandis que son frère était au faîte de la puissance, et que vous étiez à ses pieds ; et lorsque la fortune, qui vend les prospérités, eut réduit Napoléon à se défendre contre l'Europe entière, on vit ce frère accourir, attiré par le malheur, tandis que vous, monsieur le ministre de l'empereur à Hambourg, vous vous étiez chargé d'épier au cabinet noir et à la police de de Paris les mouvemens et les soupirs qu'un instinct national pouvait inspirer à des cœurs français.

Page 22. — On m'a dit qu'à sa maison de campagne de la Raffuella, près de Rome, Lucien s'était fait peindre en costume d'empereur romain, et dans l'attitude de Dioclétien refusant de reprendre l'empire.

Cette note ne contient pas la vérité : j'ai vu le tableau de Dioclétien refusant de reprendre l'empire, dans la maison de Lucien, au faubourg Saint-Germain, pendant le consulat; MM. de Laborde, Sapey, membres de la chambre des députés, Le Thiers, Gros, etc., artistes célèbres de la capitale, l'y ont vu comme moi.

Page 23. — Elisa représenta Alzire, et Lucien Zamore. La chaleur des déclarations, l'énergique expression des gestes et la vérité trop nue des costumes révoltèrent la plupart des assistans; et Napoléon plus qu'aucun autre.

Le grand talent de Lucien pour la déclamation est très-vrai. Larive et Talma ont uni leur jugement à celui des spectateurs du théâtre de Neuilly et du Plessis, où figuraient aussi des auteurs célèbres, MM. de Fontanes, Arnault, Desportes, etc.

Dugazon était le directeur et le répétiteur de

ce petit spectacle de société. Les costumes étaient ceux du Théâtre-Français; ils n'étaient pas plus indécens que ceux que l'élite de la France et de l'Europe se complaît à voir depuis tant d'années à ce spectacle national.

Il faut bien avoir la manie de la médisance pour blâmer où il n'y a qu'à louer! Quel plus beau délassement que la représentation des immortels chefs-d'œuvre de la scène française!

Page 40. — J'ai déjà parlé des tribulations de Joséphine, de l'acharnement de Joseph et surtout de Lucien contre elle, etc.

Quel intérêt! quel motif! « Vous nous avez « dit plus haut que vous aviez promis de dire « la vérité sur la famille du premier consul. » Sans doute, vous avez eu intérêt à la dire, telle qu'il la faut à ceux pour qui vous la faites.

Page 45. — Madame, lui dis-je (à Joséphine), si nous ne parvenons à dissuader le général de se faire roi, l'avenir m'effraie pour lui. Si jamais il rétablit la royauté, il aura travaillé pour les Bourbons, etc.

Toutes ces prévisions sont faites après coup.

Page 51. — Voilà donc la femme et le mari en contradiction, ce qui n'est pas une chose bien rare; mais de quel côté est la vérité? Je n'hésite point à la ranger du côté de Joséphine.

On voit dans ces questions incertaines, M. de Bourrienne fidèle à ceux à qui il a promis la vérité : il n'hésite pas à donner un démenti à Napoléon, « parce que Joséphine ne lui a pas dit cela, « à lui, Bourrienne : il condamne Lucien sans « hésiter : c'est lui, c'est Joseph, qui poussaient « à l'hérédité; » *les hommes sages, les fortes têtes* ont lutté contre la tendance du consul vers l'hérédité; quels sont ces hommes sages, ces fortes têtes? Quel danger y aurait-il eu de les nommer aujourd'hui? L'auteur n'ose pas citer des personnes dont les opinions seraient sur-le-champ démenties; il voudrait faire planer un soupçon favorable sur quelques heureux survivans de la cour du premier consul, mais il n'ose pas, parce que le fait est que tous ont poussé alors à l'hérédité; il n'y a pas eu une opinion contraire parmi les personnes qui approchaient le consul, et quoi qu'en dise l'auteur, la vérité est que Napoléon a été poussé, et a suivi l'opinion. Ses frères, loin d'avoir été les instigateurs de ce projet, ont au contraire été *traînés à la remorque*, pour me servir de l'expression de quelques fortes têtes, et de sages conseillers de Napoléon : lors de la déclaration de l'hérédité, Lucien était à Rome, et Joseph au camp de Boulogne : croyez après cela les écrivains à qui on demande la vérité sur les familles tombées.

Page 52. — M. Fesch, qui, lors de notre retour d'Égypte et pendant notre relâche forcée à Ajaccio, avait escompté, à un taux un peu cher, les sequins d'Egypte du général en chef, était redevenu l'abbé Fesch, etc.

C'est peut-être montrer peu de confiance dans la perspicacité des lecteurs que de s'abaisser à relever de si injurieuses platitudes ; en vérité, est-il bien dans la nature des choses que le secrétaire particulier du général Bonaparte, arrivant d'Egypte dans sa ville natale, à Ajaccio, en Corse, ait reçu l'ordre du général de faire changer, contre de la monnaie française, les 17 mille francs qu'il rapportait d'Egypte, en monnaie étrangère qui n'avait pas cours dans une petite ville comme celle d'Ajaccio. Sans doute le secrétaire ne pouvait mieux faire, pour n'être pas trompé, que de remettre cette somme à l'oncle, pour qu'il soignât les intérêts du neveu ; l'oncle n'était ni négociant, ni banquier, puisque M. de Bourrienne nous apprend qu'il était prêtre ; il aura lui-même fait remettre les espèces à un marchand du pays, qui aura pu escompter à un taux élevé ; mais un autre négociant aurait-il mieux fait à Ajaccio? Cette petite affaire tient fort à cœur à M. de Bourrienne.

Probablement qu'elle n'aura pas tant inquiété le général Bonaparte et son oncle, et que dans l'incertitude de la perte ou du gain, l'un et l'autre auront préféré qu'un père de famille de leur ville gagnât quelque chose, plutôt que d'être exposé à payer la bienvenue de la relâche de son illustre compatriote. Il est malheureux d'être obligé de reprendre de telles sottises.

Le secrétaire intime aurait dû savoir que l'oncle de son général n'était pas simplement l'abbé Fesch; qu'avant la révolution il était premier dignitaire de la cathédrale d'Ajaccio, d'abord comme *archidiacre*, ensuite comme grand-vicaire; que, désigné archevêque de Paris, il a montré un grand et noble caractère; que, ambassadeur à Rome, il a réconcilié cette cour avec la cour de la France; le cardinal Fesch, plein de l'esprit de son état, a si bien su résister aux séductions et aux menaces, qu'il a conservé son archevêché de Lyon, ainsi que l'estime et le respect de tous les gens éclairés de Rome, qui le regardent comme l'un des membres les plus honorables du sacré collége; mais ce n'est pas encore là l'espèce de vérité que le secrétaire du général Bonaparte a promis à ceux qui l'emploient.

Page 58. — Le consulat à vie n'était réellement qu'un empire déguisé, dont l'usufruit n'était pas capable de satisfaire long-temps l'ambition du premier consul... Ses frères l'emportèrent, et une dynastie nouvelle fut résolue.

Joseph ni Lucien n'avaient d'enfans mâles; le droit accordé à Napoléon par le sénatus-consulte du 4 août 1802, de désigner son successeur, ne devait-il pas suffire à leur ambition? Etait-ce eux qui pouvaient être soupçonnés de donner des conseils perfides? Pourquoi de la perfidie en eux? Etaient-ils donc intéressés au malheur de leur frère? Etaient-ils d'anciens émigrés? Pouvaient-ils avoir des espérances raisonnables que dans le bonheur de leur frère? Etaient-ce eux qui pouvaient avoir des arrières-pensées? Ne devaient-ils pas tomber avec leur frère? Ne sont-ils pas tombés avec leur frère? Et les amis d'enfance, et les têtes fortes, que sont-ils devenus aux jours du malheur? Ne les avons-nous pas vu courir en foule au secours du plus fort? Fêter *les amis les ennemis* et les servir de toutes les manières?

Page 61. — Il (Bonaparte) était profondément convaincu que l'on ne pouvait rien faire de bien là où il n'y avait pas unité de pouvoir, etc.

Nous avons déjà dit que, consul, empereur, il s'est toujours cru en dictature jusqu'à la paix générale; l'Angleterre, et non lui, l'a retardée, voilà toute la question. Napoléon était trop éclairé pour être l'ennemi de la liberté au siècle où il vivait; s'il est vrai, comme le dit son secrétaire, devenu son détracteur, que sa passion dominante fût l'amour de la gloire, et qu'il était en adoration devant la postérité, que pouvait-il vouloir sinon le bien de son pays et de son siècle? N'était-ce pas là les titres avec lesquels il devait se présenter à ce juge impartial, et qui ne peut plus être trompé tant que les hommes conserveront l'art de l'imprimerie, et que sur un coin du monde régnera la liberté de la presse. Est-ce que Napoléon était un idiot? Est-ce qu'il n'était pas aussi capable que nous de faire un raisonnement aussi simple? Donc tout ce qu'il a fait, il a cru devoir le faire. Il n'était pas dominé par de petites passions sordides; il ne fut ni avare, ni débauché, ni cruel; il aima la gloire et une immortelle renommée, et pour la mériter, il agit et pensa comme les héros de

Corneille, lorsqu'ils excitaient son admiration, quelquefois jusques aux larmes. Je me rappelle qu'un jour aux Français, après avoir entendu Monvel dans la célèbre tirade du *Soyons amis, Cinna*, il me dit ces propres paroles : « Quel précepteur que ce Corneille ! Il faut se figurer que, dans un siècle éloigné, un poète tel que lui, nous fasse agir et parler comme nous aimons à voir ses Romains, tel qu'il nous représente le grand César en Egypte, et la fière Cornélie, et l'impassible Auguste ; il faut être tels que nous aimons à les voir, tels que nous voudrions nous voir et nous entendre, si une partie de nous nous survit : nos enfans ne sont ils pas, au reste, cette partie de nous-mêmes ? »

Page 61. — Comme si les Français étaient des Américains ! Il (Lafayette) ne m'apprendra peut-être pas ce qu'il faut à ce pays-ci. La religion catholique y domine ; et, d'ailleurs, j'ai besoin du pape, il fera ce que je voudrai. Savez-vous que Lafayette s'est servi d'une drôle d'expression, ajouta en souriant le premier consul ; il m'a dit que *j'avais envie de me faire casser la petite fiole sur la tête.*

Ceux qui connaissent les Français et les Américains des États-Unis n'ont pas de peine à convenir avec Napoléon que « des Français ne sont pas des Américains. »

Nous n'avons pas vu la petite fiole, ni le pape couronnant l'empereur; il a béni l'acte civil du couronnement, et a constaté que la couronne impériale venait du peuple; c'est des mains du grand électeur, que l'élu de la nation l'a reçue! Et c'est ainsi que s'est vérifié l'ancien adage: *Vox populi, vox Dei*. On sait que plus de trois millions cinq cent mille signatures ont constaté cette volonté populaire; il faudrait remonter bien loin dans les annales du monde pour trouver un titre accordé et constaté par tant d'électeurs: celui des empereurs d'Allemagne était donné par les sept électeurs de l'empire.

Page 64. — Nous avons vu Duroc et le colonel Sébastiani chargés d'importantes missions et les remplir avec distinction : nous avons vu également l'ambassade de Londres confiée au général Andréossy contre l'opinion du ministre des relations extérieures; de la même manière, Brune fut envoyé à Constantinople, et Lannes à Lisbonne. Cette dernière nomination tient à des causes qu'on ne lira probablement pas sans intérêt..... Bonaparte ne tutoyait plus Lannes, mais Lannes continuait à le tutoyer, etc.

Ce chapitre repose en partie sur des faits inexacts :

1° Le général Lannes ne tutoyait pas le général Bonaparte.

2° Le général Lannes n'était encore que colonel, lorsqu'en l'an iv de la république, il rejoignit l'armée d'Italie dans la rivière de Gênes : le le général Bonaparte l'y reçut comme son général en chef : j'étais présent à sa première présentation.

3° Le général Lannes n'a pas provoqué le consul en duel.

Quel profit peut espérer l'histoire de ce tissu de faits inventés à plaisir? L'auteur a la bonhomie de nous dire dans quel but.

Rien n'était moins militaire que le gouvernement du consul Bonaparte; il connaissait trop l'esprit de quelques généraux, pour s'en rendre le jouet. Il chercha au contraire à civiliser ceux d'entre eux qui eussent pu porter dans les fonctions civiles les habitudes des camps; le général Lannes, le plus brave et le plus généreux des hommes, fut employé dans la diplomatie, pour qu'il pût acquérir des connaissances nouvelles, dans une carrière où la franchise et la loyauté de son caractère et son esprit naturel devaient lui faire acquérir de nouveaux droits à la reconnaissance de son pays.

Le général Andréossy était un général d'artillerie dont l'esprit pouvait s'étendre à tout, et c'était sans doute une bonne politique au général Bonaparte d'envoyer à Londres et à Vienne un général instruit, qui ne pouvait manquer d'être apprécié dans des pays où l'on a en honneur les talens et les services militaires, et où, à tort ou à raison, les classes aristocratiques qui y dominent ont plus de considération pour les services et les titres militaires, que pour les services purement civils; Bonaparte fut très-militaire sans doute, à la guerre; mais quel homme fut plus civil que lui, au conseil d'état, et dans le travail avec ses ministres, dans son administration journalière? Il avait d'autant moins de raison de se laisser dominer par aucun militaire, qu'il leur était jugé supérieur par l'armée : c'est l'avoir bien mal jugé, que de le représenter comme sacrifiant le civil aux exigences des militaires! Jamais, sous aucun gouvernement, les militaires n'ont été plus honorés, mais jamais ils ne se sont montrés plus citoyens! Comment Bonaparte aurait-il pu établir le gouvernement militaire, lui qui ne régna jamais que par l'opinion des masses, lui qui n'avait pour garde que l'élite de l'armée française, qui était elle-même, par la conscription, l'élite de la nation? Son pouvoir reposait-il donc sur des classes privilégiées? Régnait-il sur des cathégories? Par l'appui des puissances étrangères? Avait-il quelques bandes de montagnards de son île à ses ordres? Au milieu de Paris, *tout pour le peuple français* fut sa devise; au retour de l'île d'Elbe, le peuple s'en souvint. Ce souvenir n'est pas encore enseveli avec lui dans la tombe! Nous demandons à M. de Bourrienne si c'est du temps de l'empereur Napoléon que l'on a vu dans Paris des scènes semblables à celles de la rue Saint-Denis? Est-ce sous l'empire que des troupes étrangères étaient en grande partie chargées de la garde des palais impériaux et de la sûreté de sa capitale?

Page 85. — Mais cette liberté d'opinion qu'il tolérait au conseil, lui était insupportable au tribunat.... Ce que Bonaparte redoutait par-dessus tout, était la publicité.

Attendu la puissance des divers partis encore existans, et dont elle pouvait réveiller l'irritation à peine calmée, Bonaparte aimait les principes de l'égalité et de la liberté, dans lesquels il avait été élevé durant la révolution; mais s'il pouvait se laisser aller sans danger à l'égalité, il n'en était pas ainsi de la liberté absolue durant la crise intérieure, qui ne faisait de son gouvernement qu'une dictature prolongée, dont le premier besoin fut de vaincre ses ennemis.

M. de Bourrienne, qui reproche à l'empereur de ne pas croire à la vertu, tombe lui-même dans cet excès. Il paraît révoquer en doute toute bonne foi dans les actions des hommes : il prête toujours à ceux-ci une arrière-pensée; nous ne voulons pas rétorquer contre lui cette façon de voir, mais nous ne pouvons nous empêcher de lui faire observer que lorsqu'on accuse, on doit donner des preuves.

Page 127. — On dit dans Paris que l'on allait réduire à trois le nombre des ministres, que Joseph, Lucien et Talleyrand se partageaient entr'eux les divers départemens.... Lucien contribuait à faire répandre ces faux bruits.

Joseph n'avait pas voulu être ministre après le 18 brumaire. Lucien ne voulait pas l'être à l'époque dont parle M. de Bourrienne. Ainsi tombent les intrigues prétendues.

Il est vrai que les frères de Napoléon n'étaient pas des courtisans faciles; ils avaient leur manière de voir qui leur était dictée par leur conscience, ce qui n'a pas toujours plu au secrétaire intime. Mais en 1814 et 1815, ils étaient autour de leur frère, et le secrétaire intime, l'ami de Brienne, où était-il?

Page 144. — Les frères de Bonaparte s'appliquaient à l'irriter davantage contre tout ce qui pouvait rappeler l'idée des Bourbons, en lui disant sans cesse, et notamment Joseph, etc.

Les frères de Napoléon n'étaient pas plus occupés des Bourbons que les personnes qui entouraient le consul, et qui, pour la plupart, s'étaient élevées pendant la révolution. Connaissant le système du consul qui tendait à ouvrir la France à tous les Français qui désiraient y rentrer et y porter l'esprit de paix et de réconciliation dont il était animé, ses frères étaient loin de contrarier des vues si sages et si généreuses. Cependant ils étaient bien éloignés de partager l'opinion de ceux qui eussent voulu voir les nouveaux rentrés obtenir la préférence sur les hommes de la révolution et sur ceux qui, dans les armées, avaient fondé au prix de leur sang la grandeur de la France.

Si Napoléon écrivit à Louis xviii la lettre dont parle l'auteur des Mémoires, il n'eût d'autre but que celui de faire cesser la position dans laquelle se trouvaient ces princes à une époque où tous les rois de l'Europe avaient cessé de les soutenir; il parut au premier consul digne de la nation d'assurer un état fixe à une famille qui avait régné si long-temps sur la France. Ayant ouvert les portes de leur patrie aux nombreux émigrés qui désiraient y rentrer, il ne restait au premier magistrat de la France qu'à procurer un asyle à ceux qui, animés d'un dévouement chevaleresque pour leurs anciens princes, eussent cru retrouver la patrie aux lieux où il leur eût été permis de les suivre.

Page 171. — J'aurais pu rappeler au premier consul qu'il ne pouvait me blâmer d'avoir acheté un intérêt dans une fourniture, puisque lui-même avait cru légitime de stipuler en faveur de son frère Joseph un pot-de-vin de 1,000,000 francs sur le marché des vivres de la marine.

On a déjà répondu à une assertion aussi calomnieuse, et l'on défie l'auteur d'en administrer la moindre preuve.

Page 195. — L'Angleterre avait signé à Amiens la paix qu'elle ne voulait pas observer..... Elle voyait la France puissante, dominant l'Europe; elle connaissait les projets ambitieux du premier consul. Il ne les dissimulait guère. Né de la guerre, Napoléon obéissait à sa nature; la guerre a toujours été son penchant, ses délices; dominer était son but.

Napoléon fut très-heureux de la conclusion

de la paix à Amiens; l'Angleterre seule renouvela la guerre en refusant d'exécuter la clause principale du traité (d'évacuer Malte). Lord Whitworth fut envoyé à Paris; il essaya tous les moyens de séduction auprès de la famille du premier consul. M. Malouet, mort ministre de Louis XVIII, en fut l'intermédiaire; l'Angleterre offrait de reconnaître la famille du premier consul, etc., etc.... Le négociateur anglais connaissait trop bien le haut caractère du général Bonaparte pour avoir pu espérer un instant de réussir à conserver la paix, tout en refusant d'exécuter les stipulations principales du traité; aussi, en quittant Paris, il obéit probablement au désir secret de son cabinet, qui voulait renouveler les hostilités, après avoir eu l'air d'avoir cherché à les prévenir par la mission de son ambassadeur à Paris.

Page 223. — Bonaparte, au moment de la déclaration de guerre, avait signalé son indignation d'une manière qu'aucune considération ne pouvait faire approuver. Je veux parler de l'ordre qu'il avait donné de faire arrêter tous les Anglais qui se trouvaient en France, ordre barbare, car il est affreux de faire retomber sur des particuliers venus avec confiance, la vengeance qu'on voudrait exercer sur le gouvernement dont ils dépendent, etc.

Les représailles ont de tout temps été légitimes; les Anglais abusaient de leur supériorité, sur mer, en arrêtant les bâtimens, les marins, les passagers français, en confisquant les marchandises avant la déclaration de la guerre; les Français, à leur tour, abusaient de leur supériorité sur terre, et des avantages de la situation géographique de leur pays en arrêtant les particuliers anglais; mais, de leur part, ce n'était que des représailles. Le tort doit en être imputé aux Anglais, qui les premiers violèrent le droit des gens, et abusèrent de la confiance des négocians et navigateurs français qui s'étaient livrés à des voyages maritimes, sur la foi du traité signé à Amiens, et ratifié à Londres comme à Paris.

Page 246. — Je n'ai jamais connu d'homme qui fût plus insensible à la belle poésie ou à la belle prose... Les plus beaux ouvrages de notre littérature n'étaient pour lui qu'un arrangement de mots sonores et vides de sens, qui ne frappent que l'oreille.

Il est faux que Bonaparte fût insensible à la belle poésie et à la belle prose; dans sa jeunesse, il était très-enthousiaste de J.-J. Rousseau, dont les plus beaux ouvrages lui étaient familiers. Il avait écrit en 1789, étant encore bien jeune, un Précis sur les révolutions de la Corse, que l'abbé

Raynal appréciait beaucoup. Celui-ci avait envoyé l'ouvrage à Mirabeau, qui lui écrivit en l'engageant à inviter le jeune auteur à faire le voyage de Paris. Napoléon savait par cœur et répétait souvent les plus beaux morceaux des tragédies de Corneille, de Racine et de Voltaire.

Il est faux qu'il détestât Chénier; il avait commencé par l'aimer beaucoup; il avait eu à s'en plaindre et finit par lui donner une pension. On connaît les liaisons qu'il a eues avec Fontanes, Arnault, Talma, David, Paësiello, Monti et tant d'autres poètes, littérateurs et artistes célèbres; ces liaisons démentent facilement les assertions de l'auteur des Mémoires.

Page 261. — Vous avez raison. Ceux qui croient à une descente, sont des niais : ils ne voient pas la chose sous un véritable aspect. Je puis sans doute débarquer avec 100,000 hommes, etc.

Comment croire que Napoléon ait pu dire à M. de Bourrienne, avec qui il était brouillé depuis un an : « Ceux qui croient à une descente en Angleterre sont des niais. » Il nous paraît qu'il y aurait beaucoup plus de niaiserie, au lecteur, s'il pouvait prêter foi à une telle assertion : ce que Napoléon n'a confié à personne, il se plut à le dire sans nécessité à un homme qui n'avait plus sa confiance!

Page 269. — Le nom de Moreau etait d'un bien plus grand poids dans l'armée que celui de Pichegru, et ceux qui brassaient le renversement du gouvernement consulaire, comprenaient qu'il n'y aurait rien à tenter avec quelques chances de succès sans le concours de Moreau. Le moment n'était point opportun; mais, initiés dans quelques secrets du cabinet britannique, ils savaient que la paix n'était qu'une trêve, et il leur importait de profiter de cette trêve pour opérer d'avance une réconciliation qui pourrait amener plus tard une communauté d'intérêts, etc.

Nous sommes loin d'envisager de la même manière que l'auteur les événemens relatifs à la conspiration de Georges, Moreau et Pichegru, et la catastrophe du duc d'Enghien, qui occupent les chapitres XIX, XX, XXI et XXII de cet ouvrage; toutefois nous ne continuerons pas nos observations, parce que nous avons connaissance de l'existence d'un ouvrage sur ce sujet, appuyé des pièces officielles, d'où la vérité ressortira tout entière.

1° Personne ne doutera plus de l'existence de la conspiration;

2° Du suicide du général Pichegru;

3° De la détermination où était le premier

consul de faire grâce au descendant du grand Condé : c'est ainsi qu'il l'avait désigné à la personne dont nous tenons ces assertions.

4° De la fatalité qui voulut que la sentence fût exécutée avant que le consul en eût connaissance. Il fit grâce à MM. de Rivière, de Polignac, arrêtés en flagrant délit, dans Paris même, comment ne l'aurait-il pas faite au duc d'Enghien, arrêté au-delà du Rhin, pour prévenir le danger dont le gouvernement était menacé de voir ce jeune prince à la tête des mouvemens contre-révolutionnaires, lorsque les conspirateurs dans Paris seraient venus à bout de se défaire du premier consul.

Page 345. — Le cardinal Fesch avait été nommé ambassadeur près du saint-siége; ce fut Bonaparte qui, le premier, eut l'idée de nommer M. de Châteaubriand à la place de premier secrétaire de cette ambassade, pensant que l'auteur du *Génie du Christianisme* conviendrait mieux que qui que ce fût pour suppléer à ce qu'il ne trouvait pas de talent à son oncle, etc.

Le cardinal Fesch, qui, en sa qualité de membre de la famille de l'empereur, n'a pas le bonheur de plaire à l'auteur des Mémoires, qui ne lui accorde pas les talens nécessaires à sa place d'ambassadeur, a cependant parfaitement réussi dans la négociation assez difficile de concilier les affaires ecclésiastiques de Rome avec celles de la France, et celle d'avoir vu ses négociations couronnées par le voyage du chef de l'église à Paris.

VOLUME VI.

Page 35. — Pourquoi, après la mort de Pichegru, avoir gardé le silence sur son interrogatoire? Pourquoi s'ôte-t-il la vie? ne courait-il pas la chance d'être acquitté? Et s'il ne l'était pas, il lui serait resté, après la condamnation, assez de temps pour se donner la mort, etc.

M. de Bourrienne ne craint pas d'accuser d'un crime exécrable l'homme qu'il appelle son ami d'enfance, qu'il avait servi, qu'il allait servir encore tant que la fortune serait pour lui : il appelle à son secours M. de Montgaillard, écrivain qui, comme lui, ne craint pas de condamner sans preuves l'homme qu'il n'a pu juger; car, pour juger, il faut connaître.

Je ne pense pas qu'il ait existé sur la terre,

un homme moins capable d'un crime affreux que Napoléon; et cependant, c'est lui que l'ami de Brienne ose accuser. Le matin de la mort de Pichegru, je me trouvais dans le cabinet du consul, aux Tuileries, absorbé dans la recherche de quelques papiers, et presque caché par les cartons dont j'étais entouré, au fond de cette pièce; le consul était à la fenêtre qui donne sur le jardin, lorsqu'on annonça le général Savary; il se retourne pour le recevoir, je prêtai l'oreille, et sans être vu par Savary, qui me tournait le dos, se trouvant en face du consul, dans l'embrâsure de la fenêtre; j'entendis mot pour mot le rapport du suicide de Pichegru, tel qu'il fut publié; je lisais sur le visage du consul, les impressions qu'il recevait-j'étais loin de me douter alors; qu'il y aurait des hommes assez infâmes pour l'accuser d'un meurtre exécrable et inutile; car enfin l'entrevue de Pichegru et de Moreau était indubitable, ils ne pouvaient la nier ni l'un ni l'autre: Savary sortit probablement sans m'avoir aperçu, et le consul vint à moi, pour m'apprendre ce que je venais d'entendre aussi bien que lui.

Page 40. — J'appris alors que Louis Bouaparte, qui était un homme excellent et, sans aucune comparaison, le meilleur de la famille, avait eu la cruauté d'aller voir Georges dans sa prison.

Je révoque en doute cette visite *cruelle* de Louis, quoique *le meilleur de la famille*; et quels sont donc les actes de cruauté que M. de Bourrienne peut reprocher à cette famille? Lorsqu'on accuse, il faut donner des preuves, ou au moins énoncer des faits, si l'on veut inspirer quelque confiance aux lecteurs impartiaux.

Page 51. — Ainsi ses frères allaient parvenir à leur but, et comme un grand nombre d'emplois étaient remplis par leurs créatures, Joseph et Lucien étaient en correspondance avec les autorités de toute nature, pour stimuler leur zèle en leur pésentant l'appât d'un prompt avancement, d'un titre pompeux, etc.

Le lecteur sera bien étonné, lorsqu'il saura qu'à cette époque, Lucien était à Rome, Joseph au camp de Boulogne.

M. de Bourrienne aurait bien de la peine à citer une seule lettre du genre de celles dont il entretient ici le public.

M. de Bourrienne juge Napoléon comme un homme ordinaire; il était sans doute bon parent, mais les emplois de l'état n'étaient pas à la disposition de ses frères; l'archi-chancelier avait une immense influence dans la distribution des emplois judiciaires; l'archi-trésorier dans les emplois des finances; les ministres dans leurs départemens respectifs. Les frères de l'empereur ont joui de sa confiance, de son amitié, mais n'ont jamais été en partage de ce qui appartenait à l'état: *à chacun son dû*, avait coutume de dire Napoléon; les ministres ont tant de déboires, qu'il est bien juste qu'ils aient aussi quelques avantages. Nous le répétons, M. de Bourrienne fait toujours Napoléon à son image.

Page 79. — Dans les conciliabules qui précédèrent le grand changement qui venait de s'opérer dans la forme du gouvernement, ce ne fut pas Lucien, mais Joseph, qui, probablement pour se faire contredire ou pour sonder l'opinion, affecta une opposition assez bien jouée pour faire quelques dupes et faire croire à son républicanisme.

Nous avons déjà dit que Joseph était à Boulogne, et Lucien à Rome, à l'époque de la déclaration de l'hérédité.

Les opinions de Joseph n'ont pas toujours été exactement celles de son frère; mais elles ont toujours été sincères.

Page 80. — Lucien épousa secrètement la femme d'un agent d'affaires, que pour plus de commodité l'on envoya aux îles, où il mourut peu de temps après. Quand Bonaparte apprit ce mariage par le prêtre même qui avait été appelé secrètement à l'hôtel de Brienne ; que Lucien habitait alors, etc.

Lorsque Lucien épousa madame Jouberthon, femme d'une grande beauté et de beaucoup d'esprit, elle était veuve : on reconnaît dans cet envoi aux îles l'esprit fécond de l'auteur en fait de calomnies et de perfides insinuations.

Il est faux que ce mariage ait été tenu secret et qu'il ait eu lieu à l'hôtel de Brienne ; il a été célébré au Plessis-Chamant, terre que Lucien possédait dans le département de Seine-et-Oise.

Lucien était sénateur depuis long-temps.

Page 97. — Comment concevoir que Lucien et Bonaparte, ou plutôt Bonaparte seul, en entassant dans une aussi courte brochure (*le Parallèle*) les trésors de ses jugemens historiques et la grandeur de ses pensées, ait pu avoir recours à un rôle vraiment bien gauche pour donner le change sur l'origine de son œuvre.... C'est une bisarerie qui serait inexplicable pour moi, si je n'avais pas vu Bonaparte allier quelquefois ce que l'on pouvait appeler des niaiseries aux plus vastes conceptions.

Nous avons déjà dit que cette brochure du *Parallèle* était l'ouvrage de M. de Fontanes.

Tous ceux qui vivaient dans son intimité s'en rappellent sans doute. Je ne serais pas étonné que le manuscrit se trouvât parmi ceux laissés par cet homme de lettres, mort grand-maître de l'Université.

Page 206. — Ce fut au camp de Boulogne que, par la volonté de son frère, le pacifique Joseph se trouva transformé en guerrier, et reçut le commandement d'un régiment de dragons, ce qui devint la risée d'un grand nombre de généraux. Je me rappelle qu'un jour Lannes, me parlant avec sa franchise et son énergie ordinaires, me dit : Qu'il ne me le mette pas sous mes ordres, car, à la première faute, je le f... aux arrêts

Ce ne fut pas au camp de Boulogne que Joseph fut nommé colonel, mais à Paris; ce ne fut pas d'un régiment de dragons, mais bien du quatrième de ligne.

Le propos que l'on prête au maréchal Lannes est aussi peu exact; l'auteur des Mémoires ignorait ce que plusieurs ministres du consul, qui existent encore à Paris, savent très-bien, que ce fut sur le refus, et à la demande de Joseph, que le commandement des Suisses au service de France fut donné au général Lannes; on doit juger par là des liens d'estime et d'amitié qui existaient entre eux, et qui doivent faire ranger parmi les calomnies dont fourmillent les Mémoires de M. de Bourrienne, le propos impertinent attribué à un aussi brave homme.

Le lecteur pourra juger de la véracité du libelliste, sur les sentimens qui accueillirent Joseph au camp de Boulogne, par l'ordre du jour que nous transcrivons, et qui sera sans doute d'un autre poids que les affirmations d'un homme qui a promis de noircir la mémoire de son bienfaiteur et celle de sa famille.

Camp de Saint-Omer. — Au quartier-général,
à Boulogne, le 10 floréal an xii.

RÉPUBLIQUE FRANÇAISE. — ÉTAT-MAJOR GÉNÉRAL.

Ordre du jour.

Le citoyen Joseph Bonaparte est arrivé hier au Pont-de-Briques. Les honneurs supérieurs dus à son rang, comme frère du premier consul, sénateur et grand-officier de la Légion-d'Honneur, lui ont été rendus. Aujourd'hui il est reconnu comme colonel commandant le 4e régiment d'infanterie de ligne.

L'armée appréciera la faveur que le gouvernement lui accorde, en plaçant dans ses rangs et à la tête d'un des corps distingués qui y sont employés, un des personnages de l'état, qui, dans les négociations importantes dont il a été chargé, lui a rendu les plus grands services; et elle sentira qu'elle ne peut justifier cette confiance, qu'en redoublant de zèle dans ses devoirs et en offrant de plus en plus l'exemple du dévouement le plus absolu pour le chef auguste de l'état.

Le général commandant en chef,

Signé SOULT.

Le général de division chef de l'état-major général,

Signé ANDRÉOSSY.

Pour conforme,

L'adjudant commandant, sous-chef de l'état-major général,

LEMARROIS.

Quant à l'épithète de *pacifique*, dont le paladin d'Égypte veut bien gratifier Joseph, il le remercie, s'il entend par là le désigner comme le négociateur des traités avec les États-Unis d'Amérique, avec le pape, l'empereur d'Autriche, l'Angleterre, ou comme ayant toujours appelé de ses vœux la pacification générale; si au contraire ce n'est qu'une injure, il ne peut que le plaindre; le sarcasme retombe sur le libelliste, et ne peut atteindre l'homme qui eut le bonheur de pacifier, d'organiser le royaume de Naples, dont l'armée française, qu'il commandait, avait fait la conquête; qui, en Espagne, combattit avec des succès divers les armées anglaises, portugaises, espagnoles; qui vécut au milieu des troubles et des guerillas, et qui cependant, malgré la fureur des partis, laissa dans le pays une réputation que M. de Bourrienne eût pu concevoir s'il avait eu la bonhomie de consulter les Espagnols rendus aux sentimens naturels de justice et de vérité qui caractérisent si éminemment cette trop généreuse nation.

Page 221. — Dès que l'empereur fut informé du succès de la mission du général Caffarelli, etc.

Le général Caffarelli a sans doute bien des titres à la considération publique; nous sommes loin d'en douter, mais pourquoi l'auteur des Mémoires veut-il attribuer à lui seul le succès de la négociation avec la cour de Rome? Pense-t-il que l'on ignore la part qu'y prit le cardinal Fesch? Mais on remarque dans M. de Bourrienne cet esprit de partialité qui passe sous silence les services que peuvent avoir rendu les membres de la famille de l'empereur; tandis qu'il s'acharne à médire même de leurs intentions; souvent, faute de trouver à mordre, il recourt au trésor inépuisable de la calomnie.

Page 273. — Avec quelle humeur il (Bonaparte) voyait l'âpreté de sa famille à se montrer avide de richesses; plus il les comblait, plus ils en paraissaient insatiable, etc.

M. de Bourrienne paraît avoir toujours sur le cœur le silence de Joseph aux ouvertures qu'il lui avait faites pendant le consulat; ouvertures qui montraient plus d'âpreté du côté du secrétaire que de celui du frère de Napoléon; ouvertures que Joseph ne crut pas devoir cacher lorsqu'il fut questionné par Napoléon, afin qu'elles lui servissent de gouverne dans ses rapports d'extrême confiance avec le secretaire intime.

Les frères de Napoléon, loin d'avoir été avides de richesses, n'ont eu aucune prévoyance pour l'avenir.

Page 296. — Ses frères sont d'une incapacité révoltante.

L'*incapacité révoltante* des frères de Napoléon ne sera crue sur la parole de M. de Bourrienne que de ceux qui ne les connaissent pas. Malheureusement pour le libelliste, le négociateur de Lunéville et d'Amiens n'est pas plus inconnu des Napolitains, des Espagnols, que des Français.

L'orateur du conseil des cinq-cents, l'auteur de plusieurs ouvrages pleins de talens et de verve, est apprécié par tous les lecteurs.

L'ancien roi de Hollande n'a montré, ni sur le trône, ni dans ses écrits, une *incapacité révoltante*.

Jérôme, sur le champ de bataille de Waterloo, a rallié les derniers combattans, et ne s'est pas montré indigne de son frère.

Le lecteur peut juger, par ce qu'il connaît, de la confiance qu'il doit accorder aux assertions dénuées de preuves de M. de Bourrienne.

Page 356. — Conte de Giulio.

On se rappelle ce que M. de Bourienne dit, page 246, volume 5e, du peu de goût de Napoléon pour la bonne prose. On devrait être surpris qu'il fournisse lui-même ici le moyen de démentir ce jugement, si l'on ne se rappelait en même temps que son ouvrage est aussi une spéculation de librairie, qu'ainsi tout ce qui peut en augmenter le débit est bien, même un écrit de Napoléon, qui prouve qu'il n'est pas si ennemi de la bonne prose que l'a prétendu d'abord l'auteur des Mémoires. Mais alors il calomniait; aujourd'hui il calcule : *distingue tempora et concorda.*

VOLUME VII.

Page 58. — Je continuai l'itinéraire qui m'était indiqué jusqu'à Venise et ensuite jusqu'à la rencontre des troupes de Carra Saint-Cyr, qui avait eu ordre de rebrousser chemin et de se diriger de nouveau sur Naples.

Le général Carra Saint-Cyr. Ceci n'est pas exact : ce fut le général Gouvion Saint-Cyr qui retourna à Naples, où il commanda sous les ordres du prince Joseph, le corps d'armée des Abruzzes; le général Carra Saint-Cyr n'a pas été employé dans l'armée française qui fit la conquête du royaume de Naples, en 1806.

Page 136. — Napoléon pensait que l'occasion était favorable pour faire encore croire à son amour de la paix. Il manda à Paris le lord Yarmouth, l'un des Anglais les plus distingués parmi ceux qui avaient été si indignement retenus prisonniers à Verdun, lors de la rupture du traité d'Amiens. Il le chargea de proposer au gouvernement britannique d'entrer en négociation, offrant de son propre mouvement de reconnaître, en faveur de l'Angleterre, la possession du cap de Bonne-Espérance et celle de l'île de Malte. On a voulu tirer parti de cette concession pour vanter la modération de Bonaparte ; d'autres l'ont blâmé d'avoir fait une si grande avance, comme si le cap de Bonne-Espérance et Malte avaient pu entrer en compensation avec le titre d'empereur, la fondation du royaume d'Italie, l'acquisition de Gênes, de tout l'état vénitien, etc.

L'auteur veut révoquer en doute le sincère amour que Napoléon avait pour la paix après le traité d'Amiens. Il prétend qu'il l'avait rendu impossible par la fondation du royaume d'Italie, l'acquisition de Gênes, le détrônement du roi de Naples, etc. Après le traité d'Amiens, lord Whitworth était prêt à reconnaître l'hérédité dans la famille de Napoléon; lord Cornwallis avait plusieurs fois dit au plénipotentiaire français à Amiens : « Quant au Piémont, à la Lombardie, « à l'Italie, enfin, vous vous entendrez avec « l'Autriche; nous ne nous en mêlons pas. » Il lui fallait la Trinité, le cap de Bonne-Espérance, Ceylan, il les avait obtenus : il y a plus que de la légèreté dans la manière dont l'auteur interprète les instructions du gouvernement français.

Page 150. — Les ennemis du gouvernement français ne se bornent pas tous à des invectives écrites, plus d'un misérable aiguise des poignards contre l'empereur. De ce nombre fut un nommé Louis Loizeau ; arrivé récemment de Londres, il s'était retiré à Altona, pour y jouir du singulier privilége qu'avait cette ville de donner asile à tous les brigands et les voleurs qui voulaient échapper à la justice de leur gouvernement. Le 17 juillet, Loizeau se présenta chez M. le comte Gimel, qui était chargé des affaires du comte de Lille. Il lui offrit d'aller à Paris assassiner l'empereur, etc.

L'auteur ne nie plus ici que les assassins dirigés contre la vie de l'empereur Napoléon étaient la plupart expédiés de Londres.

Page 353. — Un des points les plus importans à l'histoire de Napoléon, mis au jour par M. de Bourrienne, est sans contredit la révélation qu'il a faite et que lui seul pouvait faire sur la pensée intime du premier consul, relativement à un projet de descente en Angleterre. Ainsi tant de dépenses, tant de mouvemens d'impulsion, tant d'ordres donnés n'auraient été que des moyens pour cacher au monde le véritable but de la réunion et de l'organisation d'une armée formidable sur les côtes du nord de la France ! Il n'y a pas à en douter, puisque le premier consul en est convenu avec M. de Bourrienne, etc.

L'éditeur nous paraît bien confiant dans l'assertion de M. de Bourrienne, et dans les quatorze pièces autographes qu'il transcrit ici : je ne pense pas que ses lecteurs partagent sa conviction sur cette opinion de M. de Bourrienne ; « Napoléon n'a jamais pensé sérieusement à une « descente en Angleterre ; » le camp de Boulogne, les immenses armemens maritimes, étaient des jeux dont on amusait les niais ; M. de Bourrienne seul était dans la confidence de Napoléon, qui l'avait éloigné d'auprès de lui depuis plus d'un an ; les éditeurs, les traducteurs, sont donc comme les amans ! gardons-nous de troubler leurs heureuses illusions !

L'éditeur paraît beaucoup espérer de la publication des *Mémoires de M. Constant*, valet de chambre de l'empereur, qui l'abandonna à Fontainebleau dans le moment où ce prince pouvait avoir le plus besoin de ses services ; nous croyons juste d'instruire le public d'une anecdote qui est à notre connaissance sur ce M. Constant. Napoléon, au moment de partir de Fontainebleau, engage M. Constant et le mamelouk Roustan qu'il avait ramené d'Égypte, qui l'un l'autre avaient leurs familles à Paris, à s'y rendre ; il leur fait donner à chacun cinquante mille francs, qu'il les charge de laisser à leur famille, pour subvenir à leurs besoins, jusqu'à ce qu'arrivés à l'île d'Elbe ils puissent reconnaître par eux-mêmes le pays et se déterminer à y appeler leurs familles; arrivés à Paris, ils y restèrent et oublièrent leur bienfaiteur. Comment l'éditeur peut-il de bonne foi flatter le public qu'il saura la vérité sur Napoléon par de semblables écrivains?

L'éditeur annonce une nouvelle bonne fortune; ce sont les *Mémoires d'un Page*, sur l'intérieur des cours de Paris, Naples, Madrid, Florence, Turin, sous l'empire, etc. Ainsi le secrétaire, le page, le valet de chambre, le mamelouk peut-être, seront mis à contribution pour juger un homme que la sainte-alliance, par sa conduite, a permis aux nations de juger et d'apprécier à sa juste valeur.

AVIS DE L'ÉDITEUR.

Puisque mon confrère aux Mémoires est de moitié dans la composition des livres qu'il publie, qu'il les étend, les explique, et qu'au besoin il certifie la véracité de ses auteurs, il me permettra sans doute de lui soumettre une question. Je crois, puisqu'il l'assure, que la descente de Boulogne était un leurre; mais les apprêts de 1808, les armemens de 1811, tant d'ordres, tant d'instructions donnés dans le secret du cabinet, avaient-ils aussi pour but d'éclairer l'opinion qui les ignorait? M. de Bourrienne, si habile à éventer les récits du premier consul; *M. de Bourrienne, qui devine ce qu'on ne lui dit pas*, ne sera pas arrêté pour si peu de chose. Au reste, voici les dépêches, je les lui soumets.

Monsieur Decrès,

Je désire que vous me fassiez connaître la mesure qu'il y aurait à prendre aujourd'hui pour l'accroissement notable de notre marine d'ici à l'année prochaine. J'ai aujourd'hui

8 vaisseaux	en rade de Flessingue.
3	en rade de Rochefort.
4	en rade de Lorient. Je compte *le Polonais* lancé et *le Vétéran* comme rentré à Lorient.
7	en rade de Brest. Je compte *le Tonnerre* comme en rade.

A reporter. 22

Report.	22	
	2	en rade de Lisbonne.
	5	en rade de Cadix.
	12	en rade de Toulon. Je compte *l'Austerlitz* et *le Donawerth* comme lancés.
	1	à Gênes.
Total.	42	

Ceci sera la situation de ma marine au mois d'août prochain. Je désire du mois d'août prochain au mois de septembre 1809, lancer 25 vaisseaux, ce qui l'automne prochain portera la situation de ma marine à 77 vaisseaux. Voici comment je calcule :

Anvers et Flessingue. J'ai aujourd'hui sur le chantier d'Anvers 9 vaisseaux, ci. 9
  Sur celui de Flessingue. 1
  Plus, deux qui seront mis sur les chantiers le 1er septembre prochain, en remplacement des deux qui seront mis à l'eau à cette époque, ci. 2

Total, vaisseaux de nouvelle construction. 12

que j'aurai à Flessingue avant le mois de septembre 1809, ce qui, avec les huit vaisseaux que j'ai aujourd'hui, me fera vingt vaisseaux sur cette rade.

Brest. J'ai aujourd'hui sept vaisseaux à Brest, ci. 7

Plus, un vaisseau qui a été démonté et remisé sous le hangard. Donnez ordre que ce vaisseau soit remonté et replacé dans le bassin. Il faut qu'il soit fini avant mai 1809. Entrez pour cela dans les détails, et donnez, s'il le faut, l'ordre d'apporter par terre les bois qui seraient nécessaires. 1

Total. . . 8

L'Orient. J'ai aujourd'hui 4 vaisseaux à l'Orient. 4

Indépendamment de ce, j'en ai 4 autres en construction 4

Enfin, je dois compter le vaisseau qui sera mis sur le chantier en place du *Polonais*, ci. 1

Total. . . . 9

Rochefort. J'ai trois vaisseaux en rade., ci. 3

J'en ai sur le chantier trois autres, ci. . . 3
auxquels j'ajoute celui qui sera mis sur le chantier, en place de *la Ville de Varsovie*, et celui qui sera mis en place du *Triomphant*, ci. 2

Total. . . 8

Bordeaux. J'ai deux vaisseaux de 64 en construction à Bordeaux, ci 2

Lisbonne. J'ai deux vaisseaux à Lisbonne, ci. 2

Et je fais achever celui de 74, ci. . . 1

Total. . . 3

Toulon. J'ai à Toulon douze vaisseaux, y compris *l'Austerlitz* et *le Donawerth*, ci. 12
Plus, deux vaisseaux déjà avancés, ci. . 2
Et deux vaisseaux mis sur les chantiers, en place de *l'Austerlitz* et du *Donawerth*, ci. 2

Total. . . 16

Gênes. J'ai un vaisseau à Gênes, ci . . 1
Plus, un qu'on mettra sur le chantier, ci. 1

$\qquad$ Total. . . . 2

La Spezzia. A la Spezzia, j'en fais mettre un sur le chantier, ci. 1

Venise. Enfin à Venise, j'ai actuellement trois vaisseaux sur le chantier, ci. . . . 3

En résumé. J'ai ou j'aurai sur les chantiers pour être terminés avant septembre 1809, 35 vaisseaux, et ces 35 vaisseaux de nouvelle construction, joints aux 42 que j'ai actuellement, me donneront l'année prochaine 77 vaisseaux. Mais quel est l'argent nécessaire, quelles sont les mesures à prendre pour obtenir ces résultats? si nous allions avoir 19 vaisseaux dans la Méditerranée, ci 19
   Dans l'Adriatique, à Ancône. . 3
   A Flessingue. 20
   A Brest, l'Orient et Rochefort. . 25
   A Bordeaux 2
   A Cadix et Lisbonne. 8

            Total. . 77 vaiss. franç.

Plus, 10 vaisseaux que le roi de Hollande a dans ses ports.
  1 du Danemarck.
  12 que l'empereur de Russie a dans la Baltique.
  11 que l'empereur de Russie a à Lisbonne et à Toulon.

et les 20 que les Espagnols ont ou auront.

Total 54 vaisseaux étrangers, ci. 54

Cela formera une masse de. . 131 vaisseaux et si l'on excepte les 12 vaisseaux russes qui sont dans la Baltique, cela fera 119 vaisseaux de guerre, qui seront sous ma direction immédiate et appuyés par des camps de 7,000 hommes au Texel; de 25,000 hommes à Anvers; de 80,000 hommes à Boulogne; de 30,000 hommes à Brest; de 10,000 hommes à l'Orient et à Rochefort; de 6,000 Espagnols au Ferrol; de 30,000 hommes à Lisbonne; de 30,000 hommes à Cadix; de 20,000 hommes à Carthagène; de 25,000 hommes à Toulon; de 15,000 hommes à Reggio et de 15,000 hommes à Tarente. Il me semble ce serait là un damier qui, sans trop exiger de la fortune, sans exiger même une habileté extraordinaire dans nos marins, doit nous conduire à de grands résultats.

La mise à l'eau en France de 35 vaisseaux dans une année, pourrait paraître chimérique au premier coup-d'œil; mais il faut ôter de ce nombre les 12 vaisseaux de Flessingue, celui de Lisbonne, celui de Gênes, celui de la Spezzia, et les trois de l'Adriatique, en tout 18 vaisseaux, dont la construction a lieu dans des pays qui n'appartiennent pas à l'ancienne France. Reste donc 17 vaisseaux seulement à construire sur les chantiers français, savoir :

    1 à Brest.
    5 à l'Orient.
    2 à Bordeaux.
    5 à Rochefort.
    4 à Toulon.
    ——
    17

Mais sur ces 17 vaisseaux, on a déjà fait au moment où je parle :

  Au Hâvre. . . . $18/24^e$.
  A l'Orient. . . . $18/24^e$.
  A Rochefort. . . $18/24^e$.
  A Bayonne . . . $18/24^e$.
  A Toulon. . . . $18/24^e$.
       ———
  Total. . . . $84/24^e$.

Et par réduction 21/6°, ou la valeur de près de 4 vaisseaux. Il ne reste donc vraiment à construire que 14 vaisseaux au plus, qui tout armés, ne doivent pas faire une affaire de plus de 21 millions. J'aurai donc au mois de septembre 1809, 77 vaisseaux, dont 3 à trois ponts, en supposant *l'Austerlitz* remplacé par un autre vaisseau à trois ponts, et tous les autres de 80 et de 74, hors deux qui seront de 64. Je désire que vous m'établissiez ainsi en hypothèse la situation de ma marine au 1er septembre 1809, en y ajoutant le nombre nécessaire de frégates, corvettes et autres petits bâtimens ; car, pour bien diriger les opérations de cette année, il faut d'abord savoir ce qu'on a à espérer dans un espace de temps si rapproché qu'un an. Sur ce je prie Dieu qu'il vous ait en sa sainte garde.

Bayonne, le 28 mai 1808.

NAPOLÉON.

M. le comte Decrès. — Anvers, Boulogne et Cherbourg sont les trois ports d'où nos armées doivent menacer l'Angleterre et l'Irlande, et se coordonner entre elles. Dès le 15 septembre 1811, ces trois expéditions doivent donner de l'inquiétude aux Anglais. Au 15 septembre 1812, elles doivent présenter un développement encore plus considérable; enfin, au 15 septembre 1813, elles doivent être complétées, et avoir le caractère offensif au plus haut degré.

A Anvers, au 15 septembre prochain, on aura quinze vaisseaux de guerre, deux frégates, trois bricks ou corvettes, formant vingt bâtimens qui porteront 1,500 hommes de troupes, plus trois vaisseaux hollandais portant trois mille hommes; quatre frégates armées en flûtes, portant 2,000 hommes, et trente-six canonnières portant 3,600. Total, une expédition de 16 à 17,000 hommes. Ces bâtimens ne pouvant porter au plus que 150 chevaux, il faudrait y joindre les bâtimens nécessaires pour porter mille chevaux. Si les quatre frégates armées en flûtes, et les grosses corvettes hollandaises qui marchent mal, pouvaient être installées en écuries, ce serait une opération avantageuse.

En octobre 1812, vingt-quatre vaisseaux de guerre, quatre frégates, trois bricks ou corvettes. Total, vingt-huit bâtimens portant quatorze mille hommes; huit bâtimens hollandais portant 8,000 hommes; six frégates hollandaises armées en flûtes ou écuries, portant 3000 hommes; trente-six canonnières portant 3,500 hommes. Ainsi, en 1812, l'expédition de l'Escaut pourra porter 25 à 30,000 hommes, et se composerait de gros transports en suffisance pour porter deux mille chevaux.

Enfin, en 1813, l'expédition de l'Escaut se composerait de trente vaisseaux, six frégates et six bricks ou corvettes, portant 16,000 hommes; dix bâtimens hollandais portant 10,000 hommes, six frégates hollandaises, armées en flûtes, portant 3,000 hommes; trente-six canonnières, portant 3,600 hommes, et des écuries pour trois cents chevaux, ce qui formerait alors le maximun de l'opération. Il y aurait de plus trois vaisseaux qui seraient lancés à cette époque; mais on suppose qu'ils ne seraient pas encore armés. A la rigueur, ils pourraient l'être au mois d'octobre ou de novembre suivant.

Ainsi donc, l'expédition de l'Escaut pourrait porter :

En 1811, 16,000 hommes et 1,000 chevaux;

En 1812, 25 à 30,000 hommes et 1,500 chevaux;

En 1813, 36,000 hommes et 3,000 chevaux.

Au 1er septembre prochain, la flotille de Boulogne doit, conformément à mon décret du

3 juillet, avoir les trois quarts de ses bâtimens prêts à passer en Angleterre.

En 1812, toute cette flotille, composée de seize prames, quatre-vingt-une chaloupes canonnières, cent trente-cinq bateaux canonniers, cent trente-cinq péniches et trente-trois caïques, bombardes, mouches, cutters, etc., pouvant porter 30,000 hommes, doit être en état de partir.

En 1813, cette flotille devra pouvoir porter 40,000 hommes.

Cherbourg. En septembre 1811, l'expédition de Cherbourg se composera de deux vaisseaux, de deux frégates, de deux bricks, pouvant porter 1,700 hommes et 14 chevaux; de deux flûtes et trois prames, portant 1,800 hommes et 160 chevaux; de dix-huit canonnières, portant dix-huit cents hommes et 36 chevaux. Enfin, de dix mouches, cutters, goëlettes et bâtimens légers, portant 900 hommes et 18 chevaux, ce qui fait un total de quarante bâtimens portant six cents hommes et plus de 200 chevaux. Il y aurait de plus, plus de quarante péniches qui n'auraient pas d'équipages, chaque péniche étant attachée à un bâtiment qu'elle suivrait à la remorque; ce qui, avec les grosses chaloupes de bâtimens, mettrait à même de débarquer 3,000 hommes à-la-fois, sous la protection des canonnières. Chaque péniche bonne marcheuse serait armée d'une caronade ou pièce de quatre. Les six bâtimens de guerre existent à Cherbourg et au Hâvre. Les flûtes et les gabarres existent pareillement. Quant aux chaloupes canonnières, douze existent, en y comprenant les cinq qui ne sont pas armées. Six autres seraient envoyées de Boulogne. Il n'est plus question que d'avoir les quarante péniches. Provisoirement, on se servirait de ce qui est à Cherbourg, à Grandville et au Hâvre. Mais vous en mettriez cinq en construction à Grandville et au Hâvre, sur différens modèles. Il faut que ces péniches puissent débarquer de 5o à 6o hommes. Cette expédition doit être prête à partir dans les premiers jours de septembre.

En 1812, on aura de plus deux vaisseaux actuellement sur le chantier et les quatre vaisseaux de Lorient, qu'on enverrait à Cherbourg, ce qui ferait huit vaisseaux de guerre ; les frégates du Hâvre et de Cherbourg, qu'on terminerait ; une de Saint-Malo et deux de Nantes, ce qui ferait six ; deux autres bricks, ce qui ferait quatre. En 1812 on aurait donc vingt-deux bâtimens de guerre, portant 5,600 hommes et 44 chevaux. Deux flûtes et trois gabarres existantes, portant 1,800 hommes et 160 chevaux; cinq flûtes ou gabarres écuries, portant 1,500 hommes et 250 chevaux; dix-huit canonnières et dix bâtimens légers. Total, 12,000 hommes et 600 chevaux.

En 1813, on y joindrait deux vaisseaux, mis à l'eau à Cherbourg, et deux de Lorient, ce qui ferait douze vaisseaux de guerre, dix frégates. Cette augmentation ferait, au lieu de vingt-deux bâtimens, vingt-six, qui porteraient 8,000 hommes. On porterait à vingt le nombre des flûtes et gabarres, de manière à pouvoir y embarquer 6,000 hommes et 1,000 chevaux. Les canonnières resteraient au nombre de dix, et les bâtimens légers au nombre de dix, ce qui ferait 18,000 hommes et 1,500 chevaux. Vous remarquerez que tous les bâtimens de cette expédition sont tous de gros bâtimens, hormis les dix-huit canonnières, qui sont indispensables pour protéger le débarquement. Quant aux péniches, chaque vaisseau de guerre en aurait deux, et chaque autre bâtiment une.

Ainsi, d'après ce plan, en septembre 1811, j'aurai :

A Anvers de quoi embarquer 16,000 h. 1000 ch.
A Boulogne 30,000 h. 1500 ch.
A Cherbourg 8,000 h. 200 ch.

Total 54,800 h. 2700 ch.

En 1812, j'aurai à Anvers de quoi transporter 26,000 hommes et 2000 chevaux; à Boulogne 30,000 hommes et 2000 chevaux; à Cherbourg 12,000 hommes et 1000 chevaux. 78,000 hommes, 5000 chevaux.

En 1813, l'expédition pourra être :
A Anvers de 36,000 hommes et 3000 ch.
A Boulogne 40,000 id. 2000 ch.
A Cherbourg 18,000 id. 2000 ch.

Total 100,000 id. 7000 ch.

Maximum de ce qu'il est nécessaire d'avoir, indépendamment de la Méditerranée.

J'avais d'abord projeté de réunir la troisième expédition à Brest au lieu de Cherbourg ; mais pour cette année, Cherbourg me paraît avoir l'avantage, l'expédition n'étant que de 6000 hommes. De ce port, elle paraît menacer les îles de

Jersey. Quant aux années suivantes, faites-moi un rapport sur ce qui convient mieux de Brest ou de Cherbourg, pour y réunir une expédition dont le but est de menacer l'Angleterre. Si Brest est préférable, les vaisseaux de Cherbourg et de Lorient s'y réuniraient pendant l'hiver, mais ne vaut-il pas mieux réunir tout à Cherbourg?

Sur ce, je prie Dieu, etc.

NAPOLÉON.

Saint-Cloud, 25 juillet 1811.

Monsieur le comte Décrés,

Je vous ai fait connaître que je désirais avoir à Cherbourg, une réunion de forces assez considérables pour menacer les îles de Jersey, et obliger l'ennemi à y tenir des troupes. L'arrivée d'une division à Cherbourg a déjà fait un bon effet; mais je désire que les deux grosses flûtes du Hâvre soient armées sans délai, et qu'elles puissent se rendre le plus tôt possible à Cherbourg. Ces transports, avec la frégate et les deux vaisseaux qui se trouvent dans ce port, pourraient faire craindre à l'ennemi que six ou huit mille hommes ne se portassent sur les îles. D'ailleurs, ces bâtimens étant à Cherbourg, se trouveraient là, prêts pour toute expédition. Les Anglais seront obligés de bloquer cette division tout l'hiver, et cela leur emploiera plusieurs vaisseaux. Comme l'écluse de chasse va jouer, je désire savoir quand on peut espérer que les flûtes et les frégates seront prêtes à Cherbourg.

J'ai ordonné, par mon décret du 15 juillet dernier, la construction d'une flotille de transports dans la Méditerranée. Je vous prie de me faire connaître où en est cette flotille, et ce qu'elle pourra porter. Quand aurai-je les moyens de porter en Egypte, par exemple, cinq divisions de troupes de ligne, composées chacune de huit bataillons ou de 6,000 hommes, et formant 30,000 hommes d'infanterie, 4,000 hommes d'artillerie et de génie, et 6,000 hommes de cavalerie; total : 40,000 hommes avec 500 voitures d'artillerie et 2,000 chevaux d'artillerie et de cavalerie?

Faites-moi connaître l'espèce de bâtiment que l'on peut construire à Dordrecht. Je voudrais y faire construire une flotille capable de porter en Irlande ou en Écosse une expédition de quatre divisions de dix bataillons chacune, ou de huit mille hommes, formant 32,000 hommes d'infanterie, 4,000 d'artillerie et génie et 6,000 de cavalerie. Total, 42,000 hommes, avec 3,000 chevaux d'artillerie et de cavalerie, et cent vingt pièces de campagne, faisant sept cents voitures. Je suppose qu'on ne mettrait sur les vaisseaux que juste ce qu'il faudrait pour ne pas les embarrasser. Apportez-moi, au conseil de vendredi prochain, un rapport sur cette expédition, et sur l'espèce de bâtimens et sur leur tonnage (moins le nombre en sera grand, et plus cela sera avantageux), et sur la composition des écuries, calculées de manière à en avoir également le moins possible.

Je vous prie de me faire un autre rapport sur la situation où l'on peut espérer que nous nous trouverons en 1812. Tout me porte à croire qu'avant ce temps, tous nos prisonniers seront échangés. Je pense qu'au mois d'août 1812, j'aurai en rade du Texel :

 9 vaisseaux au Texel.
 6 — à l'embouchure de la Meuse.
 26 — à l'embouchure de l'Escaut.
 6 — à Cherbourg.
 4 — à Brest, y compris l'*Ulysse*.
 8 — à Lorient.

 59   *à reporter.*

59 *Report.*
10 vaisseaux à Rochefort.

    Mon intention est que cet hiver, et l'hiver prochain, on cherche à réunir les vaisseaux de Lorient et de Rochefort à Brest, ce qui ferait 22 vaisseaux dans ce dernier port, et recréerait cette escadre.

24 — à Toulon; ce qui, avec les
3 qu'aura le roi de Naples à Naples, et les
8 que le royaume d'Italie et la France auront à Ancône ou Pola, feront

———

104 vaisseaux de ligne.

Si ces 104 vaisseaux sont soutenus par une flotte de transports dans l'Escaut, portant 42,000 hommes, composés comme ci-dessus; par une flotte de transports dans la Méditerranée portant 40,000 hommes; par une flotte de Boulogne, capable de porter 60,000 hommes; par une flotille vis-à-vis la Sicile, capable de porter 20,000 hommes; par une flotte de transports à Cherbourg, capable de porter 12,000 hommes; enfin, par des bâtimens de transports, pris en Hollande, escortés par les escadres du Texel et de la Meuse, ce qui ferait 200,000 hommes, les

Anglais se trouveraient dans une position bien différente de celle où ils sont aujourd'hui.

C'est là mon plan de campagne pour 1812. J'attendrai le rapport que vous me remettrez au conseil prochain. Il ne faut point perdre de vue que c'est à ce résultat qu'il faut arriver.

Ainsi donc, je désire créer une flotte sur l'Escaut; une au Havre pour l'expédition de Cherbourg, en avoir une autre dans la Méditerranée, et en même temps diminuer ma flotille de Boulogne, de manière qu'elle devienne un objet de diversion et d'accessoire, ne devant plus opérer seule, et pouvant menacer de jeter 60,000 hommes sur le territoire de l'ennemi, dans le temps qu'il serait occupé ailleurs.

Sur ce, je prie Dieu, etc.

NAPOLÉON.

Saint-Cloud, 17 septembre 1810.

Suite des Notes sur les Mémoires de M. de Bourrienne.

VOLUME VIII.

L'auteur accuse Napoléon *d'astuce, de mesquinerie,* parce qu'en reconnaissant le grand-duc de Berg, Murat, roi de Naples, celui-ci avait renoncé à son grand-duché en faveur du fils aîné du roi de Hollande, Louis, et aux biens particuliers qu'il possédait en France, au profit du domaine extraordinaire. Quoi de plus légitime que des stipulations volontaires, faites en échange d'une reconnaissance et d'une garantie, qui, à cette époque, avaient bien leur valeur? La garantie n'ayant pas été suffisante depuis, la restitution des propriétés particulières, qui se trouvaient sous la main du gouvernement français, paraissait légitime. Cependant quinze ans sont écoulés, et le palais de l'Elysée, Neuilly, Villiers et d'autres propriétés particulières de la famille Murat, ne lui ont pas été rendues. N'est-ce pas là, cependant, le pain de la veuve et des orphelins d'un roi reconnu de toute l'Europe? Est-ce le genre de sa mort qui autoriserait la confiscation de ces biens? Et ne devrait-elle pas, au contraire, porter les possesseurs actuels à les restituer à leurs propriétaires légitimes, se présentant ainsi, au tribunal inexorable de la postérité, étrangers à une mort qu'elle saura caractériser.

Page 99. Lucien se rendit à Mantoue sur l'invitation de son frère, et cette entrevue fut la dernière qu'ils eurent avant les cent jours. Lucien consentit à donner sa fille au prince Asturies, etc.

Il est faux que Lucien ait consenti, à Mantoue, à donner sa fille aînée en mariage au prince des Asturies; il l'accorda aux vœux de sa mère qui la lui demanda pour l'élever près d'elle à Paris; ainsi tombe cet échafaudage de motifs ignobles que le libelliste prête à Lucien.

Page 164. — Ce n'est pas avec des doutes, des réticences, des suppositions, que l'on écrit l'histoire.

Cependant, à cette même page et à la suivante, M. de Bourrienne calomnie Napoléon et Murat; en retour, il doute de ce qui peut avoir été dit des maréchaux; il est vrai que les deux premiers sont morts et que Soult est vivant.

Page 173. — Comme son poète favori, Ossian, ne se plaisait à faire résonner sa lyre qu'au milieu des tempêtes politiques, il fallait, pour faire éclater son génie, qu'il fût comprimé de toutes parts par la nécessité, et il est vrai de dire que, plus les obstacles accumulés irritaient son impatience, plus il en résultait d'excitation pour son génie gigantesque et quelquefois si puéril.

Il est faux qu'*Ossian* fût le poète *favori* de Napoléon. Les grands poètes français et italiens étaient bien plus admirés de lui, ainsi qu'Homère, Virgile, Lucain, etc. Le trait qui termine ce chapitre explique pourquoi le libelliste fait d'Ossian le poète favori.

Page 205. — Mais si l'on compare ces deux lettres, n'est-ce pas une chose vraiment plaisante que Jérôme m'ait écrit deux fois, soit comme lieutenant de vaisseau, soit comme roi de Westphalie, mais toujours pour me demander de l'argent?.. Quelques jours après son retour dans sa capitale, je reçus de lui une boîte avec son portrait enrichi de diamans et une lettre dans laquelle il me remerciait de ce que j'étais parvenu à faire, pour venir au secours de ses malheureux soldats... Je reçus l'ordre de renvoyer au plus vite, à Jérôme, le cadeau qu'il m'avait offert; Napoléon me faisait reprocher très-vivement de l'avoir accepté sans son autorisation. Il est aisé de voir par là que, tout en faisant des rois, il ne voulait pas qu'ils prissent une attitude royale, etc.

Le lecteur trouvera sans doute les sept pages qui précèdent assez mal employées, nous pensons que l'auteur a manqué son but; mais c'est toujours le même : dénigrer un frère de Napoléon, et Napoléon lui-même.

M. de Bourrienne est blessé que le roi de Wesphalie emploie, avec le chargé d'affaires à Hambourg, un style si différent de celui dont s'était servi le jeune enseigne de vaisseau, écrivant au secrétaire intime de son frère; il oublie toujours sa place, celui auquel il devait la considération dont il jouissait parmi les amis de Bonaparte, pour ne voir que ses mérites personnels ; la différence de style est très-bien justifiée par la différence des positions. Si les ennemis de l'empereur traitaient mieux son chargé d'affaires, c'est qu'ils savaient qu'il n'était plus son ami, et qu'apparemment ils avaient quelque vue sur lui en le traitant ainsi. Quant au roi de Wesphalie, en lui envoyant son portrait enrichi de diamans comme une *marque de son estime particulière*, il s'était acquitté avec M. de Bourrienne, et ne devait pas s'attendre à en être aussi mal reconnu. C'est encore mal à-propos qu'il accuse ici Napoléon de ne vouloir pas que ses frères agissent commes des princes indépendans. En blâmant son agent d'avoir accepté un présent du roi de Wesphalie sans permission, l'empereur l'a, au contraire, considéré comme un roi indépendant, et M. de Bourrienne comme un ministre qui est dans l'obligation de ne rien recevoir d'un prince étranger sans l'aveu de son souverain.

Nous ne nous serions pas appesanti sur cet article, s'il ne servait à faire voir au lecteur la tendance habituelle de l'auteur à blâmer Napoléon et sa famille, et s'il ne s'agissait pas ici de rapports directs de M. de Bourrienne.

Page 205. — C'est à Talaveyra que commença à être connu en Europe sir Arthur Wellesley, ce fut son brillant début.

Ceux qui connaissent bien les affaires de la Péninsule n'en jugent pas ainsi. Sir Arthur Wellesley, sortit du Portugal dans le but de chasser Joseph de Madrid. Après avoir battu séparément les troupes françaises qui couvraient la capitale, il était parvenu sur l'Alberche, près de Talaveyra, où il se trouvait à la tête de plus de cent mille hommes, par la réunion de l'armée espagnole de Cuesta. Il avait devant lui le maréchal Victor, commandant le premier corps, fort de vingt-cinq mille hommes. S'il se fût précipité sur lui, à la manière de Napoléon, sans doute qu'il en eût triomphé; mais il n'en fut pas ainsi. Le roi Joseph, prévenu à temps, fait donner l'ordre par le maréchal Jourdan, major-général, au général Sébastiani, commandant l'armée française dans la Manche, de dérober quelques marches au général Venegas, qui commandait une armée espagnole dans cette province, et de s'approcher du Tage. Il s'y porte de sa personne avec sa garde, la division Dessolles qui tenait garnison dans Madrid, il confia sa capitale au général Belliard et la garde urbaine, il fait sa jonction avec le corps du général Sébastiani, qui avait réussi à tromper l'ennemi, et peu après rejoint le maréchal Victor, avec vingt-cinq mille hommes. Les troupes espagnoles, qui s'étaient avancées au-delà de l'Alberche, sont battues, forcées à repasser cette rivière et à se concentrer sur Talaveyra, d'où elles appuient par leur gauche les troupes anglaises et portugaises, sous les ordres directs de sir Arthur Wellesley. Celles-ci occupaient une très-forte position, où elles furent attaquées le lendemain par le maréchal Victor, tandis que le général Sébastiani attaquait les troupes espagnoles, qui occupaient la ville de Talaveyra par leur droite, s'étendaient par leur gauche, jusqu'à la position de l'armée anglaise et portugaise.

Quels qu'aient été, dans cette journée, les prodiges de valeur du premier corps, il ne put emporter le plateau : les Anglais et les Portugais souffrirent beaucoup, mais ils conservèrent leur position; quelques régimens de cavalerie, qui voulurent en sortir et s'aventurer dans la plaine, furent battus et faits prisonniers.

Avant la fin de la journée, le 4ᵉ corps était

maître du champ de bataille; dans la nuit, le général Millaud occupa la ville de Talaveyra.

La perte de l'ennemi fut telle, que le maréchal Victor, au secours duquel la réserve du roi et le 4ᵉ corps étaient venus, pensa qu'il était en mesure de braver *seul* les efforts de l'ennemi; le 4ᵉ corps et la réserve passèrent le Tage le lendemain; ils atteignirent à Almonacid, dans la Manche, l'armée de Venegas, la battirent complètement: elle était forte de trente mille hommes.

Les armées anglaise, portugaise et espagnole se mirent en retraite, lorsqu'elles eurent la nouvelle de la bataille d'Almonacid, et de la marche des corps des maréchaux Soult, Ney et Mortier, qui, des frontières du Portugal, s'avançaient sur leurs derrières; elles furent atteintes au pont de l'Arsobispo, où elles éprouvèrent beaucoup de pertes. Les Anglais et les Portugais rentrèrent en Portugal, le roi dans sa capitale, et les Espagnols repassèrent la Sierra-Morena, où ils se reformèrent, et d'où ils revinrent quelques mois après, dans la Manche, au nombre de plus de soixante mille. Le roi sortit alors de Madrid avec les maréchaux Soult, Mortier, et le général Sébastiani, dont les corps s'élevaient à vingt-cinq mille combattans; ils atteignirent l'armée espagnole à Ocana, et la défirent complètement. Trente mille prisonniers rentrèrent avec le roi à Madrid; sir Arthur Wellesley ne fit aucun mouvement pour secourir cette armée espagnole. On ne voit pas comment M. de Bourrienne peut appeler un *brillant début*, la part que sir Arthur eut aux opérations dont nous venons de parler.

Les rapports officiels de M. le maréchal Jourdan, ceux de M. Carrion-Nisas, expédié à l'empereur le lendemain de la bataille de Talaveyra, la relation de toute cette campagne, insérée dans la Gazette de Madrid de ce temps-là, et rédigée par M. le général Dessolles, qui commandait la réserve, pourront apprendre la vérité à ceux qui la cherchent de bonne foi.

OBSERVATIONS AU SUJET DES IMPUTATIONS CONTENUES DANS LES MÉMOIRES DE M. DE BOURRIENNE SUR L'ARCHI-CHANCELIER.

A Monsieur A. B.

Monsieur,

J'apprends que vous allez publier des observations sur les *Mémoires de M. de Bourrienne*; votre impartialité vous fait accueillir tous les renseignemens propres à éclairer l'opinion. J'espère qu'à ce titre vous voudrez bien m'accorder place dans votre ouvrage, pour relever quelques-unes des allégations mensongères et calomnieuses dont M. de Bourrienne s'est montré prodigue envers M. le duc de Cambacérès, mon oncle. Ce n'est pas que j'aie à craindre que son opinion puisse porter atteinte à la réputation de celui qu'il ne cesse de poursuivre de sa haine; tant s'en faut, et, sous ce rapport, j'aurais plutôt à le remercier qu'à lui adresser des reproches, car il faut plaindre ceux qu'il a flétris de ses éloges, sans qu'ils l'aient mérité. J'aurais donc continué à me tenir à l'écart, et je me serais reposé, pour faire justice de M. de Bourrienne et de quelques autres, sur la publication des *Mémoires de M. le duc de Cambacérès*, et de sa volumineuse correspondance avec Napoléon, qui ne tarderont pas à paraître. Cet ouvrage, ainsi que les pièces justificatives qui l'accompagnent, mettront le public à même de porter un jugement équitable sur l'homme dont les intentions, toujours pures, et je puis le dire, les grands talens ne pouvaient manquer de soulever quelques jalousies, et qui n'a jamais opposé à leurs basses attaques que le silence du mépris, certain que l'histoire le vengerait un jour de ces imputations dénuées de preuves, et le traiterait avec cette impartialité qu'il a constamment observée à l'égard des autres.

Mais l'époque précise de la publication de ces matériaux n'étant point encore fixée, je ne balance pas à profiter de l'occasion que vous m'offrez, monsieur, et à me réunir à ceux qui n'ont pu contenir leur indignation en pénétrant la perfidie des intentions de M. de Bourrienne, car ce n'est pas en France, sur le théâtres des événemens, où les personnages ont été vus de si près et par tant de monde, que ces Mémoires peuvent faire des dupes. L'ouvrage est digne de son auteur, et chacun sait de quoi il est capable. Mais à l'étranger, il n'en est pas ainsi; les fonctions que M. de Bourrienne a remplies pendant quelques années auprès du premier consul, et qui l'ont fait admettre dans l'intimité de ce grand homme, son titre de secrétaire particulier de Napoléon, peuvent prévenir en faveur de l'historien ; on doit penser qu'il ne raconte que ce qu'il a été en position de bien voir; la bonne foi de celui qui se proclame l'ami de son maître n'étant pas suspectée, on aime à croire à la sincérité de son opinion, à l'équité de ses jugemens. M. de Bourrienne parviendrait ainsi à ses fins, en dénaturant la vérité au profit de quelques-uns et au préjudice du plus grand nombre. C'est donc un devoir de ne pas le traiter avec le mépris sur lequel il avait peut-être compté, et de le convaincre d'imposture. Tel est sans doute, monsieur, le motif qui a engagé chacune des victimes des calomnies de M. de Bourrienne à protester contre ses arrêts passionnés ; c'est celui qui me détermine à suivre leur exemple.

Pour remplir cette tâche, en ce qui me concerne, je vais remettre sous les yeux de vos lecteurs les principaux passages des Mémoires de M. de Bourrienne, dirigés contre M. le duc de Cambacérès ; je les ferai suivre de quelques réflexions.

Tome III, pages 220 et 221. — Bonaparte avait pour les hommes sanguinaires de la révolution, et surtout pour les régicides, la plus profonde aversion. Il portait comme un fardeau pénible l'obligation de dissimuler avec eux ; mais quand il me parlait de ces hommes de sang, de ceux qu'il appelait lui-même les assassins de Louis XVI, c'était avec horreur, et il gémissait sur la nécessité où il était de les employer et de se contraindre au point de les ménager. Combien de fois n'a-t-il pas dit à Cambacérès, en lui pinçant légèrement l'oreille, pour adoucir par cette familiarité habituelle l'amertume du propos : *Mon pauvre Cambacérès, je n'y peux rien, mais votre affaire est claire ; si jamais les Bourbons reviennent, vous serez pendu*, etc., etc.

Est-ce sérieusement que M. de Bourrienne range M. le duc de Cambacérès parmi les hommes sanguinaires de la révolution, et qu'il en fait un des assassins de Louis XVI, lui dont le vote n'a pas compté pour la mort, et qui a voté le sursis ? Ces deux faits, constatés par *le Moniteur*, étaient trop récens à l'époque du consulat, et le premier consul les connaissait trop bien, pour répéter sans cesse à son collègue un propos inconvenant, auquel il aurait été si aisé de répondre d'une manière péremptoire. Mais si la vérité est outragée dans ce passage, la vraisemblance n'est même pas observée. En effet, à qui persuadera-t-on que le premier consul mettait ainsi de l'affectation à revenir continuellement sur cette idée du retour des Bourbons? Certes, alors, ni lui, ni le second consul, ni même M. le secrétaire Bourrienne, n'y songeaient; et le second consul n'avait aucune raison de redouter plus que tout autre les suites d'un tel événement. Cette petite scène d'intérieur est donc de l'invention de M. de Bourrienne, ou plutôt c'est de sa part une réminiscence de l'histoire de l'abbé Montgaillard, dont ce passage semble extrait, car il est écrit dans le même goût. Puisque le nom de Montgaillard vient de m'échapper, je crois convenable de rapporter ici que son acharnement contre M. le duc de Cambacérès, acharnement qui est poussé à un tel point que tous ses lecteurs ont dû l'attribuer à quelque motif particulier, vient de ce que ce dernier refusa de conclure le marché honteux qu'il lui fit proposer, et qui consistait à acheter son silence moyennant quelques milliers de francs. Cette offre et ce refus furent faits en présence de M. le comte Fabre de l'Aude, pair de France, de qui je tiens ces détails, et qui m'a autorisé à les publier en les appuyant de son témoignage, contre la sincérité duquel on ne saurait élever le moindre doute. Mais pour revenir à M. de Bourrienne, à qui il n'arrive pas souvent d'invoquer le témoignage des vivans, je ne prétends pas qu'il ait fait une semblable démarche auprès de moi. Aussi n'a-t-il pas eu les mêmes raisons pour reprocher à M. le duc de Cambacérès son avarice, comme l'a fait l'abbé de Montgaillard; bien au contraire, il le taxe presque de prodigalité, ainsi que nous le verrons plus bas, à l'occasion du luxe qu'il déployait pour sa table. Comment répondre à deux reproches aussi contradictoires? En les réfutant l'un par l'autre, en opposant M. de Bourrienne à M. Montgaillard; ce sont des autorités d'une égale valeur.

Tome IV, pages 133 et 134. — Aussitôt que cette convention fut signée, Bonaparte me dicta à Torre di Galifolo, la lettre d'envoi à ses collègues. Elle était ainsi conçue :
« Le lendemain de la bataille de Marengo, *citoyens*
« *consuls*, le général Mélas a fait demander aux avant-
« postes, qu'il lui fût permis de m'envoyer le général Skal.
« On a arrêté dans la journée la convention dont vous
« trouverez ci-joint copie. Elle a été signée dans la nuit

« par le général Berthier et le général Mélas. J'espère que
« le peuple français sera content de son armée.

« BONAPARTE. »

Cette lettre n'aurait de remarquable que la dernière phrase dans laquelle le premier consul s'efforçait encore d'avoir l'air de reconnaître la souveraineté du peuple, si la place qu'il me fit donner aux mots *citoyens consuls* n'eût été une chose faite exprès. La bataille était gagnée, et il fallait que, même dans une chose aussi puérile, les deux autres consuls sentissent qu'ils étaient moins les collègues que les subordonnés du premier consul.

En falsifiant des faits qui devaient encore être présens à sa mémoire, pour venir à l'appui d'une remarque à laquelle il paraît attacher une grande importance, M. de Bourrienne s'est sûrement flatté que la correspondance consulaire, tout entière de sa main, n'existait plus, et qu'il pouvait dénaturer ses souvenirs au gré de sa passion, sans crainte d'être démasqué. Malheureusement pour lui, cette correspondance est en ma possession, et je peux le convaincre de mensonge, la preuve est écrite de sa main. Cette lettre, dont il donne une copie inexacte et infidèle (1), est l'une des dernières de la

---

(1) Voici cette lettre copiée sur l'original :

Torre de Gaza-Fola, le 27 prairial an VIII.

Aux consuls de la république.

Le lendemain de la bataille de Marengo, citoyens consuls, le général

correspondance pendant la campagne de Marengo. Le protocole était dès lors suffisamment établi par les précédentes, et le changement qu'on lui aurait fait subir après la victoire, suivant M. de Bourrienne, serait facile à constater s'il avait eu réellement lieu. Mais c'est une invention de sa part, dont le public appréciera les motifs. Dans cette dépêche, les mots : *citoyens consuls*, sont placés exactement comme dans toutes celles qui l'ont précédée, seulement elle est terminée par cette phrase : *Je vous salue affectueusement*, qui était aussi de protocole, et que M. de Bourrienne a jugé à propos de supprimer tout-à-fait ici, et en partie dans une autre lettre qu'il cite, tome III, p. 168, et qu'il finit par ces mots : *Je vous salue*, en retranchant celui : *affectueusement*, qui est dans l'original. Ainsi M. de Bourrienne en impose doublement et à dessein, en supposant ce qui

---

Mélas a fait demander aux avant-postes de m'envoyer le général Skal, et on est convenu dans la journée de la convention dont vous trouverez ci-joint copie, qui a été signée dans la nuit par le général Berthier et le général Mélas. J'espère que le peuple français sera content de son armée.

Je serai ce soir à Milan.

Je vous salue affectueusement,

BONAPARTE.

n'est pas, et surtout en omettant et en altérant ce qui est.

Bien plus, il est digne de remarque que quelquefois la précipitation avec laquelle le secrétaire écrivait sous la dictée, lui faisait oublier la formule finale (ce qui n'est cependant pas le cas pour les deux lettres ci-dessus), et que le premier consul n'a presque jamais manqué de réparer cette omission de sa propre main, avant de signer. Cette observation, qui résulte de l'examen des pièces, prouve que, bien loin de se constituer grossier dans les formes, envers ses deux collègues, pour leur faire sentir une supériorité qu'il n'ont jamais eu la prétention de lui disputer, le premier consul recherchait au contraire les occasions de leur manifester l'estime et l'affection dont il n'a cessé de leur donner des témoignages pendant le consulat.

Tome iv, pages 254, 255, 256. — Pendant la durée du congrès, le premier consul informé que les courriers des malles transportaient une foule d'objets, surtout des provisions délicates pour les personnes favorisées, etc., etc.

Lorsque l'on a vu les dîners de Cambacérès et de quelques autres personnages, lorsque l'on a pu juger par soi-même que presque toutes les conversations du temps roulaient sur la somptuosité de ces repas et sur la délicatesse des mets, lorsque l'on se rappelle les combinaisons des invitations, l'on reste bien convaincu de l'immense influence d'un bon dîner sur les affaires politiques. L'esprit et les opinions dépendent-elles donc de l'estomac? Cambacérès ne croyait pas qu'il pût y avoir un bon gouvernement sans une excellente table, et sa gloire à lui (car chacun a la sienne) était d'apprendre que, dans tout Paris, et même en Europe, on vantait sa cuisine : pour lui, un festin qui réunissait tous les suffrages, était Marengo et Friedland.

M. de Bourrienne ne pouvait manquer de donner place dans ses Mémoires à ces fades plaisanteries, inventées par l'envie, et répandues par la bassesse, en 1814, contre M. le duc de Cambacérès. Il n'est personne, en effet, qui ne se souvienne des attaques aussi dégoûtantes que multipliées auxquelles ce dernier s'est trouvé en butte à l'époque de la restauration. Les pamphlétaires et les faiseurs de carricatures aux ordres de la police, furent alors presque exclusivement déchaînés contre lui ; mais chacun sait aujourd'hui que cet acharnement, dont M. le duc de Camcérès a pu être glorieux, n'était que le résultat d'une manœuvre, employée avec succès, pour éloigner de la direction des affaires les personnes dont on redoutait l'influence. Dans cette intention, M. le duc de Cambacérès a été l'un des plus maltraités, et il avait droit de l'être. Les meneurs de l'époque sacrifièrent tout au besoin de le rendre ridicule, à défaut d'autres moyens, pour le faire descendre de la scène politique, et l'empêcher ensuite d'y reparaître, parce qu'il était devenu ridicule. C'est ce qui résulte évidemment d'une pièce manuscrite que j'ai eu sous les yeux, et dont le titre seul indique l'importance ; ce sont des *renseignemens confidentiels sur les sénateurs actuels*. Ces renseignemens, sur chacun des anciens membres du sénat, sont laconiques, mais empreints, pour la plupart, d'une partialité révoltante. Voici ceux fournis par leur auteur sur M. le duc de Cambacérès : «*Magistrat ; régicide, quoi qu'il en dise, son vote ayant compté. Méprisé et ridicule.* »

N'était-ce point pour motiver la fin d'une pareille note que Paris avait été inondé de carricatures contre l'ex-archi-chancelier ? Et comment qualifier les sentimens qui en ont dicté le commencement, et qui ont poussé son rédacteur jusqu'à affirmer, avec effronterie, le contraire de la vérité ?

J'ai dit que M. le duc de Cambacérès a pu être glorieux de la préférence marquée qui lui a été accordée dans la dispensation des outrages en 1814. En effet, la haine de ses ennemis s'est alors montrée à découvert; et pourtant qu'est-il résulté de cette trame odieuse? Aucun fait n'a pu être allégué contre l'homme public, contre celui qui, pendant près de vingt ans, a occupé les premières places de l'état, et qui s'est vu plusieurs fois dépositaire du pouvoir suprême. On a été réduit à calomnier l'homme privé! Quel plus bel éloge pouvait-on faire du duc de Cambacérès? Il doit m'être permis de proclamer hautement cette remarque dont chacun est en position de reconnaître la justesse. M. de Bourrienne a contribué pour sa part à ce résultat, qu'il ne se proposait sûrement pas. Quel reproche, en effet, adresse-t-il au second consul? Celui de tenir une table somptueuse et chargée de mets délicats en d'autres termes, celui de soutenir dignement la représentation que lui imposaient les devoirs de sa place. M. de Bourrienne trouve ainsi à critiquer amèrement ce qui aurait dû plutôt mériter son approbation. Peut-être l'aurait-il accordée à M. le duc de Cambacérès, si, malgré ses traitemens, il se fût oublié, jusqu'à se faire citer par le monde, pour sa parcimonie, ou comme un homme perdu de dettes; mais c'est un genre de gloire qu'il a laissé à d'autres, car chacun a la sienne, ainsi que l'observe judicieusement M. de Bourrienne.

Tome v, page 80. — Sous le consulat, les deux autres consuls étaient tellement effacés que, malgré les gardes dont il leur permettait encore l'usage, M. de Talleyrand, selon la volonté du premier consul, était de fait le second personnage du gouvernement consulaire.

M. de Talleyrand ne pouvait devenir de fait, selon la volonté du premier consul, le second personnage de l'état, sans prendre la place de celui qui l'était réellement, c'est-à-dire du second consul; c'est donc contre celui-ci que cette assertion est dirigée. Dans ce passage, et dans quelques autres de ses Mémoires auxquels je ne ferai que cette seule et même réponse, M. de Bourrienne essaie de représenter M. le duc de Cambacérès comme ayant toujours été au-dessous de sa position politique. S'il était besoin de combattre cette absurde prétention par des preuves irrécusables, le public en trouverait de nombreuses et de manifestes dans les correspondances de M. le duc de Cambacérès, soit comme second consul avec le premier consul, soit comme archi-chancelier avec l'empereur, qui seront bientôt soumises à son examen. En les parcourant, il pourra apprécier le degré de confiance que Napoléon n'a cessé d'accorder à M. le duc de Cambacérès, et le cas qu'il faisait de son opinion, puisqu'il le consultait sur les affaires les plus importantes de l'état, et sur les moindres détails de l'administration. D'ailleurs, à défaut de ces preuves écrites, il existe encore une foule de personnes qui ont assisté, sous le consulat et l'empire, aux séances des conseils des ministres et privés, à celles du sénat et du conseil d'état, qui sont là pour attester si M. le duc de Cambacérès a jamais rempli les hautes fonctions qui lui ont été confiées de manière à faire sentir le besoin d'un remplaçant, et s'il savait maintenir dans leur intégrité les prérogatives de son rang.

J'aurais pu, du reste, me contenter d'opposer M. de Bourrienne à lui-même ; car, après avoir déclaré, tome v, page 80, que M. de Talleyrand était de fait le second de l'état, il dit, même tome, page 305 :

Lorsque Cambacérès, *le second de l'État*, lui qui, avec une légère restriction, avait voté la mort de Louis XVI, s'opposa vivement dans le conseil à l'arrestation et à la

mort du duc d'Enghien, le premier consul lui répondit :
« Vous êtes *devenu* bien avare du sang des Bourbons ! »

Et page 322. — Je sais que Fouché était à Paris, qu'il n'était plus ministre, mais toujours maître de la police ; que Fouché, quoiqu'il ne fût que simple sénateur, fut appelé au conseil tenu le 10 mars aux Tuileries ; et que ce fut dans ce conseil que Cambacérès, qui seul, *par sa position*, pouvait prendre la parole, fit la tentative dont j'ai fait connaître le résultat.

Il est vrai qu'il est question dans ces deux passages du malheureux événement de la mort du duc d'Enghien, et que M. de Bourrienne s'est trouvé forcé par la notoriété publique de reconnaître la conduite irréprochable que M. le duc de Cambacérès a tenue dans cette pénible conjoncture ; car alors, comme toujours, il a su prouver qu'il occupait, de fait et de droit, la seconde place de l'état, et personne ne s'est montré jaloux de lui disputer l'honneur d'en remplir les devoirs.

M. de Bourrienne, pour se dédommager d'un aveu si pénible pour lui, s'empresse de revenir à ce sujet sur le vote de M. le duc de Cambacérès qui a été pour la mort *avec une légère restriction*, dit-il insidieusement. Cette légère restriction a cependant rempli le but que M. le duc de Cambacérès a voulu atteindre, celui de ne pas contribuer à la mort du roi, puisque son vote, M. de Bourrienne doit le savoir, a été rangé parmi ceux de la minorité. Il y aurait donc eu injustice et ignorance de la part du premier consul à demander à son collègue depuis quand il était devenu avare du sang des Bourbons ; aussi ne l'a-t-il jamais fait. Mais c'est encore un de ces propos qui devaient être recueillis par M. de Bourrienne.

Tome x, pages 7, 8, 9, 10. — Ce départ n'eut point lieu sans une discussion préalable. Le 28 de mars, le conseil de régence fut convoqué extraordinairement et s'assembla sous la présidence de Marie-Louise, etc., etc.

Je sus, le soir même, jusqu'aux moindres détails de ce qui s'était passé dans cette réunion ; j'appris que l'archichancelier avait soutenu la même opinion que Joseph, et que même la majorité du conseil s'était prononcée dans le même sens, etc., etc.

Et je conviens que dans l'intérêt de Napoléon, c'était sans contredit l'avis le plus sage (celui des membres qui votèrent contre le départ) ; mais celui de Joseph l'emporta, et l'archi-chancelier, se rappelant sans doute ce que Bonaparte lui avait dit un jour devant moi : « Si les « Bourbons reviennent, vous serez pendu », entraîna enfin l'assemblée.

Par suite du système de diffamation établi

en 1814, contre quelques-uns des principaux personnages de l'empire, on s'est attaché à présenter le départ de l'impératrice comme une faute grave, et rien n'a été négligé pour l'imputer à M. le duc de Cambacérès. M. de Bourrienne, fidèle à ses traditions, essaie de les perpétuer; et pourtant, il fait mention de la lettre écrite par l'empereur au roi Joseph, qui a servi de base à la délibération du conseil, et dont la publication récente est venu fixer l'opinion sur cet événement important. Elle a été insérée le 31 janvier 1829, dans le Courrier des États-Unis, presque sous les yeux du comte de Survilliers (le roi Joseph), qui lui a imprimé le caractère d'authenticité, en ne la désavouant pas. Le lecteur ne sera pas fâché de la retrouver ici; c'est d'ailleurs la meilleure réponse que je puisse opposer à M. de Bourrienne. Voici cette lettre :

Rheims, 16 mars 1814.

Au roi Joseph.

Conformément aux instructions verbales que je vous ai données, et à l'esprit de toutes mes lettres, vous ne devez pas permettre que, dans aucun cas, l'impératrice et le roi de Rome tombent entre les mains de l'ennemi. Je vais manœuvrer de manière qu'il serait possible que vous fussiez plusieurs jours sans avoir de mes nouvelles; si l'ennemi s'avance sur Paris avec des forces telles que toute résistance devînt impossible, faites partir dans la direction de la Loire, la régente, mon fils, les grands-dignitaires, les ministres, les officiers du sénat, les présidens du conseil-d'état, les grands-officiers de la couronne, le baron de la Bouillerie et le trésor. Ne quittez pas mon fils, et rappelez-vous que je préférerais le savoir dans la Seine plutôt que dans les mains des ennemis de la France; le sort d'Astyanax, prisonnier des Grecs, m'a toujours paru le sort le plus malheureux de l'histoire.

Votre affectionné frère,
NAPOLÉON.

Il ne s'agit donc plus de savoir si M. le duc de Cambacérès a eu tort ou raison de partager l'avis de la majorité qui a déterminé le départ, mais s'il a bien ou mal fait de demeurer fidèle à son devoir le plus sacré, en insistant sur l'exécution des ordres de l'empereur exprimés d'une manière aussi claire que positive. La question ainsi posée, et elle ne peut plus l'être autrement, sera facilement résolue par tout homme impartial qui voudra se reporter aux graves circonstances dans lesquelles on se trouvait, et qui réfléchira à la responsabilité que M. le duc de Cambacérès aurait assumée sur sa tête, en refusant de se conformer à des instructions dont il avait pleine connaissance, et en se servant de son influence pour faire prévaloir cette opinion dans le conseil. Ne pouvait-il donc pas arriver que l'empereur, s'il eût été loyalement secondé par tous, victorieux sur tous les points, ne vît, en définitive, le succès ne lui échapper que par suite de cette désobéissance formelle qui aurait compromis le sort de l'impératrice et de son fils! Quelle accusation n'eût-il pas été en droit de faire peser sur M. le duc de Cambacérès? Et quel jugement l'histoire n'aurait-elle pas déjà porté sur son compte? Certes, alors M. de Bourrienne, qui le taxe de faiblesse pour s'être conduit comme il l'a fait, n'aurait pas été des derniers à l'accuser de trahison. Mais c'est un outrage que les ennemis les plus violens de M. le duc de Cambacérès n'ont jamais eu l'impudeur de lui faire subir, et la postérité l'absoudra, sans doute, de n'avoir pas désespéré, jusqu'à la fin, du génie de Napoléon.

Je terminerai ici, Monsieur, ces observations sommaires qui m'ont été suggérées par la lecture des Mémoires de M. de Bourrienne. Mais je tiens à le répéter en finissant, si je me suis écarté, à son égard, de la ligne de conduite qui m'a été tracée par M. le duc de Cambacérès, mon oncle, et que j'ai observée jusqu'à ce jour, c'est que j'ai cru devoir repousser dans votre ouvrage, éminemment français, les calomnies de l'ancien secrétaire de Napoléon. J'aurais dédaigné de réfuter celles de M. de Bourrienne.

Agréez, Monsieur, l'assurance de ma considération la plus distinguée.

CAMBACÉRÈS.

Paris, le 7 juillet 1830.

OBSERVATIONS SUR DEUX CHAPITRES DES MÉMOIRES DE M. DE BOURRIENNE, PAR M. LE BARON DE STEIN, ANCIEN MINISTRE DE PRUSSE, etc.

MM. de Bourrienne et de La Sahla.

M. Bourrienne rapporte, au tome VIII de ses Mémoires, page 367, une déclaration de M. de La Sahla, où ce dernier accuse M. de Stein de l'avoir engagé à empoisonner M. de Mongélas, ministre de Bavière. Il termine sa narration par ces mots : « Je ne décide rien ; seulement je regarde comme un devoir d'élever des doutes sur des accusations de cette nature, portées contre deux ministres prussiens, dont le prince de Wittgenstein, homme d'honneur par excellence, m'avait toujours parlé en des termes honorables, pendant le temps de ma résidence à Hambourg; et n'est-il pas dans les chances, au moins aussi probables, que la cauteleuse police des cent jours ait eu recours à un de ses moyens familiers, pour deverser le mépris et attirer l'indignation sur ses ennemis ? Ce sont, je le répète, des questions que je pose, sans oser en résoudre aucune. »

M. Bourrienne laisse subsister le soupçon d'un crime qui appelle le mépris et excite le courroux sur des hommes d'état, dont le prince de Wittgenstein, homme estimable dans toute l'acception du mot, lui a toujours parlé en termes les plus honorables. Aurait-il dû, sur de simples soupçons, publier *une chose inouïe*, sans chercher consciencieusement la vérité du fait et établir jusqu'à quel point on pouvait lui prêter foi : c'était son devoir; comme historien, une saine critique devait seule le diriger; comme homme d'état, il devait respecter la qualité qu'il se donne dans ceux qui la possèdent; et comme homme moral, il devait éviter de porter atteinte à la réputation d'un vieillard de soixante-treize ans, qui attend loin du monde le terme de son existence. La manière dont le prince de Wittgenstein le lui avait représenté, n'était-elle pas un motif suffisant pour lui faire croire à son innocence ? Pourquoi ne s'être pas informé, auprès de tant de personnes versées dans la connaissance des affaires d'Allemagne, et qui ont résidé long-temps à Paris, des circonstances d'un crime aussi noir ? Des rapports qui existent entre les individus qui sont impliqués dans cet attentat ? Les renseignemens qu'il eût obtenus lui auraient clairement démontré que cette inculpation d'empoisonnement n'avait pas l'ombre de vraisemblance ; que ce n'était qu'une de ces calomnies déposées dans les archives d'une police, dont M. de Bourrienne a dévoilé tant d'infamies, ou qu'elle ne devait être attribuée qu'à l'exaltation du cerveau du jeune La Sahla, excitée surtout par la souffrance que lui causait une horrible blessure. J'ai obtenu, depuis que les Mémoires de M. de Bourrienne ont paru, des détails concernant ce malheureux jeune homme (détails que je tiens de sa famille) qui le représentent comme bon, mais faible, bizarre, irritable, plein du désir d'illustrer son nom, sans posséder les moyens d'y parvenir.

M. de Bourrienne a donc manqué aux devoirs qu'il s'est lui-même imposés comme historien ; à ceux d'homme d'état, comme à ceux d'homme moral. Il n'eût pas dû accréditer des imputations invraisemblables. Il n'eût pas dû fouler aux pieds toute convenance, et se dispenser des égards dont aucun cœur généreux ne se fût affranchi. Il publie ses Mémoires, et jette le soupçon d'un crime atroce sur la tête d'hommes jusque-là irréprochables. *Semper aliquid hæret...* Un procédé semblable a indigné toutes les personnes de ma connaissance; elles me firent connaître leur opinion et m'engagèrent à faire justice de la calomnie. Je me rendis à l'invitation.

Je fis une réponse en français, et j'envoyai ma lettre à Paris, où elle devait paraître dans les journaux. Des circonstances inattendues ont empêché sa publication. J'y supplée par ce petit écrit. Voici en quels termes je m'exprimais :

Réponse à M. de Bourrienne.

On devrait conclure des efforts que fait M. de Bourrienne pour se laver du soupçon d'avoir jamais pris part aux *malversations* du cabinet, qu'il n'est pas indifférent à l'opinion publique.

Sa grande délicatesse ne l'empêchait pourtant pas d'insérer le passage suivant à la page 367 du tome vIII dès ses Mémoires. « On dit de plus qu'il a également déclaré (La Sahla) avoir communiqué avec preuves à M. de Metternich, dans un voyage qu'il avait fait à Vienne, que M. de Stein, ministre prussien, l'avait engagé à empoisonner M. de Mongélas, ministre de Bavière et que M. de Metternich avait paru indigné et épouvanté de cette conduite de M. de Stein. »

M. de Bourrienne ajoute à ce récit, appuyé par un prétendu rapport de la police : « Je ne décide rien ; seulement je regarde comme un devoir d'élever des doutes sur des accusations de cette nature portées contre deux ministres prussiens. »

Ainsi, sur une assertion qui lui paraît douteuse à lui-même, M. de Bourrienne accuse, d'une tentative d'empoisonnement, un vieillard qui a obtenu de ses compatriotes ainsi que des étrangers plus d'une preuve d'estime, et qui attend dans la retraite la fin de sa carrière !

En réponse à cette calomnie, je disais : Je ferai observer à M. de Bourrienne que je n'ai jamais vu La Sahla que lors d'une visite qu'il m'a faite à Paris en 1814, où il m'a raconté les faits contenus dans le huitième volume des Mémoires de M. de Bourrienne.

L'auteur de ces Mémoires est encore dans

l'erreur quand il prétend que j'ai été, en 1814, ministre de Prusse et membre de ce cabinet. J'ai été éloigné, en 1808 par Napoléon, du service du roi, et je n'y suis pas rentré depuis.

Je le demande à M. de Bourrienne, quel motif pouvais-je avoir de faire empoisonner M. de Mongelas? Quelle influence aurait eu sur les grandes questions politiques qui furent agitées dans le courant de l'automne de 1814 et du printemps de 1815, questions qui intéressaient les destinées futures de la Saxe et de la Pologne, quelle influence, dis-je, aurait eu sur ces questions l'empoisonnement d'un ministre bavarois?

Le prince de Metternich a pourtant, au commencement de l'hiver de 1815, fait connaître à ce même M. de Stein, contre lequel il était, dit-on, indigné et courroucé au plus haut degré, la satisfaction de l'empereur pour sa bonne conduite, en lui accordant, au nom de ce monarque, le grand-cordon de Saint-Étienne.

Il faut ignorer la situation politique de l'Europe en 1815, et pourtant être poussé par le désir d'en paraître instruit, ainsi que par la manie de compiler des anecdotes surannées, pour tripoter une histoire où la calomnie et l'absurdité se disputent le premier rang.

Cappenberg, 12 novembre 1829.

Un ancien ami de M. de Stein, qui honore ses talens et ses vertus, et qui est ministre à .... m'écrivit en ces termes, le 20 novembre 1829 : « L'indignation est le sentiment qu'éprouve tout individu qui possède la moindre étincelle d'honneur, quand il voit comme la calomnie peut s'attacher à un homme, dont la réputation sans tache, a été l'objet de l'estime, du respect général, et que le souffle impur de la calomnie ne saurait ternir. J'espère, M. le baron, n'avoir rien fait qui puisse vous déplaire, en envoyant une copie de votre lettre à l'empereur. Votre défense est calme, généreuse, belle ; elle atteint son but. »

Je fis en sorte que ma défense fût annexée à la traduction allemande ; l'éditeur des Mémoires qui paraissent à Leipsick était bien loin de vouloir répandre et accréditer une calomnie ; il avait effacé mon nom, et l'avait remplacé par des étoiles. Je le priai de l'imprimer en entier.

La sincère amitié dont M. le baron de Gagern m'a donné tant de preuves, le porta à s'adresser à M. de Metternich pour obtenir une déclaration sur l'affaire de La Sahla. Ce prince, quoique absorbé par son ministère et plongé dans la plus vive douleur par la perte toute récente d'un fils adoré, ne tarda pas à répondre. Voici sa lettre :

Monsieur le baron,

Le passage des *Mémoires de M. de Bourrienne* qui a attiré l'attention de M. le baron de Stein, a produit sur moi le même effet. Je n'ai jamais connu d'individu appelé La Sahla, ni personnellement, ni de nom. Jamais, sous quelque nom que ce soit, il n'est venu chez moi d'individu qui ait prêté à M. le baron de Stein un propos ayant le moindre rapport avec le passage en question des *Mémoires de M. de Bourrienne*.

J'honore l'indignation dont M. de Stein est pénétré. Il existe telle inculpation qui blesse l'honneur et qui est considérée comme vraie, dès qu'elle n'est pas démentie, par la plupart des lecteurs qui ont quelque penchant à la crédulité. On doit les désabuser, et la nécessité en est d'autant plus pressante, que l'erreur se trouve dans un ouvrage tel que celui de M. de Bourrienne, qui porte un caractère tout-à-fait différent de tant de misérables productions du moment. »

Il est facile de penser, d'après tout cela, que cette tentative d'empoisonnement n'est qu'un conte absurde que M. de Bourrienne recueille dans ses Mémoires, conte qui fait ressortir sa crédulité dans tout son jour, et qui l'expose au plus grand ridicule.

M. le baron de Gagern, toujours animé du même zèle et de la même amitié, crut devoir communiquer la déclaration de M. de Metternich à M. de Bourrienne, et inviter ce dernier à la joindre, soit comme note, soit comme carton, dans les tomes qui n'avaient pas encore paru; il fit part de ce projet à son fils, major-général dans les troupes des Pays-Bas. Celui-ci écrivit à M. de Bourrienne, le 24 janvier, et lui envoya la lettre de son père, ainsi que la déclaration de M. de Metternich, en le priant d'insérer ces deux pièces dans son ouvrage.

M. de Bourrienne répondit le 31 janvier 1830, et déclara qu'il était prêt à rayer le nom de M. de Stein du passage en question; pourtant cela ne peut avoir lieu qu'à une troisième édition.—Il désire savoir ce qu'on exige encore de lui. — Il ne répondra pas à de grossières et de ridicules injures que M. de Stein a fait insérer dans la *Gazette de Berlin*, du 13 décembre 1829. — Sans doute que c'est là sa récompense pour tout ce qu'il a dit d'honorable de lui, dans ses Mémoires, et pour la peine qu'il s'est donnée de détruire les vagues accusations que La Sahla avait déposées à la police. — Il prie le major de lire avec attention les pages 25, 26, 27 et 368 du tome 8, et il verra si M. de Stein a un plus chaud panégyriste que lui. — M. de Stein lui doit de la reconnaissance. — Il attend du major et de son père qu'ils lui rendent justice. La Sahla n'a aucunement, il croit l'avoir dit, énoncé une chose réelle. — Il est furieux contre moi parce que je le regarde comme complice de la police de Paris, et que je tiens La Sahla pour un jeune fou.

C'est, comme le dit M. de Bourrienne avec l'éloquence de cynisme, un spectre à combattre, qui n'a d'existence que dans mon imagination.

M. de Gagern me communiqua cette lettre; je le priai de répondre à M. de Bourrienne que je me souciai peu de ses louanges, et que le conte, d'une prétendue tentative d'empoisonnement, contenu dans ses Mémoires, avait excité la plus vive indignation en Allemagne. — Que sa conscience, comme homme d'honneur et comme historien lui dirait ce qui lui restait à faire pour réparer le mal qu'il m'avait causé.

M. de Bourrienne offre alors de nouveau de rectifier l'erreur qu'il a commise, mais d'une manière vraiment plaisante : ce ne peut être qu'à la troisième édition ; comme si l'on ne pouvait pas faire un carton ; comme s'il n'y avait ni journaux, ni feuilles périodiques où il put insérer un article dans lequel il rectifierait l'erreur où il est tombé. Ce n'est que par des injures qu'il se justifie du reproche que je lui adresse d'avoir trahi son devoir comme historien, en négligeant les recherches qui conduisent à la vérité, et d'avoir également manqué à celui d'honnête homme en faisant planer des soupçons sur la tête d'un innocent.

L'aveu qu'il fait *de croire, et d'avoir toujours pensé que La Sahla n'avait pas dit la vérité*, augmente son tort. S'il avait terminé son récit en disant *je ne crois pas*, au lieu de dire *je ne décide rien*, sa narration eût fait assurément une impression toute opposée.

Toute correspondance finit avec M. de Bourrienne par la lettre du 31 janvier, et il serait inutile de s'exposer à sa fureur en conservant avec lui quelque rapport.

Mais il résulte de la lettre de M. le prince de Metternich, du 5 décembre, que la tentative d'un empoisonnement contre M. de Mongélas est, dans le fait et dans les détails, une absurdité. Ainsi, toutes ces déclarations sont le résultat d'une imagination malade, ou les moyens ordinaires qu'emploie une infâme police pour déverser le mépris sur ses ennemis, conséquence que M. de Bourrienne appuie de ses aveux : « Il croit, et a toujours pensé, que La Sahla n'avait pas dit la vérité. »

Le dixième tome des Mémoires contient, à la 104ᵉ page, où il est question des négociations ouvertes en avril 1814, le passage suivant : «Les sujets du roi de Prusse étaient presque tous imbus des principes de la liberté, et même des idées de carbonarisme, qui étaient répandus et propagés par M. de Stein et ses prosélites. »

M. de Bourrienne pense avoir dit quelque chose de très-important, et n'a pourtant énoncé qu'une sottise.

Les sujets du roi ont prouvé leur fidélité, par les torrens de sang qui ont été versés pour abattre Napoléon. Le corps sous les ordres du général York, fort de 46,700 hommes, eut, du mois de mai 1813 jusqu'au 31 mars 1814, 19,000 hommes, tant morts que gravement blessés, et 12,700 malades.

Il me reste une prière à faire à M. de Bourrienne. Je crains que sa conscience ne le pousse à faire quelques changemens à la page 367 du tome 8e et à la page 104 du 10e. Je le prie en grâce de n'en rien faire, ses rectifications porteraient son cachet.

La Romana. — Son départ. — M. de Bourrienne oublie les dates.

M. Bourrienne qui nous raconte avec détail ce qui se passe au loin, ne pouvait manquer de nous rappeler ce qui a eu lieu sous ses yeux. Une aventure comme celle de la fuite de la Romana, pouvait être moins désagréable, mais il n'y a pas regret; nous ne devons pas être plus difficiles. Et puis, quel observateur est à l'abri d'une surprise? Y en a-t-il de si alerte qui n'ait pas été mystifié? Ne lui reprochons donc pas d'avoir manqué de vigilance; bornons-nous à suivre son récit. Le marquis de La Romana avait une disposition singulière à la somnolence. Il allait habituellement passer ses soirées chez M. de Bourrienne, et s'endormait chaque fois en faisant sa partie de wisk, Ce besoin de sommeil était inouï. Le ministre se mit à se creuser la tête, et s'aperçut que le marquis dormait alors dans le jour, parce que, quelques mois plus tard, il passa les nuits à faire des dispositions qui furent arrêtées en trois heures. Une chose plus étrange encore : pour mieux tromper les Français, le rusé Espagnol n'imagina-t-il pas de célébrer la fête de son souverain. Charles ou Joseph? Son souverain! c'est tout ce que dit M. de Bourrienne. Le patron de l'un se fête en novembre, et celui de l'autre en mai. A quoi tient l'anticipation? Comment s'est-elle faite? Je l'ignore; mais le ministre la garantit, je n'en demande pas davantage. Que ce soit saint Charles ou saint Joseph, peu importe, il n'en est pas moins vrai que la Romana a donné en juillet une fête qui ne devait avoir lieu qu'à l'automne ou au printemps. Et ce qu'il y a de plus extraordinaire, c'est qu'aucun des généraux français ne lui *soupçonna pas même une arrière-pensée.* Cependant on *connaissait déjà depuis quelque temps la capitulation de Baylen*, mais n'importe, cette circonstance n'avait pas rendu plus défiant. *Le marquis partit pour le Danemarck* après les affaires de Dupont. Eh! non, il y était depuis la fin de mai (1). En Fionie comme à Hambourg, ses troupes observaient la plus stricte discipline. Stricte, en effet, car je lis deux pages plus haut que *dès qu'elles ne pouvaient se faire comprendre, elles tiraient leur dague, et apprenaient ainsi leur langue aux bons Hambourgeois.*

Il joua son rôle avec une prodigieuse adresse, que tout le monde ne contraria pas. *Pour mieux tromper le maréchal, il demanda l'autorisation d'aller joindre ses vœux aux vœux des Français qui se disposaient à célébrer la saint Napoléon.* Il est douteux qu'il ait eu recours à un si bas artifice. D'ailleurs, ce n'est pas de lui, mais de M. de Bourrienne qu'il s'agit. Je continue : *Trois jours après, le 17 août, le maréchal reçut la nouvelle de ce qui s'était passé.* Après quoi? Après la saint Napoléon ou après sa fuite? Mais sa fuite n'eut pas lieu le 15; dès le 10 elle était consommée. *Il avait réuni une grande quantité de barques anglaises sur la côte.* D'où les eût-il tirées? Il n'y en avait pas une. Le contre-amiral Keats lui offrit de le recueillir sur ses vaisseaux; il accepta et jetta aussitôt ses troupes à bord. *Je sus alors à quoi attribuer l'état de somnolence dont*

---

(1) Journal de la Romana.

il ne pouvait se défendre en faisant sa partie de wisk. Quoi! il succombait déjà au mois de juillet sous les insomnies qu'il souffrit en août! *Il se réveillait chaque nuit pour travailler a ce départ qu'il méditait depuis si long-temps.* Voyons maintenant combien dura la méditation, et combien l'entreprise coûta d'efforts. J'ouvre le Journal de La Romana, et je lis :

« Un officier du bataillon de Catalogne, qui se rendait, dans un bateau, de l'île de Séelande à celle de Langeland, passa, sans savoir comment, à bord des vaisseaux de la croisière anglaise. Ce jeune homme, nommé Fabrègues, rencontra, sur le bâtiment que montait le contre-amiral Keats, don Rafaël Lobo, officier de la marine espagnole et secrétaire de la députation de Londres, qui venait d'arriver de cette capitale avec des ordres à l'escadre anglaise, pour protéger notre retraite, des lettres des juntes de Séville, ainsi que de Galice et du général Morla, pour les généraux la Romana et Kindelan. »

« Le sous-lieutenant Fabrègues ayant pris tous ces papiers et une lettre très-polie du contre-amiral Keats, désira qu'on le débarquât secrètement dans l'île de Langeland, où était son bataillon, et de là *il se rendit de suite à Nyeborg, où il arriva à une heure de la nuit du 6 au 7 août 1808,* accompagné par son actif camarade Carreras. Le général en chef ayant été informé du contenu des documens apportés par Lobo, résolut immédiatement de tenter avec ses troupes la retraite par mer, parce que c'était l'unique parti que lui dictaient son devoir et son honneur, et parce qu'il ne pouvait douter de l'opinion générale de tous les Espagnols placés sous ses ordres. Il pensait que tous, sans se laisser arrêter par les risques et par les difficultés de l'exécution, n'hésiteraient pas un seul instant sur le parti à adopter dans cette circonstance. On prit donc à l'instant toutes les mesures convenables, et il était urgent de ne pas les différer, car le commandant français de Langeland (le colonel Gautier) était déjà informé du retour de Fabrègues, qui passait pour avoir déserté à l'ennemi, et l'on ne pouvait douter qu'il n'eût fait connaître au prince de Ponte-Corvo la communication qui avait eu lieu avec les Anglais, et que Son Altesse ne prît les précautions nécessaires pour traverser notre projet, ou du moins pour arrêter les régimens de Zamora, du Roi, de l'Infante et d'Algarve (cavalerie), qui étaient dans le Jutland. »

« Des officiers actifs et intelligens furent dépêchés avec des ordres pour Kindelan, et pour chacun des colonels de ces quatre corps, afin qu'ils eussent à les reunir à l'instant avec la plus grande célérité, qu'ils s'emparassent de tous les bâtimens qui pourraient se trouver à Snogoe, Fridericia, Ahrus et Randers, et qu'ils embarquassent les vivres qui seraient dans les magasins. La cavalerie devait abandonner ses chevaux, dans le cas où elle ne pourrait les amener sans retarder la marche, et ils devaient tous passer le petit Belt pour se rendre dans l'île de Fionie, où nous les attendions. Le général en chef donnait connaissance à tous ces chefs, des nouvelles qu'il avait reçues d'Espagne, par l'escadre anglaise, et terminait en excitant leur zèle bien connu et l'amour que chacun d'eux avait pour sa patrie. *Les officiers, porteurs de ces ordres, reçurent des instructions très-détaillées sur ce qu'ils avaient à faire, dans quelque cas qu'ils pussent se trouver. Ils partirent de Nyeborg en toute hâte, le 7 août, à sept heures du matin.* »

« Le général envoya, en même temps, d'autres officiers également actifs pour préparer la réunion des régimens de la Princesse, de Barcelonne, d'Almanza et de Villaviciosa, qui se trouvaient cantonnés çà et là sur toute la surface de

Fionie. Le dernier de ces régimens et quatre compagnies de celui de Barcelonne avaient ordre de passer dans l'île de Langeland où se trouvait le bataillon de Catalogne; un bataillon de la Princesse, avec les sapeurs, déjà instruits dans le service de l'artillerie, devaient protéger le passage du petit Belt; le reste des troupes avait l'ordre de marcher sur la place de Nyeborg, notre quartier-général. »

« Le projet était de conserver la possession de l'île de Langeland, où il y avait environ mille hommes de troupes danoises; de s'emparer de Nyeborg et des six batteries de côte qui défendaient son port, ainsi que de tous les bâtimens qui s'y trouvaient; de nous fortifier sur le petit Belt, pour défendre contre les Français ce passage unique, au moyen de notre artillerie légère et des batteries danoises élevées dans ce parage, dans le but de contenir en même temps les Français qui pourraient venir au petit Belt, et les troupes danoises de Fionie; de réunir nos troupes et de les embarquer avec ordre à Nyeborg pour passer à Langeland, et en nous fortifiant dans cette dernière île, d'y attendre l'arrivée du convoi que les Anglais nous offraient pour nous transporter en Galice. Tout cela devait se faire avec ordre et par-dessus tout avec célérité; car, quoique *les troupes françaises fussent dans le Holstein et dans le Sleswich,* elles pouvaient venir nous troubler par quelques marches forcées, et les Danois eux-mêmes qui, quoique nos amis, le sont encore plus des Français par nécessité, pouvaient chercher à se venger des violences que nous étions contraints de leur faire, et s'opposer à nos desseins, autant du moins que le permettaient leurs forces, qui s'élèvent toujours en Fionie à plus de trois mille hommes. »

« Le premier bataillon de la Princesse, deux compagnies de Barcelone, deux escadrons d'Almanza, et l'artillerie à cheval, *étant réunis le 9 août à la pointe du jour, nous prîmes possession de la place et des six batteries du port et de la côte sans avoir été obligés de tirer un coup de fusil, ou de recourir à l'usage de la force.* Les troupes danoises de la garnison, inférieures en nombre aux nôtres, et surprises par le prétexte du renouvellement de notre serment de fidélité, ne pouvaient absolument résister. Aussi le gouverneur remit les clés, et ordonna de laisser relever les postes à la première sommation qu'on lui fit. On ne crut pas nécessaire néanmoins de désarmer, ni de molester la garnison. »

« Une fois maîtres de la place, on ordonna aux commandans d'un brigantin et d'un cutter qui se trouvaient dans le port, de nous fournir des matelots et les moyens de mettre en état une soixantaine de bâtimens de transport qui y étaient également, en leur insinuant que nous devions passer à Langeland d'après les ordres du prince de Ponte-Corvo. Mais ces valeureux officiers s'y refusèrent témérairement en soutenant qu'ils ne pouvaient permettre la sortie de ces transports, et en menaçant de faire feu sur eux, ainsi que cela était leur devoir. La sommation fut répétée jusqu'à trois fois; le gouverneur leur écrivit pour les faire changer d'avis; enfin on chargea et on pointa contre eux les canons des trois batteries voisines, en les menaçant de les mettre en pièces; mais ils refusèrent encore de céder. Nous avions à cette époque, dans la place, le capitaine Graves, du navire *le Brunswick*, qui fit, par le télégraphe, les signaux convenables à son amiral, et bientôt une corvette, un brigantin et plusieurs canonnières entrèrent dans le port et intimèrent aux commandans danois, que s'ils ne s'opposaient pas à la sortie des troupes, et s'ils ne faisaient pas feu sur les bâtimens de transport, il ne leur serait point fait de mal; mais ils refusèrent d'écouter aucune proposition, et commencèrent par faire feu sur le brigantin; les canonnières et quelques batteries de la place y répondirent. La corvette s'approcha à portée de pistolet dans l'intention sans doute d'arriver à l'abordage, mais les Danois amenèrent leur pavillon, tout fut fini. Les Danois avaient soutenu le combat avec beaucoup de valeur malgré l'infériorité de leurs forces; ils eurent sept morts et plusieurs blessés. Les Anglais perdirent un officier, et l'un de nos soldats reçut une contusion. A sept heures soir, les Anglais étaient maîtres du port; ils y firent mouiller leurs bâtimens, et s'occupèrent immédiatement à travailler pour appareiller les navires nécessaires. »

« Nous apprîmes que les quatre compagnies de Barcelonne et le régiment de Villaviciosa avaient heureusement opéré leur traversée de Swemborg à Langeland, et que le dernier s'était emparé à Faaborg, au moment de sa sortie, de deux chaloupes canonnières qui auraient pu leur couper le passage du détroit. *Le régiment de Zamora passa le petit Belt le 8, se réunit avec le 5° bataillon de la Princesse et la compagnie de sapeurs à Midelfast, et ils partirent à minuit pour Nyeborg, où ils arrivèrent le 9 à dix heures du soir,* après avoir fait une marche de seize lieues en vingt-deux heures, par une pluie continuelle. Le régiment d'Almanza couvrit l'arrière-garde de ces troupes depuis Odensée, où il se trouvait, jusqu'à Nyeborg.

« *Le* 10, *dès la pointe du jour, on travailla avec une activité infatigable à embarquer le reste de l'artillerie, les équipages, l'eau et les vivres qui se trouvaient dans les magasins, et d'autres qu'on acheta :* il y en avait en tout pour trois jours. Les officiers anglais dirigeaient les travaux ; leurs soldats et marins les exécutaient avec un empressement extraordinaire, de sorte que, dans la nuit du même jour, les vivres, l'eau, l'artillerie et ses chevaux, les seuls qu'on eût pu sauver faute de bâtimens, se trouvèrent embarqués ainsi que la plus grande partie de l'équipage. »

« Nous n'avions aucune nouvelle des trois régimens de cavalerie du Jutland, ni des officiers envoyés en mission, ce qui nous donnait de l'inquiétude; l'impossibilité de retirer de Séelande les régimens des Asturies et de Guadalaxara ne nous en causait pas moins, car dans la soirée du 9 nous sûmes qu'on avait désarmé les trois bataillons qui avaient pris part à l'insulte faite au général Fririon. *Le 10 à neuf heures du soir, le colonel du régiment du Roi se présenta au général pour lui annoncer que son corps arrivait à l'instant même dans le port.* »

. . . .

« Enfin, réfléchissant sur la possibilité que les Français vinssent nous attaquer dans notre retraite, *le général, d'accord avec le contre-amiral Keats, prit la résolution de sortir le jour suivant avec les troupes.* »

. . . .

«L'artillerie enclouée, et les bâtimens de transports conduits auprès de la pointe de Slipshawn, les *troupes sortirent de Nyeborg dans la matinée du 11*, en deux divisions, qui se suivirent à un intervalle de deux heures : une forte arrière-garde fermait et couvrait la marche. Arrivés à l'endroit désigné, on disposa tout pour l'embarquement des troupes qui fut entièremennt terminé, à onze heures du matin, malgré un vent très-violent qui nous incommodait beaucoup. (1) »

Et cependant le marquis de La Romana sommeillait, faisait encore la partie le 15 et le 16 dans le salon de M. de Bourrienne !

(1) Journal de La Romana.

BOURRIENNE

ET LE MARÉCHAL DAVOUT.

A Monsieur A. B.

Monsieur,

J'ai l'honneur de vous adresser les notes ci-dessous. Veuillez les joindre à celles que vous avez recueillies et leur donner place dans votre ouvrage.

Je suis, etc.

NOTES SUR QUELQUES OBSERVATIONS CONTENUES DANS LES MÉMOIRES DE M. DE BOURRIENNE, CONTRE LE MARÉCHAL DAVOUT, MON PÈRE.

De toutes les personnes attaquées dans les Mémoires de M. de Bourrienne, celle contre laquelle il s'est déchaîné avec le plus de violence, est sans contredit M. le maréchal Davout. L'auteur a si bien senti ce qu'il y avait de passionné dans cet acharnement qu'il a cherché à le représenter comme une juste représaille de la haine implacable qui lui avait vouée le prince d'Eckmühl et des persécutions qu'il lui avait suscitées. Il y avait une telle disproportion entre l'existence politique de l'un et celle de l'autre, le maréchal pouvait tant, et M. de Bourrienne si peu, que cette haine n'est guère probable. Il est vrai que toute sa vie le maréchal a témoigné une aversion prononcée pour les intrigans et les fripons; mais la conscience de M. de Bourrienne devait le rassurer, et s'il a pris ce sentiment pour une animosité personnelle, certes, la faute en est à lui et non pas au prince d'Eckmühl.

Au reste, il donne à cette haine une origine passablement ridicule; il raconte qu'à son retour de Marengo, le premier consul reçut en audience particulière et secrète le général Davout, qui revenait d'Egypte : « Etonné, dit il (1), de la longueur de la conversation, je dis immédiatement après à Bonaparte : Comment avez-vous pu rester si long-temps avec un homme que vous avez toujours appelé une f.... bête? — Mais je ne

(1) Tome IV, page 292.

le connaissais pas bien, il vaut mieux que sa réputation; vous en reviendrez aussi. — Je ne demande pas mieux. — Le premier consul, très-indiscret, comme on sait, s'empressa de rapporter à Davout mon opinion sur son compte. Sa haine contre moi ne mourut qu'avec lui, etc. »

Il est douteux qu'on se permît avec le premier consul ce ton de corps-de-garde; ceux qui l'ont connu, non pas seulement dans l'exercice de sa toute puissance, mais dans sa vie intérieure, savent à quelle distance il tenait ceux qui l'entouraient, et que, quoique sa bonté allât parfois jusqu'à la faiblesse, cependant des licences de gestes ou de propos étaient ce qu'il tolérait le moins. Dans tous les cas, il eût fallu que le général Davout fût singulièrement vindicatif pour conserver *jusqu'à sa mort* le ressentiment d'un propos qui ne lui avait nui en rien, et qui, en définitive, ne faisait tort qu'au premier consul, puisque, suivant M. de Bourrienne, il venait de lui.

Voici, au surplus, comment le premier consul s'exprimait sur le compte du général Davout, en annonçant dans le *Moniteur* du 9 mai 1800, son arrivée et celle du général Desaix à Toulon. « Les

« généraux Desaix et Davout sont arrivés à Tou-
« lon; ces deux généraux ont soutenu, après le
« départ du général Bonaparte, la réputation
« qu'ils s'étaient acquise dans les campagnes de la
« Hollande et du Rhin. Nos armées verront avec
« joie au nombre de ceux qui les guident à la vic-
« toire, ces hommes qui ne sont connus que par
« un beau caractère, des vues toujours élevées et
« l'éclat des succès; qui, supérieurs à toutes les
« intrigues, comme étrangers à tous les partis,
« ont constamment honoré le nom français aux
« yeux même de nos ennemis. » Il y a loin de cette
manière de s'expliquer sur le compte du général
Davout (1) à l'expression grossière que M. de
Bourrienne prête gratuitement au premier con-

(1) Cette opinion du premier consul, si honorable pour le général,
avait été également celle du directoire; voici la lettre que celui-ci écrivait le 24 mai 1797, après le passage du Rhin :

« Vous avez déjà trouvé, citoyen général, la récompense de vos glo-
« rieux services dans le sentiment même qui a toujours guidé votre cou-
« rage devant l'ennemi. Mais le directoire exécutif, frappée de la valeur
« républicaine que vous avez déployée au passage du Rhin et dans les
« combats qui l'ont suivi, pour soutenir l'héroïque opiniâtreté des
« troupes françaises, vous doit le témoignage public de son estime. »

CARNOT, REWBELL, LARÉVEILLÈRE-LESPEAUX.

sul; et quant à la longue conférence dont il parle, il est très-vrai qu'elle eut l'Egypte pour objet, non pas comme un lieu commun de flatterie, ainsi que l'insinue M. de Bourrienne, mais parce qu'il était tout naturel que, n'ayant pas eu le temps de recevoir de Desaix tous les renseignemens possibles sur l'état de cette conquête et de l'armée, le premier consul les obtînt d'un général qui avait d'autant plus de titres à sa confiance qu'il avait protesté contre la convention d'El-Arisch.

Soit à dessein, soit par inadvertance, M. de Bourrienne confond les époques et dit que le général Davout fut alors appelé au commandement de la garde consulaire. Il oublie qu'il fut d'abord envoyé en Italie commander toute la cavalerie de l'armée sous le général en chef Brune; qu'ensuite il remplit les fonctions d'inspecteur-général de la cavalerie dans les 1re, 4e, 15e et 16e divisions militaires. Des abus scandaleux, légués par la désorganisation du directoire, s'étaient introduits dans l'administration des corps et particulièrement dans la fourniture des fourrages. Par l'énergie de son caractère, par l'opiniâtreté de son travail et surtout par son incorruptible probité, le général Davout porta la lumière dans ce chaos et réprima les dilapidations; c'est ce qui détermina le premier consul à lui confier le commandement de la garde, pour remédier au désordre qui avait envahi ce corps d'élite, aussi bien que le reste de l'armée. Permis à M. de Bourrienne de le traiter d'*homme qui, sans aucune illustration, sans aucun titre, est parvenu tout-à-coup à la plus haute faveur*. Il serait à souhaiter que tous les favoris ressemblassent au maréchal Davout, et justifiassent comme lui le choix de leur souverain.

Nous nous sommes arrêtés longuement sur ce prétendu commencement de la haine du prince d'Eckmühl pour M. de Bourrienne, afin de montrer combien cette allégation est futile et peu probable. C'est cependant sur elle qu'est échafaudé tout le système de diffamation suivi par l'auteur contre ce maréchal.

En effet, selon M. de Bourrienne, c'est cette haine qui est cause de tous les chagrins, de toutes les persécutions qu'il éprouve; ennemi aussi tracassier que puissant, le maréchal lui suscite des dénonciateurs, et va même jusqu'à imaginer de prétendues correspondances suspectes, par l'emploi d'agens provocateurs qui écrivent forcés, contraints sous la dictée du prince d'Eckmühl. Un démenti formel serait la seule réponse que mériteraient de telles infamies, si elles n'étaient pas avancées par un homme dont le titre d'ancien secrétaire de l'empereur a pu faire autorité, surtout à l'étranger où son caractère est moins connu qu'en France; mais en recourant aux pièces officielles, on verra la confiance que mérite l'auteur.

En 1810, le maréchal n'avait jamais mis le pied à Hambourg; cette ville même était encore indépendante, et M. de Bourrienne y remplissait ses fonctions de ministre de France près les villes anséatiques. Au commencement de cette année, le maréchal obtint de venir passer quelque tems en France, tout en conservant le commandement en chef de l'armée d'Allemagne, exercé sous ses ordres par le lieutenant-général comte Compans. Arrivé à Paris le 14 février 1810, il n'en repartit pour retourner à son armée que le 1er février 1811. Voilà les faits et les dates bien précisés.

Or, dans cet intervalle, l'empereur écrivait au maréchal, alors à Paris, (2 septembre 1810): « Mon cousin, j'ai vu avec plaisir dans la corres- « pondance du ministre de la guerre, qu'on a « saisi douze bâtimens chargés de marchandises « coloniales. Donnez ordre qu'elles soient toutes « confisquées et envoyées à Cologne où elles se- « ront vendues. Je vous prie *de prendre des me-* « *sures pour m'éclairer sur ce qui se passe à Ham-* « *bourg, entr'autres choses sur ce que fait le sieur* « *Bourrienne, qu'on soupçonne de faire une im-* « *mense fortune, en contrevenant à mes ordres.* Y « a-t-il des magasins de marchandises coloniales à « Hambourg, etc. » Le reste de la lettre a trait à des mesures de système continental ; elle se termine ainsi : « Comme Dantzick est dans votre com- « mandement, envoyez-y un officier avec une lettre « pour le général Rapp. Vous lui recommanderez « la plus grande vigilance, de ne pas souffrir la « corruption, car tout le monde reçoit de l'argent; « qu'il ait une surveillance sévère là-dessus ; que « de recevoir de l'argent là, c'est comme si on en « recevait devant l'ennemi, que c'est donc me « trahir, puisque la guerre qu'on fait au commerce

« anglais est la plus funeste qu'on puisse faire à
« l'Angleterre et qu'il en résulte déjà un tort im-
« mense pour elle. » On voit par ces dernières lignes quelle était la pensée dominante de l'empereur, et sous quel point de vue il envisageait la
condescendance intéressée qu'on accordait au
commerce colonial.

Le maréchal transmit les ordres de l'empereur
au comte Compans, qui lui répondit le 3 octobre
en lui envoyant le rapport de l'officier-général de
gendarmerie chargé de la police de l'armée (1).
Ce rapport fut donné à l'empereur, qui, au commencement de décembre, manda M. de Bourrienne à Paris, ainsi que celui-ci le dit dans ses
Mémoires (2). Nous y renvoyons le lecteur pour
voir les explications qui ont lieu entre lui et monsieur le duc de Cadore, ministre des relations extérieures, et dans lesquelles il charge ce ministre
de dire à l'empereur qu'il aille se faire......, ce
qui est très-vraisemblable, commission dont le
duc de Cadore s'acquitte, ce qui est encore plus

---

(1) M. le général baron Saunier.

(2) Tome VIII, page 325 et suivantes.

vraisemblable. Il paraît que l'empereur ne se contenta pas d'une réponse pourtant si satisfaisante, car le premier janvier 1811, il écrivit de nouveau au maréchal, qui était toujours à Paris: « Mon « cousin, il me revient que le sieur Bourrienne a « gagné sept ou huit millions à Hambourg, en dé- « livrant des permis ou en faisant des retenues ar- « bitraires. Je suis également instruit que le sénat « de Hambourg a fait pour plusieurs millions de « dépenses secrètes pour des sommes remises à « des Français. Je veux avoir des idées claires sur « ces affaires. Comme gouverneur-général du « pays (1) et devant liquider le sénat, il faut que « vous sachiez tout. Mon intention est d'obliger « tous les individus qui auraient reçu des sommes « sans mon consentement, à les restituer et d'em- « ployer cet argent à des travaux publics. (2) » Le surplus de cette dépêche est étranger à M. de Bourrienne.

(1) Le territoire anséatique venait d'être réuni à la France, et formait la 32e division militaire, dont le maréchal prince d'Eckmühl avait été nommé gouverneur-général.

(2) Dans une autre dépêche datée du 3 septembre 1811, l'empereur s'exprime ainsi : « Mon cousin, je reçois votre lettre relative aux tripo- « tages du sieur Bourrienne à Hambourg ; il serait important d'avoir des

Le maréchal écrivit donc de nouveau au général Compans, sous la date du 3 janvier 1811 ; sa lettre portée par estafette, arrive le 8 au soir, et à l'instant même, son chef d'état-major lui répond « que c'est une opinion générale que M. de Bour-
« rienne a fait une fortune prodigieuse à Ham-
« bourg..., qu'il serait difficile de la constater ju-
« ridiquement.... qu'il faudrait connaître ce qu'il
« était autorisé à recevoir sur les passeports ou
« certificats d'origine, pour droits de chancellerie ;
« mais que ce ne serait pas le tout, parce que la
« position où se trouvait M. de Bourrienne et l'in-
« fluence qu'il avait dans le pays, sur toutes les
« opérations de commerce, l'ont mis à portée de
« satisfaire sa cupidité sous beaucoup d'autres rap-
« ports......; que du reste ses amis et les indifférens
« conviennent tous qu'il y a fait une fortune très-
« considérable. — Au surplus, monseigneur, ajou-
« te le général, je verrai s'il y a un moyen d'ap-

« lumières sur ce qu'il a fait. Faites arrêter le juif Gumprecht-Moses, faites
« saisir en même temps tous ses papiers et tenez cet individu au secret;
« faites également arrêter quelques autres des principaux agens de Bour-
« rienne pour éclairer ses menées à Hambourg et connaître les dilapi-
« dations qu'il a commises là. Sur ce, je prie Dieu, etc. »

« profondir davantage cette affaire, mais je crois
« que la commission de gouvernement pourrait
« faire à cet égard beaucoup plus que moi. »

Rien ne ressemble moins à une intrigue obscure, à des menées passionnées que la conduite du maréchal dans tout ce qui précède. C'était une affaire de service. Elle fut traitée comme telle, et quand le gouvernement fut organisé à Hambourg, ce fut la police civile qui fut chargée de suivre l'enquête prescrite par l'empereur sur les bénéfices illicites qu'il reprochait à M. de Bourrienne. M. d'Aubignosc, directeur-général de la police, correspondit directement avec le duc de Rovigo, sans l'intermédiaire du maréchal : et comme ce ministre était un ami intime de M. de Bourrienne, ses rapports n'allèrent point à l'empereur, ainsi qu'on le voit dans une de ses dépêches au maréchal, où il lui dit : « Monsieur
« le maréchal, j'ai invité M. d'Aubignosc à mettre,
« sous les yeux de votre Excellence, une lettre que
« je lui ai écrite le 18 novembre (1); dans la-
« quelle je répondais à une quantité de pièces

---

(1) M. de Bourrienne a publié cette lettre comme pièce justificative.

« qu'il m'avait envoyées le 2 du même mois,
« toutes relatives aux affaires de M. de Bourrienne.
« Comme j'ignorais absolument ce qui avait été
« ordonné à cet égard, je ne me suis pas cru
« chargé de rendre compte du résultat des re-
« cherches qui avaient été faites, et ma lettre
« n'avait pour objet que de faire éclaircir plu-
« sieurs assertions avancées comme faits, suspec-
« tées ensuite dans le rapport, et enfin de deman-
« der d'une manière positive ce qui méritait
« confiance ou ce qui n'était que soupçon; car
« enfin, si, comme je le pensais, il m'était de-
« mandé un rapport sur cette affaire, je ne voyais
« rien dans celui qui m'a été envoyé, qui présen-
« tât une opinion définitive.

» Je reponds aujourd'hui à M. d'Aubignosc,
« que je ne lui donne aucun ordre relativement
« à cette affaire, parce que je n'ai reçu aucune
« direction à son sujet.... » Le surplus n'a pas
rapport à M. de Bourrienne.

Certes, si le prince d'Eckmülh l'avait poursuivi, avec cette haine inquiète et malfaisante, dont l'accuse M. de Bourrienne, il aurait profité de la facilité que lui offrait sa correspondance directe avec l'empereur pour suppléer à la tiédeur du ministre de la police. Il ne le fit pas et cependant il avait à se plaindre de M. de Bourrienne qui entretenait à Hambourg une contre-police et qui avait eu le crédit de faire donner une place de confiance à un homme notoirement vendu à l'étranger et que le maréchal dut empêcher d'entrer en fonctions.

Au reste, la police était l'occupation favorite de M. de Bourrienne, si l'on en croit la partie de ses Mémoires relative aux événemens qui précédèrent la restauration : on voit qu'il en avait organisé une pour son compte sur la presque totalité de l'empire. La lettre suivante, toute de la main du duc de Rovigo, prouvera que personnellement c'était un homme précieux dans ce genre.

Paris, le 28 mars 1811.

Monsieur le maréchal,

« Je profite du retour de M. de Bourrienne, qui va à Hambourg chercher sa famille, pour vous écrire. Je vous prie de le recevoir : depuis

« son retour à Paris, il est sous la gêne d'une
« suspicion nullement faite pour un homme dé-
« licat. Je suis étonné que, depuis son installa-
« tion, M. d'Aubignosc n'ait pas trouvé de quoi
« fixer l'opinion que je dois en avoir, et par là, le
« laisse dans une position que ses bons services
« ne lui ont pas méritée ; s'il a pris quelque chose
« illégalement, ou M. d'Aubignosc ne connaît pas
« son métier, ou il doit trouver cela à l'air du
« pavé, d'une ville où il y a eu tant de désordre.
« *Je vous prie, monsieur le maréchal, de le pres-*
« *ser là-dessus,* afin que l'on puisse alléguer des
« griefs positifs ou reconnaître que l'inculpation
« est mal établie.

« *Bourrienne connaît beaucoup le grand-cham-*
« *bellan du roi de Prusse qui doit être, en ce*
« *moment, à Hambourg. Il m'a prévenu qu'il le*
« *verrait : comme leur liaison est ancienne, et que*
« *celui-ci peut prendre l'air d'un mécontent, leurs*
« *visites n'auront rien d'extraordinaire, et vous*
« *pourrez en tirer parti dans la circonstance ac-*
« *tuelle. Il vous informera de ce qu'il lui dira et*
« *lui demandera ce que vous aurez intérêt d'ap-*
« *prendre.*

« Bourrienne est un homme excessivement mal-
« heureux, mais *toujours aussi dévoué à l'empe-*
« *reur* que dans les temps les plus orageux de la
« guerre d'Italie, des intrigues et des différentes
« révolutions politiques, et, sous ce rapport-là
« au moins, vous lui accorderez quelque bienveil-
« lance, j'en suis sûr. Il a été vu et reçu de tout
« le monde, hormis de l'empereur, parce que ses
« affaires ne sont point terminées, et c'est ce qu'il
« demande à tue-tête.

« Agréez, mon cher prince, l'assurance de mon
« sincère et respectueux attachement.

« Le duc de Rovigo. »

M. de Bourrienne fut porteur de cette lettre qui, avec les pièces précédemment citées, réduit à leur juste valeur ses allégations sur la haine que lui portait le maréchal Davout, et sur les dénonciations auxquelles elle donna naissance. Quant à l'histoire de la lettre écrite par un misérable pour le compromettre, il s'est chargé de la réfuter lui-même en publiant comme pièce justificative, une longue dépêche du duc de Rovigo au prince d'Eckmühl, où le fait est expliqué de manière à prouver que le maréchal y était totalement étranger et que c'était une manœuvre d'un de ces innombrables intrigans qui fourmillaient à Hambourg et dans les pays environnans. Ce n'était pas la peine de prendre un ton si solennel et de défier un démenti, pour se le donner soi-même à la fin d'un autre volume. Au surplus, le maréchal était très-fatigué de ces menées de M. de Bourrienne dans son gouvernement : il finit même par s'en plaindre à l'empereur qui lui répondit de Dresde, le 30 juin 1813 :

« Mon cousin, je reçois votre lettre du 27 juin ;
« j'ai fait donner l'ordre positif au sieur Bourrienne
« de cesser toute espèce de correspondance avec
« Hambourg. Mon ordre lui sera signifié d'ici au
« 5 juillet. Si passé cette époque, il écrivait encore,
« je désire que vous me le fassiez connaître afin
« que je puisse le faire arrêter. Tâchez de décou-
« vrir toutes les friponneries de ce misérable, afin
« que je puisse lui faire restituer ce qui ne lui ap-
« partient pas. Sur ce, je prie Dieu, etc. »

Ce qui prouve que le maréchal avait raison de se défier de ces correspondances, c'est que M. de Bourrienne nous apprend que, l'année suivante, quand il fut présenté au feu roi Louis XVIII, Sa Majesté le remercia des services qu'il lui avait rendus à Hambourg.

Pour satisfaire sa haine contre le prince d'Eckmühl, M. de Bourrienne le représente comme un nouveau Verrès, qu'il veut *traîner*, dit-il, *aux gémonies de l'histoire*. Il aurait pu se dispenser de réveiller des calomnies qui furent confondues en 1814, par le Mémoire justificatif du maréchal, et qui depuis ne se sont plus renouvelées. Le maréchal a survécu neuf ans à la défense de Hambourg ; il n'était plus entouré de ce pouvoir, de ce crédit qui pouvaient étouffer la plainte ; cependant nulle réclamation ne lui a été adressée de la part de ses prétendues victimes. L'opinion des honnêtes gens a fait justice des déclamations de la haine ou de l'envie, et il est demeuré constant que les maux soufferts par la ville de Hambourg ont été la conséquence inévitable de la guerre et et du siége, et non du caractère du gouverneur. Par exemple, quel fut le plus cruel ou du général assiégé, qui, d'accord avec les lois de la guerre, chassa de la place les bouches inutiles qui ne s'étaient pas approvisionnées, ou du général *allié* et *libérateur*, qui repoussa de force ces malheureux sans pain et sans asile, sur les glacis de la place. Mais ne revenons pas sur une question déjà jugée; ne prenons pas non plus la peine de réfuter les calomnies relatives aux cruautés, aux profanations, aux vols sacriléges commis par les troupes, lors de la réocupation de Hambourg, en 1813. M. de Bourrienne n'était pas sur les lieux, il a emprunté ces détails absolument controuvés à un des nombreux libelles allemands, publiés dans l'effervescence de la réaction germanique. Ces faits sont démentis par la discipline que le maréchal sut toujours maintenir dans son armée. Si malheureusement ils avaient été vrais, pour l'honneur du nom français, c'eût été, pour ainsi dire, un devoir d'en étouffer le souvenir : mais ce n'est pas ainsi que raisonne la haine; au reste, M. de Bourrienne est si mal instruit et écrit si légèrement sur ce qui concerne Hambourg à cette époque, qu'il fait tuer sous les murs de cette ville le général comte Vandamme, qui, grâce à Dieu, est encore plein de vie et de santé.

M. de Bourrienne s'efforce de souiller tout ce qui, portant le nom français, a le malheur d'approcher le maréchal Davout : officiers, soldats, tout est calomnié pour avoir l'occasion d'attaquer leur chef. On lit (tome VIII, pag. 371): « Dès le « premier dimanche qu'il passa à Hambourg, le « prince d'Eckmühl réunit les officiers qui for- « maient son entourage; malgré le prestige d'hon- « neur, si justement attaché aux épaulettes, il « essaya de les transformer en inquisiteurs de l'o- « pinion, il leur prescrivit de s'introduire dans « les maisons et de lui rendre compte de ce que « faisaient, disaient ou pensaient les habitans. La « presque totalité des officiers furent indignés du « rôle que le maréchal voulait leur faire jouer, et « plusieurs d'entr'eux vinrent chez madame de « Bourrienne pour la prévenir de se méfier de « *ceux auxquels l'aveuglement de la soumission* « *aux volontés du chef ne permit sans doute pas* « *de voir ce qu'il y avait de dégradant dans ces* « *ordres.* »

Copier ces infamies, c'est les réfuter, car il ne tombe pas sous le sens qu'en pleine paix, lors-qu'on n'a rien à craindre, on donne de pareils or-dres, et à qui? A des généraux, modèles d'hon-neur, qui tous devaient leur grade à un mérite éprouvé; à des officiers que leur caractère, leur éducation, leur bravoure rendaient incapables du vil métier qu'on aurait osé leur proposer. Le sort des batailles en a respecté; ils vivent pour démentir M. de Bourrienne; plusieurs ont témoigné hautement le désir de le réfuter, et l'un d'eux, M. le lieutenant-colonel marquis de Fayette, a repoussé avec indignation cette calomnie dans une petite brochure qu'il a publiée à l'occasion des Mémoires de M. de Bourrienne. Au reste, il n'est pas étonnant que l'homme qui s'était chargé d'un si singulier rôle auprès du grand-chambellan du roi de Prusse, prête à un maréchal de France le projet de transformer son état-major en une bande d'espions de police.

Nous n'avons pas entrepris de réfuter en forme toutes les imputations calomnieuses de M. de Bourrienne contre le prince d'Eckmühl; c'est une tâche qui exige des développemens et des détails qui trouveront mieux leur place dans les Mémoires laissés par le maréchal et qui doivent être un jour publiés par son fils; mais nous en avons dit assez pour prouver que les allégations de M. de Bourrienne ne sont que des fables, qui, ne reposant sur aucun document, aucune preuve officielle, n'ont d'autre autorité à invoquer que la mémoire souvent fautive ou l'imagination passionnée de l'auteur; il s'est volontairement engagé dans une lutte dangereuse qui ne peut que tourner contre lui en réveillant de fâcheux souvenirs. Quant au maréchal Davout, sa mémoire n'a rien à craindre des investigations dont sa conduite privée ou publique peut être l'objet. Après d'immenses commandemens, conservés pendant près de quinze années consécutives; il peut dire hautement :

Examinez ma vie, et voyez qui je suis.

M. de Bourienne conviendra avec nous qu'il y a beaucoup de gens qui ne se soumettraient pas à une pareille épreuve.

Le prince d'Eckmühl,
Pair de France.

Savigny, 26 juin 1830.

OBSERVATIONS

SUR LES AFFAIRES DE SAINT-DOMINGUE.

A Monsieur A. B.

Voici mes dernières observations sur les Mémoires de M. de Bourrienne. Elles ne sont faites, ainsi que vous le verrez plus bas, que sur la partie de cet ouvrage qui concerne l'expédition de Saint-Domingue. Je me suis donc renfermé dans le cercle que je m'étais tracé à l'avance. Dans le peu de pages qu'il a écrit sur cette expédition, M. de Bourrienne a soulevé d'importantes questions, prononcé des jugemens toujours sévères et souvent injustes. Il était donc utile, dans l'intérêt de l'histoire et dans celui des individus attaqués par l'auteur, de rétablir les faits selon la vérité, et redresser les jugemens iniques portés sur quelques personnages. Il y a tant de gens qui n'ont point de souvenirs pour les bienfaits qu'ils ont reçus, et qui regardent l'amitié comme une chose passagère, que j'ai voulu ne pas augmenter le nombre des détracteurs, en m'empressant de présenter au public la vérité dans tout son jour. En repoussant des attaques faites avec partialité contre le général Leclerc, je satisfais à la justice qui lui est due, en même temps que je rends un hommage mérité à sa mémoire qui me sera toujours chère.

1° 4me volume, page 308.

« Je reviens à la fin de 1801, époque de l'expé-
« dition contre Saint-Domingue. Lorsque le pre-
« mier consul m'eût dicté pendant une nuit pres-
« que entière les instructions pour cette expédition,
« il fit venir le général Leclerc, et lui dit en ma
« présence : Tenez, voilà vos instructions, vous
« avez une belle occasion de vous enrichir; allez
« et ne me fatiguez plus de vos éternelles demandes
« d'argent. »

Des trois personnages présens à cette conversation, un seul est encore existant, c'est M. de Bourrienne. Je ne puis donc qu'en appeler à ses souvenirs; malgré mon désir de le croire, je ne saurais me défendre d'un doute sur la sincérité de son assertion; sa mémoire l'aura encore mal servi cette fois, elle me met dans la nécessité d'entrer de nouveau dans la lice, comme défenseur d'un homme qui fut mon chef et eut de l'amitié pour moi. J'agis dans cette occasion comme le feraient ses frères s'ils étaient encore vivans. D'ailleurs, l'attaque est trop vive, elle est faite avec trop d'amertume, le caractère honorable du général Leclerc est présenté au public d'une manière trop contraire à la vérité, pour qu'une réponse prompte et négative n'y soit pas faite. Qui peut croire qu'un langage si dur, si insultant a été tenu par le général Bonaparte, et a pu être entendu de sang-froid par son beau-frère?

Certes, ceux qui ont connu le général Leclerc pendant sa carrière politique et militaire, ceux qui l'ont approché à Saint-Domingue, ont conservé de lui un souvenir tout différent de son désintéressement et de sa probité. Personne plus que lui ne devait être à l'abri d'une pareille accusation; sa vie a été sans tache; et, quant à sa fortune, sa veuve, qui montra tant de courage lors de l'attaque du Cap, ne rapporta de Saint-

Domingue qu'une profonde affliction et la dépouille mortelle de son époux. Les officiers employés près de lui savent très-bien que son commandement fut tellement désintéressé à Saint-Domingue qu'il n'augmenta nullement sa fortune; et j'affirme ici que, si j'en appelais à leur souvenir, ils s'empresseraient de se joindre à moi pour déclarer qu'il n'y eut jamais, dans un commandement supérieur, d'homme plus pur, plus probe. J'aurais quelque satisfaction à obtenir de leur part quelque déclaration; mais je laisse ce soin à ceux de ses parens qui croiraient qu'il est indispensable, pour la mémoire du capitaine-général de Saint-Domingue, de la demander et de la rendre publique; ils n'ont qu'à la provoquer, et je joindrai volontiers ma réclamation à la leur.

2° 4ᵉ volume, page 308.

« L'amitié que Bonaparte avait pour sa sœur
« Pauline, entrait pour beaucoup dans cette large
« manière d'enrichir son mari. »

Le premier consul avait alors assez de puissance pour enrichir son beau-frère d'une manière plus sûre et surtout moins dangereuse. Il était donc inutile d'envoyer le général Leclerc à Saint-Domingue à la tête d'une armée qui devait combattre dans un pays où les chances de la guerre pouvaient lui être défavorables, et où le climat le plus meurtrier détruit avec tant de rapidité tous les individus qui arrivent d'Europe. Il eût suffi à cette époque au chef du gouvernement de lui donner un aure commandement, si l'intention du premier consul avait été seulement de faire la fortune précuniaire de son beau-frère. Il savait mieux que personne que Leclerc n'était pas un homme à y consentir. C'est véritablement donner au public une bien fausse idée du gouvernement consulaire, que de lui dire que son chef était un homme à sacrifier les intérêts de la France à ceux d'une sœur qu'il aimait beaucoup. Je suis convaincu que le général Bonaparte ne donna le commandement de l'expédition de Saint-Domingue au général Leclerc, que parce qu'il lui avait reconnu un caractère honorable et les talens nécessaires pour remplir dignement et convenablement un emploi si difficile et dangereux.

3° 4° volume, page 308.

« Les instructions remises à Leclerc prévoyaient

« tout, mais il était pénible de voir que le choix
« d'un des plus jeunes généraux de l'armée ne
« pouvait pas laisser d'espoir sur le succès de l'en-
« treprise. Il est à croire qu'aucun autre motif n'a
« déterminé le premier consul, que le désir de se
« débarrasser, en lui procurant le moyen de s'en-
« richir, d'un beau-frère qui avait le talent de lui
« déplaire souverainement. »

J'ai eu en ma possession ces instructions, j'ai été moi-même obligé de les consulter, lorsqu'après la mort du général Leclerc, j'eus pris, par intérim, le commandement en chef de la colonie, en attendant l'arrivée au cap du général Rochambeau qui résidait au Port-au-Prince. Je puis donc certifier qu'elles étaient bien incomplète. Je laisse M. le général Pamphile-Lacroix, auteur d'un excellent ouvrage sur Saint-Domingue, exprimer son opinion sur ces instructions; je la partage entièrement. Voici ce qu'il dit à la page 60 du deuxième volume :

« Le premier consul, dont l'activité voulait
« tout surveiller, et tout diriger, avait fait dresser
« dans son cabinet particulier, par d'anciens fonc-
« tionnaires de la colonie, les instructions se-

« crêtes qui devaient régler la conduite politique
« et militaire de la nouvelle expédition : il en avait
« prescrit et arrêté les détails avec l'assurance
« d'un général habitué jusqu'alors à commander
« aux élémens et à maîtriser la fortune. Ces ins-
« tructions contenaient de vieilles idées, une ma-
« nie aveugle faisait alors saisir une avidité ce
« qui était présenté par des hommes d'autrefois.
« Ceux consultés par le premier consul croyaient
« les noirs ce qu'ils les avaient laissés. Ils ne se
« doutaient pas que dix ans de révolution avaient
« été pour eux dix siècles d'existence civile, er-
« reur funeste dont on verra incessamment les
« déplorables résultats. »

Même volume, page 62.

Plus loin, dans le même ouvrage, le général Pamphile Lacroix ajoute sur ces instructions, les réflexions suivantes :

« Jamais entreprise ne déploya plus de forces
« navales sous d'aussi mauvaises directions ; les
« rendez-vous de mer semblaient n'avoir été
« donnés que pour retarder et annoncer l'expé-
« dition.

« D'abord les escadres qui sortaient des ports

« de l'Océan, avaient ordre de se réunir dans le
« golfe de Gascogne où il est facile de s'affaler.

« Le second rendez-vous était aux îles Cana-
« ries, trop au sud de notre route directe.

« Enfin le troisième était au cap Samana à la
« tête de l'île Saint-Domingue où les vents d'est
« sont constans et impétueux, et où, pour ne pas
« dérosser à l'ouest, il faut sans cesse lutter contre
« le vent, les courans et la lame. Il est peu de
« vaisseaux qui résistent à ses efforts.

« Le temps que les escadres perdirent à se
« chercher ou à s'attendre dans les deux premiers
« rendez-vous, fit que le rendez-vous général de la
« flotte au cap Samana dura plusieurs semaines.

« L'effet moral d'une apparition subite fut
« manqué, tandis que, si toutes les escadres
« avaient eu pour rendez-vous une des îles du
« vent (indépendamment de l'avantage qu'il y
« avait de montrer en grand nombre notre pa-
« villon à l'Archipel des Antilles), il eût été facile
« étant au vent, et en mettant des embargos, de
« tomber à l'improviste sur Saint-Domingue, et
« de profiter des avantages que donnent la sur-
« prise et la spontanéité.

« On fit tout le contraire, la crise eut le temps « de fermenter. »

Le général Pamphile Lacroix, occupait dans l'armée le grade de général de brigade; il fut à même de juger sur les lieux les événemens qui se passèrent à Saint-Domingue, et, ces instructions qui lui furent communiquées lorsqu'il écrivait son ouvrage, motivent parfaitement son opinion, et lui donnent un grand poids. Aussi est-elle adoptée par la plupart des personnes qui étaient comme lui employées dans les postes supérieurs, et qui ont pu suivre avec attention la marche des événemens. Ces véritables juges de la cause ont facilement reconnu que, bien loin de tout prévoir, ces instructions étaient en partie inexécutables, et que, si elles eussent été suivies, elles auraient amenés encore plus de malheurs que ceux qui accablèrent la colonie. Les généraux qui se succédèrent dans le commandement de l'armée de Saint-Domingue furent obligés de s'en écarter, malgré le vif désir qu'ils avaient d'obéir aux ordres qu'ils avaient reçus. On peut s'en convaincre en lisant la correspondance des généraux Leclerc et Rochambeau et celle des hauts fonctionnaires de l'administration avec le premier consul et le ministre de la marine. Il est donc injuste, déraisonnable de rejeter sur le compte du général Leclerc toutes les fautes qui se commirent à Saint-Domingue, et les malheurs qui s'en suivirent.

A l'époque où ces instructions furent rédigées à Paris, l'homme qui devait être essentiellement consulté fut à peine entendu. Cet officier était le chef de brigade Vincent, que Toussaint-Louverture avait envoyé auprès du premier consul pour lui faire des communications importantes. Il était depuis peu en France, et connaissait parfaitement la situation de la colonie, aux destinées de laquelle il avait depuis long-temps fait le sacrifice de son repos. On lui parla de l'intention où l'on était de faire l'expédition de Saint-Domingue, des moyens qu'on voulait employer pour la tenter; il ne fut pas satisfait de ce qui lui fut dit à ce sujet; les observations qu'il fit déplurent; on ne voulut point croire à ses prédictions qui malheureusement s'accomplirent; on eût de l'humeur contre lui; en définitive, il fut éconduit, et ne fut pas même employé dans l'armée destinée à faire rentrer Saint-Domingue dans l'obéissance.

Le premier consul avait trop à cœur de faire rentrer Saint-Domingue dans le devoir, et désirait trop le succès de l'armée, pour laisser penser que, s'il n'eût reconnu à son beau-frère les talens et la capacité de bien remplir l'emploi de général en chef, il lui eût confié ce commandement. Le général Leclerc n'était ni *un des plus jeunes généraux*, ni un des plus nuls de l'armée. Lors des brillantes campagnes de Bonaparte en Italie, il remplit succesivement les emplois d'adjudant-commandant, sous-chef d'état-major de l'armée et de général de brigade. Au départ du général Bonaparte d'Italie pour le congrès de Rastadt, le général Berthier fut nommé général en chef de l'armée. Leclerc devint son chef d'état-major. Plus tard, le directoire lui confia le commandement supérieur dans Lyon avec des pouvoirs extraordinaires, et le ministre de la guerre lui écrivait à ce sujet : « Dans tous les cas, vous êtes « toujours sûr de mon approbation ; n'êtes-vous « pas de ce petit nombre auquel on peut confier, « sans inconvénient, les pouvoirs les plus illimités ? » Le directoire fut très-satisfait de la conduite du général Leclerc, qui sut remplir son mandat avec une rare dextérité. Lors du 18 brumaire, il était du petit nombre des généraux qui, admis à la confiance particulière du général Bonaparte, contribuèrent puissamment au succès de cette journée.

Promu au grade de général de division le 3 décembre 1799, on l'envoya à l'armée du Rhin où il commanda la 2ᵉ division du centre, sous les ordres du général en chef Moreau. Il se distingua à l'affaire de Landshut; peu de temps après, un armistice eut lieu, Leclerc fut appelé à des fonctions plus importantes : investi du commandement supérieur des 17ᵉ, 18ᵉ et 19ᵉ divisions militaires, il contribua essentiellement à la marche et à la disposition des forces rassemblées par le gouvernement pour faire une seconde campagne. Après avoir rempli cette mission si heureusement, il passa au commandement en chef du corps d'observation de la Gironde, qui devait obliger le Portugal à renoncer à l'alliance de l'Angleterre. Il quitta cette armée pour recevoir du premier consul le commandement en chef de l'expédition de Saint-Domingue. Leclerc n'était donc pas un si nouveau général que l'auteur des Mémoires le prétend Pour sa nullité affirmée par le même, il me suffira de faire connaître au public le jugement que son beau-frère porta de lui lorsqu'il apprit sa mort ; il s'écria : « J'ai perdu mon bras droit ! »

Quant à cette manie que M. de Bourrienne a de vouloir persuader à ses lecteurs que le motif qui détermina le premier consul à lui donner le commandement de l'armée de Saint-Domingue, fut de procurer à son beau-frère les moyens de s'enrichir, ce qui pourrait faire croire que ce général avait un amour passionné pour l'argent, je vais y répondre par le récit d'un fait qui se passa sous mes yeux.

Lors de l'expédition de Rome, qui eut lieu après la mort du général Duphot, assassiné par les soldats du pape, le général Leclerc était chef d'état-major de l'armée française. Dans cette occasion, son austère probité lui valut un témoignage bien satisfaisant. On sait que, quelques jours après l'entrée des Français dans la ville de Rome, l'armée offrit un exemple d'insubordination bien dangereux, et qui heureusement depuis ne s'est pas renouvelé : les officiers des corps composant cette garnison s'assemblèrent, malgré leurs chefs, dans l'église du Panthéon, où ils rédigèrent une adresse, dans laquelle ils exposaient au directoire les griefs qui les forçaient à s'assembler illégalement. Ces prétendus griefs leur servaient de prétexte pour dénoncer des dilapidations imaginaires, commises par des généraux et des agens des finances, depuis l'entrée de l'armée dans les Etats romains. Par ce factum, on accusait ces chefs militaires et civils de s'être approprié, à son détriment, les immenses ressources trouvées dans les États nouvellement conquis. Une députation de cette assemblée insurrectionnelle fut chargée de présenter au général en chef cette audacieuse pétition, par laquelle on lui demandait avec hauteur l'éloignement des dilapidateurs qui s'y trouvaient signalés. Le général Leclerc, qui était chef de l'état-major de cette armée, ne fut atteint par aucune plainte; pas un seul reproche ne lui fut adressé par les officiers du comité insurrecteur. Il reçut d'eux, au contraire, les marques les plus expressives de leur profond respect pour sa personne, et tous applaudirent unanimement à la conduite loyale et désintéressée qu'il avait eue depuis l'entrée de l'armée dans les États romains. J'étais à Rome alors, j'y remplissais les fonctions provisoires de commissaire-ordonnateur, et je tenais la plume dans le conseil assemblé chez le général en chef, lorsque cette députation s'y présenta. Je puis attester, comme pourraient le faire au besoin les généraux Marchand et Belliard, employés à l'armée de Rome, à la même époque, que le général Leclerc, dans une circonstance aussi délicate, fut traité par les officiers porteurs d'une déclaration aussi sévère, avec tous les égards dus à un officier-général, sur lequel on ne pouvait faire peser aucun tort. Ces mêmes officiers n'eurent pas autant d'égards pour plusieurs des camarades de ce général. Aussi le premier consul, en donnant le commandement de Saint-Domingue au général Leclerc savait que sa probité était à l'abri du moindre soupçon.

M. de Bourrienne assure de plus, ainsi qu'on le voit dans le paragraphe que j'ai cité, que le général Leclerc avait le talent de déplaire souverainement à son beau-frère. Nous opposerons à l'insultante assertion de l'auteur, les regrets que donna le premier consul à la mémoire du général

Leclerc lorsqu'on lui annonça sa mort ; ce sont là des preuves évidentes du contraire, et certes si l'on consultait à cet égard les frères de Napoléon, ils diraient, comme moi, que leur beau-frère fut aimé et estimé par le général Bonaparte.

4° Quatrième volume, page 309.

« Ces raisonnemens, que je lui répétais souvent,
« l'ébranlaient; il les approuvait; mais cet inconcevable empire qu'avaient pris sur lui les mem-
« bres de sa famille, le dominait toujours. »

La vie entière du général Bonaparte prouve toute l'exagération de l'opinion de M. de Bourrienne, sur l'empire prétendu qu'exerçaient les membres de cette famille, sur le caractère de leur chef. Les faits sont là pour démentir un tel assujétissement. Je suis loin de dire qu'il n'était pas bon parent, qu'il n'aimait pas sa famille; bien loin de là, je suis persuadé qu'il avait une véritable affection pour tous ceux qui la composaient : nous l'avons vu respectueux avec sa digne mère, la chérissant, amical pour ses frères, bienfaisant pour ses autres parens; voilà les qualités privées que présentait le général Bonaparte envers sa famille. Mais lorsqu'il s'agissait des grands intérêts de la France, toute considération particulière s'effaçait en présence des obligations importantes auxquelles il se croyait imposé; il ne voyait plus que la gloire de la patrie et son agrandissement. Alors les sacrifices ne lui coûtaient rien; et sa famille, comme les autres citoyens de la France, devaient, à son avis, concourir aux mêmes charges et aux mêmes sacrifices. On peut juger de sa détermination à cet égard, par la conduite qu'il tint envers son frère Lucien, et par celle qu'il suivit également, lors de l'avènement de son frère Louis au trône de Hollande, et plus tard par l'abandon auquel il le força pour les intérêts de la France. Je pourrais multiplier les exemples, mais l'histoire est là pour répondre victorieusement.

Lors de l'avènement de Napoléon à l'empire, M. de Bourrienne n'était plus attaché à sa personne; son jugement n'est donc pas infaillible et irrévocable; on peut en appeler à celui de la personne qui le remplaça et à celles qui furent employées depuis près de l'empereur, qui, par conséquent, ont été plus à même que l'auteur de connaître ce qui se passa entre Napoléon et sa famillé, et de juger de l'empire qu'elle avait sur lui à l'époque de sa grande élévation. Je m'en rapporterai donc plus volontiers au témoignage de ces confidens privés, qu'à celui d'un homme irrité de sa disgrace, et qui souvent juge son ancien ami avec tant de partialité et d'injustice.

5° Quatrième volume, page 309, parlant de l'expédition de Saint-Domingue :

« Cette entreprise, enfantée presque subite-
« ment et un peu par mauvaise humeur, après
« des préliminaires captieux et incertains, me pa-
« rut une grande faute : je ne trouvai personne
« dans ce temps qui en augurât bien; il y avait
« cent à parier contre un que l'issue en serait fu-
« neste. »

Quand une entreprise n'a pas été heureuse, il se présente presque toujours des soi-disant prophètes qui assurent en avoir prévu l'issue. M. de Bourrienne, par ses nombreuses prédictions, mérite bien l'honneur de figurer à la tête des nécromanciens politiques; car, à l'entendre, il a toujours tout prévu, toujours donné de sages conseils, et s'il a la modestie de ne pas affirmer tout haut qu'il a été l'homme d'État le plus parfait de son époque, c'est qu'il espère que ses lecteurs ne manqueront pas de se *le dire à eux-mêmes*. Deux choses dominent dans son ouvrage; en le lisant elles m'ont vivement frappé. La première est l'appel continuel qu'il fait à l'opinion des personnages qui ont cessé d'exister, mais que néanmoins il ramène sans cesse sur la scène, et auxquels il prête un langage qui lui est toujours favorable. La seconde, c'est le jugement certain qu'il a porté à l'avance sur l'issue des événemens malheureux.

A l'époque où l'expédition de Saint-Domingue fut décidée, on était en France d'une opinion toute différente de celle qu'il émet sur l'issue qui l'attendait. Qu'on veuille bien se reporter au moment où cette entreprise fut arrêtée ; on verra qu'alors l'opinion générale lui était favorable, l'on était même dans une telle persuasion sur sa réussite que, lorsqu'il fut question de la composition de l'armée, on accourait chez les ministres pour demander à être employé. Les généraux, les officiers de tout grade et de toute arme se succédaient chez celui de la guerre, et le priaient avec instance de les comprendre dans l'organisation.

Le premier cousul était lui-même accablé de sollicitations, et ne savait plus à qui entendre. Tous les généraux les plus distingués réclamaient avec chaleur des commandemens. Le ministre de la marine était dans la même position que celui de la guerre. Il était assailli de demandes, non-seulement pour des emplois dans la marine, mais aussi pour les places qui étaient à sa nomination dans les différentes administrations de la colonie. Tous les colons réfugiés en France voulaient accompagner nos soldats, tant ils avaient l'espoir que leur valeur, secondée par les bonnes dispositions du chef qu'on leur avait donné, aurait bientôt reconquis la colonie où ils seraient remis en possession de leurs habitations. La meilleure réponse, au surplus, à faire à **M.** de Bourrienne est de l'engager à aller examiner avec attention et scrupuleusement dans les archives des différens ministères, les nombreuses demandes d'emplois faites à l'occasion de l'expédition de Saint-Domingue, et les nombreuses félicitations que reçut alors le chef du gouvernement, sur sa volonté de faire rentrer la colonie dans l'obéissance. Je puis joindre à toutes ces preuves l'opinion manifestée par tout le commerce de France qui faisait lui-même ses préparatifs pour suivre les mouvemens de notre armée et profiter des chances qu'elle pourait lui offrir.

6° Quatrième volume, page 310.

« L'expédition de Saint-Domingue est une des « plus grandes fautes qu'ait commises Bonaparte. « Tous ceux qu'il consultait, l'en dissuadaient. »

Ce n'est pas ici la place de traiter la question de savoir si le premier consul a eu tort ou raison d'entreprendre aussi promptement l'expédition de Saint-Domingue; une discussion semblable serait de trop longue haleine; des considérations importantes, des citations sans nombre demanderaient un développement trop étendu pour être présenté dans une simple lettre; aussi je me vois dans la nécessité de renvoyer les lecteurs de M. de Bourrienne ainsi que les miens, à la lecture des ouvrages qui ont paru depuis sur cette expédition, s'ils veulent en connaître les particularités, et ainsi se former une opinion éclairée sur cette grave question. Ne devant donc pas m'occuper de la première partie de ce paragraphe, je ne répondrai pour le moment qu'à la dernière partie de la phrase de M. de Bourrienne citée plus haut, savoir : « que tous ceux que le « général Bonaparte consultait sur l'expédition, « cherchaient à le dissuader de l'entreprendre. »

Malgré la répugnance que j'ai à me mettre en scène, et la défiance où j'ai toujours été sur mes notions, quelques sûres qu'elles puissent être sur les événemens d'alors, je vais cependant essayer de faire connaître au public les faits tels qu'ils se sont passés sous mes yeux, faits auxquels j'ai participé, et lui présenter des éclaircissemens qui le mettront à même de juger l'assertion de M. de Bourrienne.

Placé dans cette circonstance à la tête de l'administration de l'armée par le premier consul, en qualité de commissaire-ordonnateur en chef, je puis donner tous les détails des mouvemens qui précédèrent le départ de l'expédition. A raison de mes fonctions, j'eus l'honneur à cette époque de voir plusieurs fois le premier consul et souvent les ministres, pour recevoir leurs instructions. J'avais des conférences fréquentes sur l'expédition qu'on allait entreprendre; ma mémoire me sert assez bien, pour me rappeler tout ce qui me fut dit. J'ai le souvenir très-présent des nombreuses félicitations que je reçus sur ma nomination. Je remarquai surtout avec plaisir l'accord unanime qui se manifestait chez tous les hommes en place, et chez tous les généraux les plus distingués de l'armée que je voyais habituellement, et parmi lesquels plusieurs avaient pour moi une véritable et sincère amitié, pour augurer favorablement du résultat de l'entreprise que l'on était à la veille de faire sur Saint-Domingue. Je fus complimenté et félicité de bon cœur, par beaucoup d'entr'eux, sur l'avantage que j'avais d'être le chef de l'administration d'une armée qui était appelée à faire rentrer dans l'obéissance et à rétablir l'ordre dans la plus belle et la plus importante de nos colonies. Dans le nombre des personnes dont je reçus les vœux et les complimens, je ne dois pas oublier M. de Bourrienne, lui dont l'opinion se trouve ici en contradiction avec la mienne, mais qui n'en daigna pas moins me féliciter vivement, me témoigner avec cette amitié qu'il avait alors pour moi, tout l'intérêt qu'il prenait à ma nouvelle position. Je n'ai point oublié qu'il occupait alors un emploi, qui le mettrait à même de mieux connaître que personne l'opinion que le premier consul pouvait avoir de mes services, et qu'il voulut bien me la faire connaître.

Je me souviens aussi parfaitement que tout le commerce de France attendait avec impatience le départ de cette expédition; je reçus alors, de beaucoup de bons négocians, des propositions pour l'approvisionnement de l'armée et la promesse d'envoyer à Saint-Domingue, pour les besoins de ce pays et pour ceux de nos soldats, des bâtimens chargés de tout ce qui serait nécessaire. Ce que j'avance est tellement vrai, que peu de temps après notre débarquement, les bâtimens marchands français arrivèrent en grand nombre, chargés, non-seulement de ce qui était utile pour le service de l'armée et les besoins des habitans de la colonie, mais encore d'une quantité d'objets dont on pouvait se passer. Et ce qui prouve de plus en plus qu'on espérait en France, soit dans le gouvernement, soit dans les villes de commerce, que la conquête de Saint-Domingue ne serait nullement douteuse, c'est que les envois d'hommes de la part du premier et les armemens mercantiles des secondes ne cessèrent qu'au moment où la guerre avec l'Angleterre fut déclarée. Jusqu'à cette fâcheuse époque, l'armée avait reçu de nombreux renforts, et on avait vu arriver dans les ports de la colonie un bon nombre de bâtimens marchands venant de ceux de France.

Ne cherchons point à assigner d'autres causes à la non-réussite de l'expédition de Saint-Domingue que les deux suivantes : La première, ce fut l'effrayante *fièvre jaune* qui détruisit en si peu de temps une armée si brave, si nombreuse, qui, en moins de dix-huit mois, perdit plus de vingt officiers-généraux ou adjudans-généraux, quinze cents officiers, sept cent cinquante officiers de santé, trente-cinq mille soldats, huit mille matelots de la marine militaire et marchande, deux mille employés civils, trois mille blancs venant de France. Quand on pense que, sur cette masse effrayante, à peine quatre mille hommes avaient été tués dans les combats, ou étaient morts de leurs blessures, on dira avec nous qu'il serait difficile de trouver dans l'histoire moderne l'exemple d'une destruction aussi rapide et aussi grande, en raison du temps et du nombre. La seconde cause fut tout simplement la déclaration de guerre avec l'Angleterre, qui, dès qu'elle fut connue dans la colonie, fit évanouir jusqu'à la moindre espérance de faire rentrer les nègres dans l'obéissance et de les y maintenir.

7° Quatrième volume, page 311.

« Toussaint montra assez d'habileté, mais avant
« que le climat et ses ravages, avant que le temps
« eût diminué l'armée française, Toussaint fut
« hors d'état de résister à une armée fraîche,
« nombreuse et aguerrie. Il capitula et se retira
« dans une plantation dont il ne pouvait sortir
« sans une permission de Leclerc. »

L'habileté pour la guerre a été une qualité que les hommes les plus à même d'en juger ont toujours refusée à Toussaint-Louverture. Si ce chef noir eût été aussi grand général qu'il fut habile chef de gouvernement, avec une armée comme celle qu'il avait à sa disposition, au moment du débarquement de l'armée française, il aurait pu faire une campagne mieux combinée, une résistance plus opiniâtre et moins désastreuse pour son parti. Ce général noir avait sous ses ordres, pour combattre les Français, une armée de 20,000 hommes, bien disciplinés, aguerris et ne redoutant en aucune manière les effets du climat. Ajoutez, que depuis dix ans cette armée combattait pour sa liberté et pour celle du pays qu'elle occupait. Elle avait montré du courage, et ses généraux avaient acquis de l'expérience, dans la guerre qu'ils soutinrent contre les Anglais, qui étaient parvenus à envahir une partie de la colonie, d'où ils finirent enfin par les chasser. En outre, Toussaint avait à sa disposition beaucoup d'argent, et exerçait un ascendant inconcevable sur toute la population noire. Trente mille cultivateurs étaient armés, la plupart étaient au fait de la guerre; ils montrèrent surtout du courage et de la résolution, lorsque l'armée de ligne noire fut en partie détruite. Le général Toussaint-Louverture, après une campagne qui fut aussi désastreuse pour lui, que glorieuse pour le général Leclerc, se décida à capituler; il obtint du général français la permission de se retirer dans le domaine d'Ennery. Comme on savait que cette retraite forcée n'était due qu'à l'impuissance où il se trouvait de pouvoir encore alimenter la guerre, et continuer à tenir la campagne, on ordonna aux généraux Brunet et Thouvenot de surveiller un homme qui n'avait pas cru devoir accepter l'offre du général Leclerc qui voulait le placer dans les rangs de l'armée, comme général de division; il avait nécessairement une arrière-pensée, et attendait du temps et des événemens une occasion favorable pour reprendre de nouveau les armes.

5° Quatrième volume, page 311.

« Un prétendu projet de conspiration de la part « des Noirs, donna lieu d'accuser Toussaint: il « fut pris et envoyé en France. »

M. de Bourrienne se trouve ici en parfaite contradiction avec les historiens les plus accrédités parmi ceux qui ont écrit sur l'expédition, et d'une opinion entièrement contraire à celle de toutes les personnes initiées dans les affaires et présentes à Saint-Domingue à l'époque où Toussaint fut enlevé et embarqué pour la France. Le général Pamphile-Lacroix, un des plus judicieux de ces écrivains, assure positivement que Toussaint-Louverture, en demandant à se retirer dans le canton d'Ennery, n'avait eu pour but que celui d'attendre que l'armée française fût anéantie par cette fièvre jaune qui, en effet, sembla être l'auxiliaire de ce chef noir, et venir le seconder dans le projet qu'il avait de reprendre les armes au mois d'août, saison la plus avantageuse aux nègres pour tenir la campagne et la plus désastreuse pour les blancs. On était donc resté en méfiance contre lui; la police de Leclerc était active contre Toussaint; elle intercepta deux lettres qu'il adressait à son aide-de-camp Fontaine, resté son agent secret au Cap. L'une était ainsi conçue:

Dans d'autres lettres, qui furent également interceptées, Toussaint s'exprimait encore avec moins de réserve; il s'emportait en invectives contre les généraux Christophe et Dessalines et contre tous ceux qui l'avaient abandonné. Il était enchanté d'apprendre que la Providence venait enfin à son secours (la Providence est le nom d'un des principaux hôpitaux du Cap); il demandait combien on faisait par nuit de voyages à la Fossette (lieu où l'on porte pendant la fièvre jaune les morts pour les brûler dans la chaux vive); surtout il recommandait de le prévenir dès que le général Leclerc tomberait malade.

Cette correspondance imprudente de la part de Toussaint-Louverture fit savoir ses espérances et ses projets criminels. Les généraux noirs et mulâtres, Dessalines, Christophe, Maurepas et Clervaux, connaissant toute la dissimulation de leur ancien chef, sollicitaient depuis loug-temps sa déportation. Dessalines était même venu exprès au Cap pour la réclamer avec instance; il n'y avait donc plus de doute à avoir sur les intentions de Toussaint-Louverture. On n'avait point traité avec lui de puissance à puissance; on lui avait accordé son pardon pour sa rébellion, avec l'assurance donnée de sa part qu'il resterait tranquille et entièrement soumis aux lois de la république.

Il était donc temps de l'arrêter; on le devait, puisqu'il manquait à sa parole; ensuite on fut instruit que les cultivateurs ne travaillaient plus dans quelques habitations, et qu'une fermentation vive existait de nouveau dans plusieurs quartiers. Convaincu des machinations de Toussaint, le général Leclerc ne voulut pas retarder plus long-temps son arrestation : en conséquence, l'ordre fut donné au général Brunet, qui commandait aux Gonaïves, de faire enlever ce perfide noir. Il fut assez heureux pour le faire sans effusion de sang et sans bruit, car ce fut dans le cabinet même du général Brunet, qui avait eu l'adresse de l'attirer à son quartier-géneral, qu'il fut saisi sur l'habitation Georges et de là conduit aux Gonaïves, pour y être embarqué sur la frégate *la Créole*, qui était alors en rade. Le seul tort qu'on pourrait reprocher au général Leclerc, ce serait de ne pas avoir fait enlever plus tôt cet ennemi si dangereux pour la tranquillité si nécessaire à la colonie.

6° Quatrième volume, page 312.

« Je suis certain qu'il eût vu avec satisfaction « une autre issue à ses relations avec Saint-Domingue, qu'un enlèvement et une déportation « subite. »

Le premier consul n'a pu avoir cette pensée; la présence de Toussaint-Louverture dans la colonie ne pouvait qu'y produire un détestable effet; et si un reproche doit être adressé au général Leclerc, ce n'est pas celui d'avoir fait conduire en France l'homme dont la présence à Saint-Domingue était un sujet de crainte pour la population. Nous répétons ici avec confiance qu'il eût fallu le faire disparaître beaucoup plus tôt d'un pays où il avait joué le premier rôle, et où il avait refusé d'en remplir un secondaire. Le caractère remuant de Toussaint était trop connu, pour que l'on pût supposer qu'il resterait tranquille sur son habitation, et qu'il ne voudrait plus prendre part aux affaires. Et certes, Toussaint, qui répondait en France à ceux qui lui parlaient de ses trésors, et qui voulaient acquérir des notions sur leur valeurs, « *j'ai perdu autre chose que des trésors,* » n'était pas homme à rester oisif au milieu d'événemens aussi majeurs. Au reste, l'enlèvement de Toussaint-Louverture ne produisit pas dans la colonie la secousse à laquelle on avait lieu de s'attendre. Les Noirs parurent peu regretter l'idole de leur culte. Ils lui reprochaient ses mauvaises dispositions pour la défense de la colonie ; ils l'accusaient surtout de ne pas avoir combattu à leur tête, comme il aurait dû le faire ; mais, ainsi que nous l'avons déjà dit, leur chef n'était pas militaire.

7° Quatrième volume, page 313.

« Peut-être un autre homme que Leclerc eût-
« il amené Toussaint à concilier les justes intérêts
« de la colonie et les droits de l'humanité, avec
« les prétentions de la métropole que le temps et les

« événemens avaient rendus modérées. Leclerc
« préféra d'abord les négociations, mais il chan-
« gea promptement de système : la fièvre jaune, qui
« emporta Leclerc, ravagea l'armée. La désertion
« était générale. »

Il faut ne pas avoir connu Toussaint, ou avoir une bien singulière idée de son caractère, pour croire qu'il était possible de l'amener à une conciliation qui aurait pu lui faire jouer dans la colonie un autre rôle que celui qu'il croyait être appelé à y remplir. Avant notre entrée, il régnait en maître sur la colonie; il lui avait donné une constitution qui le nommait *gouverneur à vie*, avec la faculté de choisir son successeur : il avait conçu cette idée, afin de se rendre nécessaire à la France, et je ne pense pas qu'un ambitieux comme l'était Toussaint-Louverture, ait jamais voulu de bonne foi, et lorsqu'il était encore puissant, négocier franchement avec le général Leclerc qu'il savait être envoyé dans la colonie, pour y occuper la première place. Aussitôt que Toussaint sut l'arrivée d'une partie de l'escadre au cap Samana, il ordonna de défendre tous les points qui pouvaient être défendus, et de brûler partout ailleurs.

Aussi les négociations furent-elles bientôt rompues, et l'armée française ne trouva à son débarquement qu'un chef rebelle aux volontés de la France, une armée opposant la plus vive résistance et une population noire exaspérée, incendiant les habitations, égorgeant tout ce qui pouvait être soupçonné d'avoir des relations avec la France ou de désirer qu'elle rentrât dans la possession de sa colonie. Au contraire, le général Leclerc avait un intérêt tout différent à celui de Toussaint; des négociations heureuses ne pouvaient que lui être avantageuses; elles faisaient naturellement rentrer, sans effusion de sang, Saint-Domingue dans le devoir. La tranquillité de ce pays et sa prospérité étaient en réalité d'une trop grande importance à la France, pour que le général qui avait été placé à la tête de l'armée, et qui avait été chargé de remplir une mission aussi honorable et aussi difficile que celle de pacifier ou de vaincre, ne cherchât pas à la terminer par la conciliation. La guerre ne présentait pas assez de gloire, et d'un autre côté les chances de succès étaient trop incertaines, pour qu'on n'usât pas de tous les moyens de modération pour ramener dans la colonie une tranquillité qui était si essentielle à son rétablissement.

M. de Bourrienne, à la fin de son paragraphe, ajoute en peu de mots : « La désertion était géné-
« rale. »

Je ne pense pas qu'il ait voulu parler des soldats venus de France. Il y eut peu d'exemples de désertion parmi eux ; ils savaient très-bien que les nègres ne pardonnaient point à ceux qui n'étaient pas de leur couleur, et qui venaient les joindre ; ils savaient qu'ils étaient égorgés aussitôt leur arrivée. C'est donc une erreur de dire que la désertion était générale.

11° Quatrième volume, page 344.

« Cette lettre contredit positivement ce qu'on
« a imprimé dans les biographies, que Jérôme
« Bonaparte partit en 1801 comme lieutenant de
« vaisseau avec l'expédition de Saint-Domingue.
« Jérôme est parti sur l'*Épervier* après la récep-
« tion de la lettre de son frère. Il était à Saint-
« Pierre le 6 novembre ; il était alors promu au
« grade de lieutenant de vaisseau »

Ce qui est incontestable, c'est la présence de Jérôme à Saint-Domingue où il était en même temps que l'expédition. Je ne suis pas le seul qui l'y ait vu; beaucoup de généraux, d'officiers et d'administrateurs encore existans pourraient au besoin certifier sa présence dans la colonie au moment de l'expédition ; et si M. de Bourrienne ne voulait pas s'en rapporter à mon dire, qu'il s'informe de la vérité auprès des généraux Boyer, Bourk, Bachelu, à l'ordonnateur Dintranse et à M. le baron de Margueritte, intendant de l'armée navale au Cap, qui sont encore vivans, et qui étaient alors sur les lieux. Je pourrais encore renvoyer M. de Bourrienne à la lecture d'une pièce officielle, si je ne connaissais le peu de confiance qu'il affecte pour cette sorte de preuve. Aussi n'est-ce pas pour lui que je donne l'extrait d'une lettre du général Leclerc au premier consul, mais bien pour la satisfaction de ses lecteurs et des miens, qui me sauront peut-être quelque gré de les mettre à même de juger la question.

Le général en chef Leclerc, au premier consul.

14 ventose, au Cap.

« Je suis très-content de Jérôme, je le ferai
« beaucoup naviguer. Je l'enverrai en croisière,

« et lui donnerai des commissions; il a tout ce
« qu'il faut pour faire un excellent officier. »

On voit par ce paragraphe d'une lettre de Leclerc au premier consul, que Jérôme était bien présent au Cap le 14 ventose, et que son beau-frère était très-content de sa conduite, ce qui prouve évidemment que l'assertion de M. de Bourrienne est entièrement fausse. Il y avait un mois que l'armée était à Saint-Domingue; pour que le général Leclerc écrivît à son beau-frère qu'il était très-content de Jérôme, il fallait nécessairement qu'il fût dans la colonie depuis à-peu-près ce temps.

Je ne veux pas terminer cette lettre sans répondre à une calomnie répandue lors de la formation de l'armée de Saint-Domingue, et répétée même jusqu'à ces derniers temps par des écrivains de bonne foi. On a donc prétendu qu'à l'époque de l'organisation de cette armée, le premier consul avait désigné de préférence pour en faire partie, les corps de troupes et les généraux de l'armée du Rhin qui avaient servi sous les ordres du général en chef Moreau; et cela, par haine contre son rival de gloire, et aussi pour éloigner ces généraux et ces troupes de l'influence que pouvait avoir conservée sur eux leur ancien chef. Cette accusation aussi fausse qu'absurde est facile à détruire. Il suffira, pour s'en convaincre, de jeter les yeux sur la composition de cette armée, à l'époque de son départ. On verra que les généraux et les troupes avaient été tirés de toutes les armées, et qu'à peine un quart avait servi dans les dernières campagnes du Rhin, sous les ordres du général Moreau. Pour mettre le public à même d'apprécier à sa juste valeur, cette infâme calomnie, je vais citer les noms des généraux de division et les armées auxquelles ils avaient appartenu en dernier lieu.

Le général Dugua, chef de l'état-major général de l'armée, et le général Boyer, sous-chef, arrivaient de l'armée d'Egypte.

Le général Rochambeau, servait sous le général Suchet dans la rivière de Gênes.

Le général Boudet, était à Marengo, commandant une division sous Desaix.

Le général Desfourneaux, avait été fait prisonnier par les Anglais, en allant en Egypte.

Les généraux Hardy et Debelles étaient des

officiers de l'armée de Sambre-et-Meuse. Le dernier était beau-frère du général Hoche.

Les généraux de brigade n'avaient pas plus servi à l'armée du Rhin que dans les autres armées de la république.

Quant aux corps des troupes, il serait trop long d'en faire l'énumeration; et on y verrait d'ailleurs la même composition que pour les officiers-généraux, c'est-à-dire un peu de chacune de nos armées. Ainsi une aussi basse calomnie tombe d'elle-même.

Ce qui a droit de surprendre tous les amis du général Leclerc, c'est que M. de Bourrienne se soit exprimé avec tant d'humeur à son égard, et de manière à faire croire qu'il ne méritait pas l'intérêt que le premier consul témoignait pour lui, lorsqu'il lui donna le commandement en chef de l'armée de Saint-Domingue. C'est un mort, et ce mort, c'est Napoléon que M. de Bourrienne fait parler avec si peu de ménagement sur le compte de son beau-frère. Une accusation directe faite par l'auteur des Mémoires eût été beaucoup plus facile à combattre et à détruire. Cette nouvelle façon d'attaquer les caractères les plus honorables, en faisant intervenir des tiers et surtout des tiers inanimés, est inadmissible. Ces sortes d'accusations sont mille fois plus perfides que si elles étaient faites face à face, parce qu'elles donnent lieu à toutes les interprétations les plus défavorables. Il me semble qu'un homme d'honneur, lorsqu'il invoque les paroles d'un homme mort, doit en prendre sur lui la responsabilité et toutes ses conséquences.

Après avoir lu les Mémoires de M. de Bourrienne, et surtout, après y avoir fait un grand nombre de remarques, je pourrais, comme tout autre lecteur, me permettre de porter un jugement sur son ouvrage; je m'en abstiendrai toutefois, et je me contenterai de reproduire un tout petit paragraphe qui se trouve dans un journal littéraire bien connu, et toujours instructif, amusant et spirituel. Dans le numéro du 4 juillet, à l'occasion d'une nouvelle édition du Mémorial de Saint-Hélène, l'éditeur cite d'abord l'ouvrage de Walter-Scott, puis il ajoute :

« L'autre ouvrage est celui de M. de Bourrienne
« qui, par une singularité remarquable, n'a pas
« attiré le tonnerre patriotique, bien que, comme

« style, couleur et esprit, il fût prodigieusement
« inférieur à celui de Walter-Scott. Les Mémoires
« de cet homme d'état semblent, sous une réca-
« pitulation sonore de titres, n'être qu'une mes-
« quine rubrique pour nous entretenir de lui-
« même, pour se vanter aux dépens de Napoléon,
« le représenter bien inférieur à son camarade
« d'études, et ceci à tel point, avec tant d'instances
« et une si lassante répétition, qu'on en vient tout
« bonnement à demander : Comment il se fait
« que nous n'ayons pas eu Bourrienne premier
« pour empereur ! »

Ne pourrait-on pas au surplus, après avoir lu les Mémoires de M. de Bourrienne, dire avec lui : Le vent a changé, tournez avec le vent, blâmez ce que vous avez vanté, vantez ce que vous avez blâmé; vous ferez votre chemin.

J'ai l'honneur d'être, monsieur, avec une parfaite considération,

Votre très-humble et très-obéissant serviteur.

H. D'AURE.

Paris, 19 juillet 1830.

CHAPITRE V.

Négociations de Prague et de Châtillon.

Il y a loin de l'expédition de Saint-Domingue à la campagne de Saxe; de l'insurrection des Noirs, que nous *menacions de l'esclavage*, à celle des peuples du Nord, que *nous voulions dépouiller de leur dernier écu;* mais telle est la masse des iniquités dont, grands et petits, nous nous sommes rendus coupables, telle est surtout celle du chef qui nous avait associés à ses attentats, que vouloir les suivre une à une est impossible. Bornons-nous donc à discuter les principales. Et comme le plus grand crime dont un souverain puisse se rendre coupable envers sa nation, est une guerre entreprise sans nécessité, continuée sans but; que les dévastations les plus odieuses, dont une armée puisse devenir complice, sont celles qu'une lutte sans objet traîne après elle; voyons si l'empereur était dominé par cette passion des armes que lui attribuent les Mémoires; s'il a en effet repoussé la paix, si nous avons eu tort de le soutenir. Suivons la narration de M. de Bourrienne :

« Si jamais, nous dit-il, tome ix, p. 196, Napoléon a eu une occasion de faire une paix hoourable et avantageuse pour la France, ce fut sans doute après la bataille de Bautzen. » Je le crois; quatre grandes puissances se trouvaient enfin réunies en armes. Les anciens pouvoirs monarchiques qui avaient tour-à-tour dominé l'Europe, se voyaient, par une faveur inespérée de la fortune, libres de peser tous ensemble sur un pouvoir nouveau qui pendant douze ans les avaient humiliés, vaincus, menacés de leur ruine. Ils ne pouvaient manquer de lui faire de larges concessions, de préférer aux chances certaines de la guerre, les avantages équivoques d'une paix qui eût laissé à la France sa force, sa prospérité, aux institutions nouvelles leur défenseur et à la révolution son empire. Si d'importuns souvenirs, si quelques restes des impressions profondes dont un grand génie avait frappé les esprits leur avaient donné la moindre hésitation, l'Angleterre était là l'or à la main pour convaincre les ministres, et la menace à la bouche pour décider les rois. Elle était là pour montrer à Alexandre les grands prêts à se mutiner contre une odieuse croisade; à Frédéric-Guillaume, ses peuples au moment de refuser d'y prendre part; à François, les murmures de l'oligarchie autrichienne révoltée, car tous les privilégiés de l'Europe s'étaient pris de tendresse pour les principes de l'égalité, et le souverain qui les infusait dans les lois des pays soumis à son empire. La défaite de Vittoria était d'ailleurs venue, comme à point nommé, pour vaincre les répugnances et fixer les irrésolutions de ceux qui balançaient encore.

« Il était stipulé dans l'article vi du traité d'ar-
« mistice, que si une des parties belligérantes dé-
« nonçait l'armistice conclu en vertu de la con-
« vention provisoire du 4 juin, les négociations
« du congrès ne seraient pas pour cela interrom-
« pues. » La mesure eût été sage, et c'est sans doute parce qu'elle eût dû être stipulée, que M. de Bourrienne s'est persuadé qu'elle l'avait été. Malheureusement il n'en fut pas ainsi. L'empereur avait perdu son génie tutélaire; on ne prévoyait, on ne précisait rien au quartier-général; on ne s'inquiéta pas plus de consigner cette clause dans l'armistice que de fixer l'époque où il devait finir. Parcourez en effet cet acte: vous trouverez qu'au lieu d'expirer le 8, la suspension d'armes

s'étend jusqu'au 20 juillet. Voulez-vous savoir comment les négociations devaient être suivies après la reprise des hostilités? consultez l'article cité par l'auteur :

« Pendant la durée de l'armistice, chaque place « aura, au-delà de son enceinte, un rayon d'une « lieue de France, le terrain sera neutre. Magde-« bourg aura par conséquent la frontière ou une « lieue sur la rive droite de l'Elbe. » N'êtes-vous pas bien édifié? La mémoire de M. de Bourrienne n'est-elle pas bien sûre? Ses citations ne méritent-elles pas toute confiance?

« Pour qui était au courant de l'esprit qui ani-« mait les chefs des deux puissances devenus ri-« vales. » Comment des deux puissances! La convention est passée entre la France, la Prusse et la Russie. M. de Bourrienne n'a donc jamais jeté les yeux sur les conventions de Plesswitz? et pourtant c'est sur cet acte qu'il échafaude une partie de ses accusations! Je reprends :

« Pour qui était au courant de l'esprit qui ani-« mait les chefs des deux puissances devenues ri-« vales, il n'y avait rien à attendre du congrès » Les chefs des deux puissances? Alexandre aussi!

Ce qui était raisonnable ne dépendait donc pas de Napoléon seul, comme on le dit quelques lignes plus bas. Ils étaient au moins deux; et *si ce qui était raisonnable n'était pas possible*, la faute n'en n'était pas tout entière à Napoléon, *le plus astucieux des Grecs* en avait sa part.

Les conférences (celles de Pragues) *furent très peu conciliantes.* Les conférences! il n'y en eut pas; mais c'est trop insister sur ces détails, venons au fond, et voyons s'il est vrai que ce fut Napoléon qui repoussa la paix.

L'empereur n'avait pas attendu pour la proposer, que la campagne fût commencée. Il avait fait des ouvertures dans le mois de février, il les avait renouvelées dans le courant de mai sans pouvoir les faire accueillir. L'Autriche avait trouvé les unes trop généreuses, la Russie avait éludé les autres. On n'avait rencontré partout que perfidie et froideur. La victoire de Bautzen rendit les alliés plus traitables. Ceux qui n'avaient pas jeté le masque hésitaient sur le parti qu'ils avaient à prendre; ceux qui étaient en armes voyaient avec angoisse les auxiliaires, sur lesquels ils avaient compté, prêts à leur échapper. L'anxiété fit ce que la modération n'avait pu faire; on donna à la crainte ce qu'on avait refusé à l'humanité, et les hostilités cessèrent. Mais la confiance ne tarda pas à renaître. On était en présence. On se vit, on se compta; on sentit que la partie n'était pas égale, on résolut de la pousser à bout. Cependant, comme le génie a ses chances, on ne voulut rien négliger. L'Autriche n'était pas prête, elle avait besoin de quelques jours encore pour achever ses armemens; on éleva des contestations, on mit en course des négociateurs sans pouvoirs. On consuma en incidens puérils le temps qu'on devait mettre à traiter. L'empereur, à qui l'artifice n'échappait pas, insistait vainement pour en finir. Bubna avait toujours quelque oubli à lui opposer, Metternich trouvait toujours quelque réserve à lui soumettre. Cependant, le mois de juin s'écoulait, nous étions au 20, et rien n'était arrêté. Le ministre autrichien sentit que c'était dépasser les bornes. Il se rendit à Dresde et régla la nature de la médiation. Il l'avait d'abord présentée comme une sorte d'arbitrage; mais l'empereur s'était si vivement élevé contre une telle prétention que Metternich l'avait aussitôt désavouée et s'était contenté du rôle de conciliateur. Néanmoins comme si ses attributions n'eussent pas été assez nettement définies, on y revint encore dans l'acte d'acceptation. On stipula que les *plénipotentiaires se réuniraient*; ce qui instituait bien clairement une négociation par conférences et excluait toute idée d'un arbitrage, où chaque partie aurait plaidé séparément sa cause devant le plénipotentiaire du médiateur. Les formes étaient convenues, les ministres français reçurent des instructions en conséquence.

Le congrès devait s'ouvrir le 5, M. de Metternich, de son autorité privée, l'ajourna au 12. Ces délais, l'inconvenance avec laquelle on disposait du temps n'étaient pas propres à faire bien augurer des négociations. Cependant les pouvoirs étaient expédiés le 16. Le comte de Narbonne se trouvait depuis long-temps à Prague, les conférences pouvaient immédiatement commencer. Le duc de Vicence, il est vrai, se rendit un peu plus tard à son poste; mais les lenteurs qu'on nous opposait partout justifiaient la sienne; du reste, il était arrivé le 28.

Les plénipotentaires étaient en présence, il semblait qu'il n'y avait qu'à discuter les intérêts dont ils étaient chargés. Ce n'était pas là le compte de l'Autriche.

Elle était loin de se prêter encore à la destruction du pouvoir impérial, mais elle était bien décidée à profiter de nos embarras. La coalition avait fait ses offres, la France se tenait toujours sur la réserve, elle avisa au moyen de la faire expliquer. Elle revint sur les transactions de Dresde, et s'autorisant de ce qui avait été fait à Teschen, elle repoussa les négociations par conférences, et voulut que tout se traitât par écrit. Les plénipotentiaires représentèrent vainement que le cas dont elle se prévalait était une exception, que l'usage avait consacré d'autres formes, d'autres manières de discuter, que le congrès dont on tirait avantage n'avait rien de commun avec celui qui s'assemblait aujourd'hui, que le premier réunissait deux médiateurs qui négociaient ensemble, que le deuxième ne renfermait que des plénipotentiaires qui venaient soumettre de longs différens à une conciliation calme et éclairée.

L'empereur était parti pour Mayence, lui seul eût pu autoriser la modification qu'on proposait. La négociation se trouva arrêtée dès son début. L'armistice n'avait plus que douze jours à courir; la France, hors d'état de s'entendre avec les alliés, se trouvait en quelque sorte obligée de souscrire à tout ce que lui imposerait l'Autriche. L'incident était tout entier à notre charge. Napoléon ne l'avait ni provoqué, ni prévu. Si donc il y a eu des répugnances dans ces négociations, ce n'est pas à lui qu'il faut les imputer.

On a dit que les alliés redemandaient tout ce qu'ils avaient perdu depuis 1805. On ignorait quelles étaient leurs prétentions, et c'est à les découvrir que l'empereur mettait tous ses soins. Il s'était flatté que l'esprit léger, mais sagace de M. de Narbonne, et le zèle plus réfléchi de M. de Vicence, parviendraient à pénétrer les véritables intentions des alliés et du médiateur sur les sacrifices à faire pour arriver à la paix. Il s'était flatté que dans des débats où chacun, indépendamment du but commun, avait des prétentions à part, il serait facile, en supposant quelque habileté à ses négociateurs, de découvrir les points sur lesquels on pouvait se concilier les uns et satisfaire les autres : inconnues dont la découverte est de l'essence de toute négociation. La chose lui paraissait d'autant moins difficile, qu'on traitait avec l'Europe entière, que dans un conflit de prétentions aussi diverses, l'intérêt de l'un est rarement d'accord avec les vues de l'autre, qu'à l'aide de quelques germes de dissentiment, jetés à propos, le négociateur adroit apprend ce qu'il a besoin de savoir, et sauve quelquefois ce qu'il se croyait forcé d'abandonner. L'histoire des négociations fourmille à ce sujet d'instructions et d'exemples. Enfin, Napoléon pensait et devait penser, car c'est en grande partie pour cela qu'on envoie des plénipotentiaires au lieu de courriers, qu'il recevrait d'eux, sinon des notions certaines, du moins des aperçus probables sur l'exigence de ses ennemis, sur le degré de leur tenacité relativement à telle ou telle concession, et sur la part que le médiateur, qui ne trahissait pour rien ses engagemens et ses affections, prétendait à ses dépouilles. Il comptait régler d'après ces lumières le prix auquel il achèterait la paix. Elles lui étaient d'autant plus nécessaires, que n'ayant rien à demander et n'ayant qu'à céder, aucune autre combinaison n'était possible; toute la question résidait dans le plus ou le moins.

On a blâmé les instructions des plénipotentiaires. Rien n'est plus injuste. Les instructions prescrivaient de débuter par la demande de l'*uti possedilis*. Les plénipotentiaires ennemis devaient s'y attendre. Tout plénipotentiaire s'y serait attendu, sauf à lui à expliquer les changemens qu'il croirait pouvoir exiger dans l'état de possession au détriment de la France. Alors la négociation commençait : c'est la première période qui était indiquée dans les instructions.

En attendant que les choses en fussent à ce point, les instructions ne pouvaient être que générales. Du reste, elles étaient claires. *L'empereur consentirait à de grands sacrifices, surtout s'ils devaient tourner à l'avantage de la Russie, sans établir des points de contact avec elle.* Que lui importait, en effet, qu'elle fût glorieuse pour Alexandre, pourvu que ce prince fût à l'avenir sans intérêt pour la guerre, et que l'état de possession de la France et de la Russie ne laissât, autant qu'il serait possible, aucun germe de mésintelligence entre elles. Ces vues étaient profondément pacifiques. Elles démontrent que Napoléon voulait avec sincérité la paix dont il avait besoin, mais qu'il voulait une paix durable, qu'il la voulait non-seulement pour lui, mais pour l'Europe.

Tel était donc l'esprit de la négociation dont l'empereur avait chargé le duc de Vicence. « Traiter « la Prusse avec ménagement, favoriser la Russie « de tout ce qu'on pourrait refuser à l'Autriche. »

De retour à Dresde le 4 août, après une absence de dix jours, l'empereur apprit, avec autant de surprise que de chagrin, le procédé nouveau et imprévu par lequel le comte de Metternich était parvenu à empêcher la négociation de s'ouvrir. Il autorise sur-le-champ ses plénipotentiaires à admettre concurremment le nouveau mode imaginé par Metternich, et celui qu'il avait d'abord consenti. Il entrevoit ses vues, ne se méprend pas sur ses motifs. Mais qu'elle est l'étendue des sacrifices qu'il demande? Où vont, où s'arrêtent ses prétentions? Il cherche dans les dépêches de ses plénipotentiaires, mais il ne trouve rien. Ils n'ont recueilli aucun aperçu, aucune indication dans les entretiens particuliers soit avec les ministres des ennemis, soit avec celui du médiateur. Pendant toute une semaine, ils n'étaient pas parvenus à aborder les premiers, avec lesquels cependant le sens de leurs instructions générales semblait rendre les rapports faciles. C'eût été préparer utilement les voies de la négociation, que d'éloigner de l'esprit des plénipotentiaires russes et prussiens l'opinion entretenue avec tant de soin par l'Angleterre, peut-être aussi par l'Autriche, que Napoléon était un ennemi irréconciliable de la puissance et de la gloire de leurs souverains. Des paroles dans ce sens pouvaient ouvrir les bouches et les cœurs. Les plénipotentiaires de l'empereur n'avaient pas réussi à les faire entendre. L'un d'eux cependant prétendait avoir la confiance, la faveur même de l'empereur Alexandre. Il s'attendait à être, sinon recherché, au moins accueilli : pure illusion !... Il fut repoussé à Prague, comme il l'avait été aux avants-postes par le comte de Nesselrode (20 mai) avant la bataille de Wurschen, comme il le fut à la fin de 1813, lors de sa mission pour Francfort, et en 1814 à Châtillon. N'ayant donc pas su établir des relations que l'Autriche, par des motifs qu'ils pouvaient au moins supposer, se gardait de servir, si elle ne s'efforçait pas de s'y opposer, les plénipotentiaires de l'empereur en étaient réduits à des rapports avec le ministre médiateur qui, dans l'esprit du rôle qu'il jouait, devait les rendre et les rendait en effet agréables et journaliers. *C'était une franchise, un ton, des manières, des formes, une recherche* dont les plénipotentiaires ne savaient trop se louer, quoique quelquefois ils fussent tentés d'y voir l'aisance *de gens qui se croient très-forts et qui ont pris leur parti sur la guerre.*

Ce ton, ces manières, ces rapports faciles et journaliers mettaient les plénipotentiaires dans une situation favorable pour sonder le médiateur et tâcher de pénétrer ce qu'il entendait par *des prétentions modérées de la part de la France, et des prétentions exagérées de la part des alliés,* prétentions auxquelles, disait M. Metternich, l'Autriche *opposerait toute fermeté.* Ce ministre s'offrait de lui-même aux explications, mais ce fut vainement; et sur ce point comme sur aucun autre qui aurait jeté quelque lumière sur les intentions des alliés et sur les vues du médiateur, les plénipotentiaires n'avaient rien obtenu, rien demandé, rien tenté. Leurs dépêches rapportaient avec soin les monologues du ministre autrichien. Elles contenaient, il faut en convenir, des prédictions sur l'inévitabilité de la guerre, si la paix n'était pas faite; mais pas une indication utile, pas une conjecture, pas un mot sur les moyens de la faire. L'empereur mal compris, mal secondé, ainsi trompé dans son attente, et aussi peu avancé cinq jours avant le terme de l'armistice, qu'au moment où il avait nommé ses plénipotentiaires, ordonna alors la seule démarche qui restât à tenter. Il ouvre une négociation directe avec Metternich; il veut savoir quel prix l'Autriche met à sa neutralité. Les demandes de celle-ci sont énormes (1), et cependant, il les accepte à peu de chose près (2). Sa dépêche arrive à Prague, le 10 dans la nuit.

(1) Metternich demandait (7 août) :

La dissolution du duché de Varsovie, qui serait partagé entre la Russie, l'Autriche et la Prusse (Dantzick à la Prusse);

Le rétablissement des villes de Hambourg, de Lubeck, etc., dans leur indépendance;

La reconstruction à la Prusse, avec une frontière sur l'Elbe;

La cession à l'Autriche de toutes les provinces illyriennes, y compris Trieste;

Et la garantie réciproque que l'état des puissances, grandes et petites, tel qu'il se trouvera fixé par la paix, ne pourrait plus être chargé ni altéré que d'un commun accord.

(2) Il n'y aura plus de duché de Varsovie, soit; mais Dantzick sera ville libre. Ses fortifications seront démolies, et le roi de Saxe sera in-

Le 11, M. de Metternich insiste pour l'abandon de l'Illyrie, sans excepter Trieste, et contre toute disposition contraire aux vues des puissances qui s'accordent pour recréer la Prusse. L'empereur d'Autriche se charge de communiquer les propositions de la France à l'empereur de Russie qui est attendu à Brandeitz.

Le 13, Napoléon abandonne tout ce qui était en contestation, accède aux concessions annoncées par M. de Metternich, charge M. de Bubna d'en porter l'assurance à son maître, et donne à M. de Vicence tout pouvoir pour conclure et signer à ce prix.

Le 14, M. de Metternich rend compte à l'empereur d'Autriche à Brandeitz, des dernières propositions de Napoléon et de son consentement aux conditions exigées pour la paix.

Le 15, il diffère de s'expliquer à ce sujet avec

demnisé par la cession des territoires de la Silésie et de la Bohême, qui sont enclavés dans la Saxe ;

Les provinces illyriennes seront cédées à l'Autriche ; on consent même à abandonner le fort de Fiune ; mais Trieste ne sera pas compris dans la cession ;

La confédération germanique s'étendra jusqu'à l'Oder ;

Enfin, l'intégrité du territoire danois sera garantie.

M. de Vicence, l'empereur d'Autriche n'ayant pu s'entendre avec l'empereur de Russie, qui n'est point encore à Brandeitz.

Le 16, l'empereur de Russie arrive, et dès la première entrevue, il rejette les propositions et décide l'empereur d'Autriche à courir les chances que lui promet la guerre. Ainsi, comme le dit M. de Bourrienne, ce qui était raisonnable n'était pas possible, car cela dépendait d'un homme, mais cet homme n'était pas l'empereur Napoléon.

Organisé pour la guerre, Napoléon ne voulait que la paix ; il est évident qu'il ne cherchait pas autre chose.

Il est bien prouvé que les ennemis ne voulaient que la guerre ; ils n'avaient qu'à vouloir la paix et elle était faite.

Il est bien prouvé qu'ils n'avaient voulu que gagner du temps, lorsqu'ils éludèrent, après la bataille de Lutzen, le vœu spontané de Napoléon pour la paix et refusèrent de recevoir le duc de Vicence chargé d'une mission tendant à son rétablissement. Lorsqu'après les batailles de Bautzen et de Wurschen, ils demandèrent l'armistice sur la proposition duquel ils avaient dédaigné de répondre, lorsqu'ils retardèrent pendant près d'un mois, à dater de la conclusion de l'armistice, les arrangemens préliminaires à prendre entre la France et l'Autriche pour la médiation, lorsqu'ayant rendu ainsi la prolongation de l'armistice indispensable, et paraissant l'approuver dans leurs communications avec le médiateur, ils ne donnent pas de pouvoirs à leurs commissaires pour la signer, ce qui produit encore un délai de près d'un mois; lorsque, retardant le départ de leurs plénipotentiaires pour Prague, ils y envoyèrent des agens du troisième ordre qu'ils savaient être désagréables à la France, et dont l'un né Français, était par un décret ancien, connu de toute l'Europe, frappé d'incapacité pour une telle mission; lorsque, trompés dans leur espérance de voir de longues discussions s'élever sur le personnel des négociations, ils mettent en avant un mode de de négocier inapplicable à la circonstance, contraire aux conventions récentes et aux usages de tous les temps; lorsqu'ils rompent les négociations avant qu'elles aient commencé; lorsqu'enfin ils refusent la paix avant qu'on ait repris les armes, et quand Napoléon en souscrit toutes les conditions.

 Ces négociations, si astucieusement éludées à

Prague, furent reprises à Chatillon. Voyons si elles furent plus sincères.

Toutes les puissances coalisées contre Napoléon (nous dit M. de Bourrienne, t. IX, p. 241) *déclarèrent à Francfort, dès le 9 novembre, qu'il ne pouvait plus être question d'une paix continentale.* Contre Napoléon ! la distinction est curieuse, aujourd'hui surtout que nous savons à quoi nous en tenir sur le désintéressement des rois et la tendresse qu'ils portaient à la France. Au surplus, ils ne firent aucune déclaration à l'époque dont il sagit. Le général Meerfeld, tombé dans nos mains, avait été renvoyé du champ de bataille avec des paroles de paix. Vingt et un jours s'étaient écoulés sans que les souverains eussent daigné y répondre. La violence mit en leur pouvoir M. de Saint-Aignan. Ils se servirent de lui pour transmettre leurs vues à l'empereur, et le chargèrent d'une simple communication verbale; c'est à cela que se réduisit toute la déclaration.

Le duc de Bassano répondit aux ouvertures faites par les alliés, mais ne fit aucune mention de l'acceptation des bases proposées par eux. La raison en est simple, et a déjà été exposée bien des fois. Je la reproduis telle que l'auteur eût pu la trouver dans plusieurs ouvrages. La réponse faite le 16 novembre renfermait, conformément à l'intention manifestée d'abord par Napoléon, l'acceptation explicite des bases de Francfort. Cette partie fut supprimée, et le fut à dessein. L'empereur, qui avait reconnu à Prague le degré de confiance que méritaient les alliés, lorsqu'ils parlaient de paix, jugeait qu'il leur serait très-facile de désavouer ce qui avait été dit, dans un entretien confidentiel, à une personne sans mission et sans caractère spécial, qu'il serait plus habile de les amener à donner à leurs propositions une consistance officielle. Son ministre lui proposait à cet effet de renvoyer à Francfort M. de Saint-Aignan, avec autorisation de faire et de signer, en son nom, une déclaration d'acceptation des bases, en présence des ministres qui les avaient dictées. Cette déclaration, si elle n'avait pas été éludée, aurait nécessairement été reçue par une note écrite, et le terrain de la négociation se serait ainsi trouvé établi diplomatiquement. Napoléon préféra le moyen d'une lettre par laquelle les bases de la négociation seraient acceptées implicitement, par la nomination d'un plénipotentiaire pour négocier. Il connaissait assez le comte de

Metternich et sa politique qui le portait à saisir toutes les occasions de se donner un vernis de bonne foi, pour ne pas douter qu'il ne répondît par la demande de l'acceptation formelle des bases proposées, lesquelles recevraient de cette réponse le caractère officiel et irrévocable qui leur manquait. « J'en suis si convaincu, disait Napoléon à son ministre, que je dicterais la lettre dès aujourd'hui. » On ne reprochera pas à l'empereur d'avoir alors voulu gagner du temps, puisqu'il était entendu que les négociations n'arrêteraient pas le cours des opérations militaires. La lettre attendue combla les espérances qu'on en avait conçues, car elle engageait les *hautes puissances alliées* de la manière la plus formelle : « LL. MM., disait M. de Metternich, « sont prêtes à entrer en négociation, dès « qu'elles auront la certitude que S. M. l'empe- « reur des Français admet les bases générales et « sommaires que j'ai indiquées dans mon entre- « tien avec le baron de Saint-Aignan. » Ce qui ne l'empêcha pas, lorsque cette certitude lui eut été donnée, courier par courier, de dire, dans une lettre tardive, que les puissances alliées n'étaient pas *prêtes à négocier les bases générales, et qu'il fallait les consulter.*

M. de Metternich répondit *que les négociations pourraient être ouvertes, sans que la guerre fût interrompue.* Il n'est point question de semblables choses dans la réponse de M. de Metternich; la clause était convenue, il n'y avait pas à y revenir.

On va voir les causes pour lesquelles ces premières négociations n'eurent aucune suite; elles sont fort simples. Ces négociations n'eurent pas de suite, parce que les alliés refusèrent de leur en donner. La réponse que cite l'auteur est positive à cet égard. « LL. MM. II. et RR. ne doutent point qu'immédiatement après la réception des réponses de leurs alliés, les négociations ne puissent s'ouvrir. Nous nous empresserons d'avoir l'honneur d'en informer Votre Excellence, et de concerter alors les arrangemens qui paraîtront les plus propres à atteindre le but que nous nous proposons. » Que faire après une déclaration semblable ? Attendre, insister sur l'ouverture de ces négociations qu'on différait toujours. C'est ce que fit le duc de Vicence; mais le parti des alliés était pris. Ils affectaient des intentions pacifiques, et ne songeaient qu'à pousser vivement la guerre.

Les alliés, poursuit M. de Bourrienne, *décla-*

rèrent leur volonté de ne point faire de conquêtes. Qu'était-ce donc que les pays dont ils nous dépouillaient? Les institutions qu'ils voulaient détruire? La suprématie à laquelle il nous fallait renoncer?

Cette disposition des alliés engagea le gouvernement français à montrer des dispositions pacifiques. Eh quoi! les bases que M. de Metternich trouvait trop généreuses avant Lutzen, les offres de Prague, les ouvertures de Leipsick, n'attestent pas assez ces dispositions; il faut que l'impatience des alliés les décide!

Les propositions de Francfort eussent réduit la France aux limites que lui avait assignées le traité de Campo-Formio.

Il opposait toujours aux puissances continentales les limites du Rhin, comme une compensation du partage de la Pologne, et à l'Angleterre comme une compensation de ses immenses agrandissemens en Asie.

Quoi! il repoussait les offres de Francfort, il ne voulait pas de la France telle que le traité de Campo-Formio l'avait faite, et il insistait sur les limites du Rhin! Mais ces limites nous étaient assurées par le traité même : l'obstination était bien gratuite ou la méprise du secrétaire est bien étrange.

Caulaincourt dut demander de nouveaux pouvoirs. Les ayant reçus, il répondit le 2 décembre que Napoléon acceptait les bases fondamentales. De nouveaux pouvoirs au 2 décembre! Le ministre était sous les yeux du souverain. Il pouvait à chaque instant lui soumettre ses vues, prendre ses ordre, les transmettre; il n'avait besoin d'aucun pouvoir nouveau. Mais ce qui était inutile au 2 décembre devint nécessaire deux mois plus tard.

Le duc de Vicence, confiant dans la déclaration de Francfort, s'était imposé dans les pouvoirs qu'il avait rédigés pour lui-même, l'obligation de ne traiter que sur les bases que les souverains eux-mêmes avaient promulguées : mais, retenu aux avant-postes ennemis, il ne tarda pas à se convaincre que les alliés étaient loin de vouloir accorder à la France les limites dont ils l'avaient flattée. Il demanda de nouveaux pouvoirs où il ne fût pas fait mention de frontières qu'on ne pouvait obtenir. Ces pouvoirs furent expédiés le 4 février dans les termes que le négociateur avait désirés.

Napoléon avait hésité à les revêtir de sa signature, soit qu'il regardât comme une faute de débuter, dans une négociation qui n'était pas même ouverte, par une concession dont les conséquences pouvaient être graves, soit que les bases de Francfort fussent la seule planche de salut qu'il voulût saisir dans son naufrage. L'idée de subir d'autres conditions lui était insupportable.

Une lettre de Châtillon, adressée au duc de Bassano arriva sur ces entrefaites. Le duc de Vicence s'exprimait en ces termes : « Il ne faut
« pas se faire illusion, l'ennemi a un immense
« développement de forces et de moyens. Si
« l'empereur a des armées assez nombreuses
« pour que son génie le fasse triompher; certes
« il ne faut rien céder en-deçà des limites na-
« turelles; mais si la fortune nous a assez tra-
« his pour que nous n'ayons pas en ce moment
« les forces nécessaires, cédons à la nécessité
« ce que nous ne pouvons défendre, et ce que
« notre courage ne peut reconquérir..... Obte-
« nez donc de S. M. une décision précise. Dans
« une question de cette importance, il faut être
« décisif... *Il ne faut avoir les mains liées d'au-*
« *cune manière. Le salut de la France dépend-*
« *il d'une paix ou d'un armistice qui doive être*
« *conclu sous quatre jours? Dans ce cas, je de-*
« *mande des ordres précis, et qui donnent la fa-*
« *culté d'agir.* »

Le duc de Bassano remit la dépêche à l'empereur, le conjura de fléchir devant la nécessité. Napoléon eut l'air de l'écouter à peine. Il lui montra du doigt un passage des OEuvres de Montesquieu qu'il semblait feuilleter avec distraction. Lisez, lisez tout haut, lui dit-il. Le ministre lut : « Je ne sache rien de plus magnanime
« que la résolution que prit un monarque, qui
« a régné de nos jours, de s'ensevelir plutôt
« sous les débris du trône, que d'accepter des
« propositions qu'un roi ne doit pas entendre.
« Il avait l'âme trop fière pour descendre plus
« bas que ses malheurs ne l'avaient mis, et il sa-
« vait bien que le courage peut raffermir une
« couronne, et que l'infamie ne le fait ja-
« mais (1). »

Douze ans auparavant, Napoléon disait à son ministre qui commençait à avoir une grande part à sa confiance : « Je sais un homme à qui « l'on peut tout dire. » Le duc de Bassano se le rappela. « Je sais quelque chose de plus magna-
« nime encore, répondit-il à Napoléon, c'est de
« sacrifier votre gloire pour combler l'abîme où
« la France tomberait avec vous. — Eh bien !

(1) *Grandeur et décadence des Romains*, chap. v.

« soit, reprit l'empereur, faites la paix, que
« Caulaincourt la fasse, qu'il signe tout ce qu'il
« faut pour l'obtenir; je pourrai en supporter
« la honte, mais n'attendez pas que je dicte ma
« propre humiliation. » L'exemple récent du congrès de Prague avait déjà appris au duc de Bassano, et devait avoir appris au duc de Vicence, s'il serait facile d'obtenir que Napoléon proposât une à une les conditions qu'il devait subir.

Ce prince s'en remit à son plénipotentiaire, dont il venait de lire l'opinion énergiquement exprimée, et lui fit écrire : « Les conditions
« sont, à ce qu'il paraît, arrêtées d'avance entre
« les alliés : aussitôt qu'ils vous les auront com-
« muniquées, vous *êtes le maître de les accep-*
« *ter*, ou d'en référer à moi dans les vingt-
« quatre heures. » L'alternative en pareille matière pouvait embarrasser le plénipotentiaire; le duc de Bassano demanda avec instance que de nouveaux ordres effaçassent ce que ceux-ci pouvaient contenir de conditionnel. Il s'ensuivit une longue conversation qui dura une grande partie de la nuit; enfin, il fut autorisé à écrire le 5, et il écrivit à la hâte en ces termes :

« Je vous expédiai hier un courrier avec une

« lettre de Sa Majesté, et les nouveaux pleins-
« pouvoirs que vous avez demandés.

« Au moment où Sa Majesté va quitter
« Troyes, elle me charge de vous en expédier
« un second, et de vous faire connaître en pro-
« pres termes que Sa Majesté vous donne *carte
« blanche, pour conduire les négociations à une
« heureuse issue, sauver la capitale, et éviter
« une bataille où sont les dernières espérances
« de la nation.* »

Ces expressions, que Napoléon avait approu-
vées textuellement, étaient précises, énergi-
ques. Néanmoins le duc de Bassano ne les jugea pas suffisantes. Il crut nécessaire de donner
à l'autorisation qu'elles portaient encore plus
de force et de solennité, afin de garantir plei-
nement le plénipotentiaire, quelque usage qu'il
dût en faire, et de le couvrir au besoin de sa
propre responsabilité. A cet effet, il ajouta :

« Les conférences doivent avoir commencé
« hier 4. Sa Majesté n'a pas voulu attendre que
« vous lui eussiez donné connaissance des pre-
« mières ouvertures, de crainte d'occasionner le
« moindre retard.

« Je suis donc chargé, monsieur le duc, de
« vous faire connaître que l'intention de l'em-

« pereur est que vous vous regardiez comme in-
« vesti de tous les pouvoirs, de toute l'autorité
« nécessaires, dans ces circonstances importantes,
« pour prendre le parti le plus convenable, afin
« d'arrêter les progrès de l'ennemi et de sauver
« la capitale. »

Voilà les pouvoirs donnés par le souverain, voyons l'usage que va en faire le négociateur. Le congrès s'était ouvert le 5 février. La séance, ajournée au lendemain, n'eut pas lieu, et laissa au plénipotentiaire français le temps de recevoir sa carte blanche, qui lui parvint dans la journée. Les ministres ennemis, rassemblés le 7, énoncèrent les conditions qu'ils metttaient à la paix. C'étaient à-peu-près celles auxquelles l'empereur allait consentir, quand il apprit la marche imprudente de Blücher. Cependant, loin de les accueillir, Caulaincourt n'opposa que des difficultés. *Il réclama les bases de Francfort, voulut savoir au profit de qui tourneraient les sacrifices imposés à la France, s'enquit de l'emploi qu'on se proposait d'en faire, et exigea même qu'on lui soumît un projet, qui développât les vues des alliés dans leur ensemble,* toutes prétentions incompatibles avec les circonstances, et propres seulement à faire suspecter les intentions du souverain au nom duquel elles étaient présentées. On ne dissimule pas au duc combien elles sont étranges. Il se raidit, persiste à réclamer les limites dont il a lui-même plaidé l'abandon, et, après deux jours perdus dans une obstination sans objet, il imagine de céder ce qu'on lui demande, non pas pour la paix qu'on lui offre, mais pour un armistice que rien ne l'autorise à solliciter. Il fait plus, dans ces pénibles circonstances, où le moindre délai peut devenir mortel, il ne propose pas même le singulier expédient qu'il a improvisé. Il consulte M. de Metternich, qui est à vingt lieues de là; il lui soumet ce qu'il a dessein de faire. On ne pouvait mieux entrer dans les vues des alliés. Tous avaient vu leurs capitales envahies; nos aigles s'étaient montrées à Vienne, à Berlin, à Moscou. Ce souvenir importunait leur orgueil, ils brûlaient de nous rendre l'humiliation qu'ils avaient reçue.

Le succès de Brienne semblait leur garantir la satisfaction qu'ils ambitionnaient; il ne s'agissait que de s'assurer le temps nécessaire pour arriver à Paris. La paix, telle qu'on voulait l'imposer à l'empereur, en offrait les moyens. Elle était dure; il balancerait à l'accepter, et ses hésitations permettraient de consommer sa ruine. Les inconcevables prétentions que le duc de Vicence avait émises justifiaient cet affreux calcul.

Les diplomates étrangers étaient dans une sécurité complète, lorsque Caulaincourt, se ravisant tout-à-coup, consent à abandonner immédiatement, pour un armistice, tout ce qui est en question pour la paix. Le chevalier Floret, qui a reçu cette étrange confidence, la communique aussitôt à M. de Stadion, qui la transmet au comte Razumowski. Celui-ci prend sur-le-champ son parti. Les plénipotentiaires anglais n'ont point d'injure personnelle à venger : il sait que la paix est faite, s'ils apprennent que la France abandonne Anvers et se dessaisit de la Belgique. Il n'a qu'un moyen de la prévenir ; il s'en empare, et demande au nom de son souverain que les conférences soient suspendues. Il n'ignorait pas sans doute que c'était à la double faute de M. de Vicence qu'il devait les avantages qu'il avait pris. Mais M. de Vicence n'avait pas d'importance propre : c'était l'empereur qu'il s'agissait de détruire, on eut garde de ne pas lui imputer les méprises de son négociateur.

Les alliés ne s'en tenaient pas à cette fausse imputation : ils accusaient encore l'empereur d'avoir long-temps tardé à fournir son contre-projet de paix, et d'avoir enfin reproduit des prétentions incompatibles avec l'état des choses. Voyons encore si c'est sur lui ou sur son plénipotentiaire que doivent peser ces prétentions inopportunes.

Napoléon avait fait écrire, le 25 février, à son plénipotentiaire : « La prudence veut sans doute
« qu'on cherche tous les moyens de s'arranger;
« mais S. M. pense, et elle ordonne de l'écrire
« de nouveau à V. E., que ces moyens, ou tout
« au moins les données qui peuvent servir à les
« trouver, *c'est à vous à les procurer, et que les*
« *renseignemens à cet égard ne peuvent vous*
« *venir de lui, mais doivent lui venir de vous...*
« L'empereur juge comme vous que le moment
« est favorable pour traiter, si la paix est pos-
« sible ; mais pour juger cette possibilité, il *a*
« *besoin des lumières que lui procureront les*
« *négociations, ou vos rapports avec les négo-*
« *ciateurs.* »

Au lieu de ces données, de ces renseignemens, de ces lumières, Napoléon ne recevait que des représentations, vides d'indications utiles, sur sa position en général. Les dépêches de son plénipotentiaire contenaient des lieux communs sur la guerre, des exhortations, des demandes, où les convenances n'étaient pas toujours respectées. Le grand-écuyer ne savait pas plus traiter avec son souverain qu'avec les alliés, il ne l'éclairait pas, il le blessait. Après chacune de ses lettres, l'empereur se sentait toujours moins disposé à céder.

L'empereur avait envoyé, le 2 mars, de La Ferté-sous-Jouarre, les élémens du contre-projet. Le 8, il adressa au duc de Vicence une longue lettre, dont nous reproduirons un extrait :

« M. de Rumigny arrive... Le canevas que
« S. M. vous a envoyé avec sa lettre du 2 ren-
« ferme les matériaux du contre-projet que
« V. E. est dans le cas de présenter... S. M. vous
« a laissé toute latitude pour la rédaction..... Il
« s'agit, pour arriver à la paix, de faire des sa-
« crifices... Ces sacrifices portent sur des por-
« tions de territoire, la Belgique et la rive gau-
« che du Rhin, dont la réunion, *faite constitu-*
« *tionnellement,* a été reconnue par de nombreux
« traités. L'empereur ne peut pas, dans cette
« situation, proposer la cession d'une partie de
« territoire. Il peut consentir à quelques conces-
« sions, s'il n'est que ce moyen de parvenir à la

« paix ; mais pour qu'il y consente, il faut
« qu'elles lui soient demandées en masse par le
« projet que les alliés vous ont remis. Mais ce
« projet est leur premier mot, et leur premier
« mot ne saurait être leur *ultimatum.* Vous
« leur répondrez par l'acceptation des proposi-
« tions qu'ils ont faites à Francfort ; et cette
« réponse, qui est également votre premier
« mot, ne saurait être votre *ultimatum.* S. M.
« connaît mieux que personne la situation de
« ses affaires, elle sent donc mieux que per-
« sonne combien il lui est nécessaire d'avoir la
« paix ; mais elle ne veut pas la faire à des con-
« ditions plus onéreuses que celles auxquelles
« les alliés seraient véritablement disposés à
« consentir...

« Vous avez la pensée de S. M. sur les pro-
« positions qu'elle pourrait accorder. » (Il consentait à la cession du Brabant hollandais, Wesel,
Cassel, Kell, au besoin Mayence.) « Si les alliés
« s'en contentent, rien n'empêche que nous
« terminions ; s'ils en veulent d'autres, vous
« aurez à les discuter pour arriver à les faire
« modifier ; *vous irez verbalement aussi avant*
« *que vous le jugerez convenable,* et quand vous
« serez parvenu à avoir un *ultimatum* positif,

« vous vous trouverez dans le cas d'en référer à
« votre gouvernement pour recevoir ses derniers
« ordres. »

Napoléon hésite, montre une sorte de mécontentement contre un plénipotentiaire qui le régente sans l'aider, sans lui fournir aucune lumière, mais il *veut la paix*, il avoue qu'elle lui est nécessaire, et il n'est retenu que par la crainte de céder à des conditions dont les ennemis pourraient se désister. « Vous irez verbalement aussi loin que « vous le jugerez convenable. » C'était encore une sorte de carte blanche, car si le plénipotentiaire, après être *parvenu à un ultimatum positif, ne se trouve pas dans le cas d'en référer*, attendu que, s'il n'accepte pas dans les vingt-quatre heures, la négociation sera immédiatement rompue, la paix est faite, le sacrifice consommé.

Il n'en arriva pas ainsi. Le duc de Vicence, loin de fournir un contre-projet dans le sens qui lui était prescrit, fit insérer au protocole de la conférence du 10, deux déclarations qui enflaient plutôt qu'elles n'atténuaient les prétentions sur lesquelles il insistait. L'empereur le remarqua et chercha à y remédier.

Dans la situation des choses, l'envoi des pouvoirs absolus était le seul moyen d'aller au but, s'il pouvait encore être atteint. Le duc de Bassano fut autorisé à les donner; mais pour produire une impression plus forte sur le plénipotentiaire, Napoléon lui écrivit lui-même, le 17 mars :

« Monsieur le duc de Vicence, je vous donne
« directement l'autorisation de faire les conces-
« sions qui seraient indispensables pour main-
« tenir l'activité des négociations, et *arriver enfin
« à connaître l'ultimatum des alliés*, bien entendu
« que les concessions qui seraient faites par le
« traité auraient pour résultat l'évacuation de
« notre territoire, et le renvoi, de part et
« d'autre, de tous les prisonniers, etc., etc. »

Une autre lettre écrite par le duc de Bassano, en date du 19, répétait cette autorisation, en expliquant que Napoléon n'y mettait aucune limite.

Au moment même où ces députés étaient expédiés au quartier-général, les plénipotentiaires alliés déclaraient à Châtillon que les négociations étaient terminées. Revenons sur ce qu'ils avaient fait.

Le 13, ils avaient répondu aux déclarations verbales faites le 11 par M. de Vicence, en se renfermant dans un cercle de vingt-quatre heures. Dès lors, ce plénipotentiaire ne peut plus douter que le projet de traiter qu'ils ont remis ne soit, à quelques modifications près, leur *ultimatum*. Il demande un nouveau délai; il l'obtient, et présente enfin, le 15, un contre-projet. Mais il n'y parle ni du Brabant hollandais, ni de Wesel, de Cassel, de Mayence, de Kell, qu'il est autorisé à abandonner. Dans ses déclarations du 10, rien n'est modifié, adouci; rien n'est oublié, pas même la princesse Élisa, le grand-duc de Berg, le prince de Neufchâtel, le prince de Bénévent. Il n'y a pas jusqu'aux petits princes allemands que le plénipotentiaire français ne prenne sous sa protection, à qui il ne veuille faire obtenir des indemnités : protection d'autant plus méritoire de sa part, qu'il agit formellement contre les intentions de Napoléon, qui offrait à cet égard de laisser faire les alliés.

Ceux-ci, que cette persistance étonne, rappellent avec dérision au plénipotentiaire que, six semaines auparavant, il a offert, pour un armistice, ce qu'il refuse aujourd'hui pour la paix, et les négociations sont rompues. Mais à qui s'en prendre? Sur qui doivent peser les conséquences de la rupture? Ce n'est assurément pas sur l'empereur.

A Monsieur A. B.

1er août 1839.

Je vous envoie, monsieur, les détails que vous m'avez demandés au sujet de la marche de l'empereur sur Fontainebleau. Ils sont peut-être un peu succincts, mais je répugnais à m'étendre sur un sujet si pénible, et puis j'avais à votre disposition un petit écrit, qui vaut, à lui seul, tout ce que j'aurais pu vous dire. C'est le recueil des factums que M. de Bourrienne publiait en 1815 contre nous. Ce qu'il écrivait alors dispense de répondre à ce qu'il publie aujourd'hui.

Recevez, monsieur, etc.

Général Gourgaud.

L'empereur, abusé par les rapports de l'arrière-garde, s'était enfin assuré que les alliés marchaient sur Paris. La plus grande partie de ses troupes se trouvait sur les routes de Saint-Dizier, de Bar-sur-Ornain et Doulevens. Il se reporta à

Saint-Dizier pour y passer la Marne, gagner la Seine, la passer, et, couvert pas cette rivière, voler au secours de la capitale. Il fut joint à Doulevens par une estafette qui lui confirma tout ce qu'il avait appris de la marche de l'ennemi. Arrivé au pont de Doulencourt, il en reçut de nouvelles, se mit à parcourir leurs dépêches pendant que la cavalerie de Sébastiani défilait. Quand il en eut pris connaissance, il me fit appeler et me dit : « Gagnez la tête de la colonne, prenez trois escadrons de Polonais les moins fatigués, et à tout prix atteignez Troyes, afin d'empêcher les partisans ennemis de rompre les ponts. Dès que vous serez arrivé, vous expédierez un courrier à l'impératrice, vous lui direz qu'on tienne et que j'arrive.—Dois-je faire connaître, lui demandai-je, l'itinéraire de V. M. et les troupes qui sont avec elle?—Non, répliqua-t-il, dites seulement qu'on tienne, que j'arrive. Adressez votre lettre non à l'impératrice, mais à Clarke. »

La cavalerie succombait déjà à la fatigue; néanmoins, je pressai la marche et j'atteignis Troyes dans la nuit. Je pourvus d'abord à la sûreté de cette place, où je m'emparai sans coup férir de dépôts et d'hôpitaux assez considérables.

Je fis chercher un postillon, et j'allais l'expédier lorsque je vis arriver le général Dejean, qui m'apprit qu'il allait en toute hâte à Paris. Il avait quitté l'empereur après moi, je lui cédai le seul cheval de poste que j'eusse pu me procurer, remettant à expédier mes dépêches, que je jugeais moins importantes que la mission dont il était chargé.

Je n'eus pas la peine de faire cet envoi. J'avais à peine remplacé mon postillon, qu'une voiture escortée de quatre à cinq chasseurs de la garde se présenta. C'était l'empereur. Je m'empressai de lui rendre compte des mesures de sûreté que j'avais prises, des nouvelles que je m'étais procurées, ainsi que du passage du général Dejean, etc. Il approuva ce que j'avais fait, et comme je lui témoignais les craintes que j'avais de le voir ainsi exposé au milieu des partisans ennemis, il m'apprit que les colonnes étaient en marche, qu'elles allaient arriver. Il me chargea, en attendant, de porter des patrouilles sur toutes les routes, de réunir les gardes nationales, de rassembler le plus de forces possible.

La nuit s'écoula sans incident fâcheux. Les colonnes arrivèrent; l'empereur laissa le prince de Neufchâtel à leur tête et partit au galop avec quelques officiers qu'il désigna, et au nombre desquels se trouvait, non pas le grand-maréchal, comme vous dites que portent les Mémoires, mais le duc de Dantzick. Nous ne fîmes pas non plus les dix premières lieues, en deux heures, avec les mêmes chevaux, car ils n'y auraient pu suffire; mais nous atteignîmes assez lestement Villeneuve-l'Archevêque, où nous nous procurâmes des moyens de transports. Napoléon se plaça, de sa personne dans un cabriolet d'osier, avec le duc de Vicence; le général Drouot et deux aides-de-camp montèrent dans une cariole; je me jetai avec le duc de Dantzick dans un cabriolet.

Dans la route, le maréchal ne m'entretint que des mesures à prendre pour exalter l'enthousiasme des Parisiens et défendre la capitale. Il se félicitait que l'empereur l'eût choisi pour cette opération, parce qu'il était connu et aimé des faubourgs, qu'il se promettait bien d'enlever.

A Sens, l'empereur s'arrêta quelques instants; il me donna l'ordre de faire placer des hommes armés aux portes, afin d'empêcher qui que ce fût d'en sortir. Pendant que j'étais occupé de ces dispositions, un individu se présente, et me prévient qu'il est porteur d'une *clef*, c'était me dire qu'il était émissaire; je l'introduisis sur-le-champ. L'empereur le reçut, l'interrogea lui-même et demanda aussitôt ses chevaux. Nous partîmes plus rapidement encore que nous n'étions venus; non pas toutefois dans une mauvaise cariole, comme le disent les Mémoires, mais dans une belle et bonne calèche. Ce n'était donc pas le cas de faire ces rapprochemens ridicules, dont vous me parlez, entre le luxe que l'empereur avait autrefois déployé et la modestie de l'équipage qui le portait maintenant. Mais ce n'est pas la peine de nous arrêter à ces sottises, je reprends. Nous courûmes sans désemparer, nous n'arrêtâmes qu'à Fromenteau, où l'empereur apprit vers onze heures du soir la bataille de Paris, et la capitulation qui en avait été la suite. Sa première pensée fut de continuer sa marche et d'arriver de sa personne dans la capitale. On parlait de mettre toutes les cloches en mouvement, d'illuminer la ville, d'éclairer les tours et d'enlever les hauteurs de Montmartre avec la garde nationale. Malheureusement, quelques-uns des généraux qui avaient combattu sous Paris se croyaient liés par la capitulation qui venait de se conclure. Il n'en était rien cependant. La troupe avait satisfait aux conditions qui avaient été souscrites et se trouvait libre de ses mouvemens. Ils n'en jugèrent pas ainsi, et firent tant de représentations que l'empereur se laissa ébranler. Il céda, la fortune n'était plus pour lui. Cependant, le duc de Vicence fut envoyé à l'empereur Alexandre, et Napoléon, retourné au-devant de ses troupes, s'établit à Fontainebleau, où il arriva le 31 mars, à six heures du matin. Il logea, comme le raconte Bourrienne, dans les petits appartemens. Il était sans escorte, les têtes de colonne étaient encore éloignées : je fus obligé, pour garder le château, de faire venir ce qui restait de la compagnie départementale. L'empereur ne s'enferma point, ne resta point seul pendant toute la journée, ainsi que le prétendent les Mémoires. Loin de là, il nous fit successivement appeler dans son cabinet le général Drouot, le général Flahaut et moi. Il nous demanda notre avis sur l'état des affaires, et le parti que nous pensions qu'il convenait de prendre. Je sus plus tard que nous avions envisagé les choses à-peu-près de la même manière. Quant à moi, je pensais qu'il fallait arrêter les colonnes, rallier l'armée que des marches continuelles avaient éparpillées sur les routes qu'elle avait parcourues et la porter avec tout ce que nous pouvions réunir de forces en Alsace et en Lorraine. La belliqueuse population de ces contrées n'attendait qu'un signal pour se lever en masse. Avec son secours et les ressources que renfermaient les places, nous pouvions faire un tort infini aux alliés. L'empereur ne jugea pas que ce fût là ce qu'il y avait à faire. Il préféra rester à Fontainebleau avec la tête de ses troupes et appuyer ses masses sur Orléans. « Tant que je serai ici, me dit-il, les intrigans de Paris n'oseront pas bouger. » J'essayai de lui faire sentir les inconvéniens que présentait cette résolution, surtout ceux qui tenaient à l'artillerie dont j'étais spécialement chargé. Je lui représentai que les calibres des batteries organisées ne permettaient pas de faire usage des projectiles que nous trouverions dans cette partie de la France. Je laissai même percer la crainte que le voisinage de Paris ne détrempât le moral de quelques généraux qui avaient la plupart leurs familles, leurs affections dans cette capitale. L'empereur avait une meilleure opinion de ses lieutenans, il était convaincu qu'ils comprenaient tous la question qui se débattait; il repoussa les pressentimens. Il revint plus tard de son erreur, mais alors son illusion était entière.

Les corps de Marmont et de Mortier étaient

campés à Essonne. L'empereur voulut les voir. Il se rendit au milieu d'eux, et visita leurs positions. Le colonel Fabvier venait d'arriver. Il le manda et apprit de lui tout ce qui s'était passé dans la capitale. Il regagna immédiatement Fontainebleau, et me dicta l'ordre du jour qui signalait à l'armée les coupables manœuvres qui nous ont perdus.

Je ne sais quelle impression cette pièce produisit sur quelques généraux, mais je puis assurer, sans craindre qu'aucun de mes camarades me demente, qu'elle répandit dans nos rangs une ardeur dont il y a peu d'exemples. On demandait à marcher sur Paris, on était impatient de faire justice des traîtres, de joindre l'étranger et de le chasser de la capitale. L'exaltation était extrême, on était tellement outré de voir Paris dans les mains des alliés que quelque fut la disproportion des forces, il est difficile de dire ce qui fut arrivé, si l'empereur, profitant du premier feu qui animait les troupes, eût marché droit à l'ennemi, mais le voisinage de Paris produisit son effet. Les sollicitations de toute espèce n'avaient pas cessé ; lorsqu'on voulut tirer parti de l'élan des troupes et des jeunes officiers, on ne trouva plus que froideur dans les chefs. Chacun d'eux avait des honneurs, une fortune à conserver et n'était plus occupé que des moyens d'y parvenir. Il est juste de dire que cet égoïsme politique se montrait surtout chez les généraux que l'empereur avait le plus comblés, et qu'il y eût de nobles exceptions; le général Gérard entr'autres conservait son élan au milieu de la torpeur générale, et ne demandait qu'à marcher. Napoléon pensant que la mauvaise volonté que manifestaient les généraux avait gagné la troupe, et, craignant qu'une attaque mollement exécutée n'eût d'autre résultat que de compromettre la capitale, se résigna au sacrifice qu'il avait dès long-temps annoncé; il ne voulut pas prolonger des malheurs désormais sans remède, il abdiqua en faveur de son fils. Les alliés avaient proclamé que c'était à lui personnellement qu'ils faisaient la guerre. L'abdication terminait la lutte, le duc de Vicence, les maréchaux Ney et Macdonald furent chargés de la notifier. Ils partirent pour Paris le 4 avril; quelques heures après, l'empereur m'envoya près des maréchaux Marmont et Mortier, savoir si l'ennemi manifestait quelques projets d'attaque, et leur dire, s'il n'en montrait pas, qu'il désirerait s'entretenir avec eux. Je ne trouvai à Esssonne que le colonel Fabvier; le maréchal avait suivi les commissaires, et s'était rendu à Paris. Comme je témoignai l'étonnement que me causait sa détermination, arriva un officier du général Lucote, qui commandait à Corbeil : il était chargé d'une lettre, par le maréchal. Le colonel hésitait à l'ouvrir, mais elle renfermait peut-être un avis de mouvement que faisait l'ennemi; je l'engageai à en prendre connaissance. Il le fit : quel fut mon étonnement de voir que l'acte d'abdication venait d'être mis à l'ordre du jour. Le général, aussi étonné que moi, ne savait que penser de cette pièce singulière, qui était pourtant revêtue de toutes les signatures qui devaient la garantir. Il ne pouvait croire qu'elle fut émanée de l'état-major et demandait au maréchal ce qu'il devait en penser. La lettre de ce brave homme exprimait les angoisses qui déchiraient son âme; en serions-nous au point, disait-il, qu'il nous fallut abandonner celui que proscrivent les ennemis de la France? L'amitié, la confiance que l'empereur n'avait cessé de montrer au duc de Raguse, le dévouement dont celui-ci avait jusques-là fait profession, sa fierté, sa hauteur, tout éloignait de mon esprit la pensée d'une trahison. Ne pouvant m'expliquer ce dont j'étais témoin, je me rendis près du général Souham, qui commandait en l'absence du maréchal. Je ne pus le voir; la nuit tombait, je poussai auprès du duc de Trévise : je lui transmis le message dont j'étais chargé, et lui annonçai l'absence de son collègue. Il la jugea aussi étrange que je l'avais jugée moi-même, et m'engagea à l'annoncer sur-le-champ à l'empereur. Je gagnai Fontainebleau en toute hâte. La nouvelle que je lui apportais fit sur Napoléon une impression de surprise et de douleur difficile à décrire. Il ne voulait pas y croire ; il m'interrompait, me pressait de détails, me faisait répéter ce que je lui avais déjà dit. Quand enfin il ne pût plus avoir de doute, Marmont me trahit, s'écria-t-il, il sera plus malheureux que moi. A cet instant arriva le maréchal Mortier ; des officiers polonais accourus de leur côté au grand galop, annoncèrent que la défection était consommée, que le 6ᵉ corps était passé à l'ennemi.

Cet événement changea totalement la face des affaires. L'empereur Alexandre était ébranlé par les commissaires et surtout par le maréchal Ney, qui protestait avec véhémence que l'armée périrait tout entière plutôt que de recevoir un souverain que la nation n'avait pas choisi. Il était prêt à se rendre à la conviction qui animait le maréchal, lorsqu'un aide-de-camp vint lui annoncer, en russe, que le 6ᵉ corps avait passé aux alliés avec armes et bagages. Eh quoi ! dit alors l'autocrate, vous parlez de mourir, vous vantez l'unanimité de l'armée française, et voilà que les troupes du duc de Raguse abandonnent elles-mêmes la cause que vous soutenez. Ce cruel incident avait tranché la question, tout espoir de régence était désormais perdu. Marmont, au désespoir, s'écriait qu'il donnerait un bras pour que semblable chose n'eût pas eu lieu. Dites votre tête, M. le maréchal, lui répondit le duc de Tarente, et ce ne serait pas trop.

L'abdication conditionnelle ne suffisait plus aux alliés; ils demandaient maintenant qu'elle fût pure et simple. L'empereur, outré que des hommes, qu'il avait tant épargnés, montrassent si peu de modération dans la victoire, ne voulut plus rien entendre. Il révoqua un acte qui ne les satisfaisait pas et se disposa à s'en remettre aux armes. Ses ressources étaient encore considérables : il pouvait réunir les troupes du maréchal Soult, celles de Suchet, d'Augereau et tenter de nouveau la fortune à la tête de 70,000 braves. Mais ses alentours s'étaient déjà dispersés, livrés à des combinaisons particulières, il eût fallu organiser la guerre civile, mettre la France en feu, il se résigna encore et se démit du pouvoir, comme on le demandait.

Général GOURGAUD.

RECUEIL

DE PIÈCES INSÉRÉES DANS LE CORRESPONDANT DE HAMBOURG, PENDANT LES CENT JOURS DE L'USURPATION.

Avis de l'Éditeur.

Les articles que nous publions aujourd'hui ont paru successivement, traduits en allemands, dans le *Correspondant de Hambourg*, pendant l'usurpation, depuis le 8 avril jusqu'au 15 juin 1815. Leur à-propos les fit alors insérer dans presque toutes les gazettes officielles d'Autriche, de Prusse, de Bavière, de Suède, de Danemarck, de Russie, d'Italie et dans les journaux ministériels d'Angleterre.

Il fut généralement reconnu au congrès de Vienne que la publication de ces articles, en éclairant les peuples sur la véritable situation des choses en France, secondait parfaitement les vues des souverains alliés qui s'armaient pour préserver le monde d'une nouvelle catastrophe.

En les lisant, il ne faut oublier, ni que ce sont des articles fugitifs de journaux, faits à la hâte, se succédant rapidement, ni l'époque où ils parurent, ni l'intention dans laquelle ils furent rédigés, ni la situation des esprits, ni la manière dont les étrangers, trompés par les émissaires de Bonaparte, avant et surtout après le 20 mars, envisageaient les affaires de France. Il fallait diriger l'opinion dans le sens le plus avantageux à la cause du roi et de la dynastie des Bourbons, et le plus favorable à la nation française, en la séparant de Bonaparte et de ses adhérens, aux yeux de l'Europe indignée de si honteuses défections et de si lâches trahisons.

Nous avons pensé qu'il serait encore utile dans le moment présent de rappeler les vues et les principes qui ont inspiré ces articles, tant pour les étrangers que pour les Français auxquels le gouvernement mensonger de l'usurpation ne les fit alors connaître qu'en les dénaturant.

Nous ne nommons pas la personne qui a rédigé ces articles; mais nous plaçons en regard du texte français, la traduction allemande, extraite du *Correspondant*, pour ne laisser aucun doute sur leur authenticité. Elle serait d'ailleurs prouvée par les injures qu'ils valurent à leur auteur de la part des journalistes français, dociles depuis vingt-six ans à calomnier ceux que leur livrait l'autorité, et par le témoignage d'hommes également distingués, et par leur mérite, et par leur place, qui en eurent alors connaissance.

Ce n'est même que pour céder à la demande de beaucoup de ces personnes recommandables, qui désirent avoir ces articles réunis et tels qu'ils furent publiés, que nous les livrons aujourd'hui à l'impression.

N° I.

Hambourg, 3 avril 1815.

Débarquement de Bonaparte en France.

Bonaparte est parti de l'île d'Elbe le 26 février dernier, est arrivé au golfe Juan le 1er mars et le 20 à Paris, où il se trouve provisoirement maître de la France.

Cet événement a dû paraître surnaturel à la plupart des hommes, et a laissé dans presque tous les esprits la conviction que la nation française était pour l'usurpation.

Mais s'il faut s'étonner de quelque chose, c'est que Bonaparte ne soit pas arrivé à Paris dès le 6 mars, temps nécessaire pour faire le chemin en poste; car les troupes étaient depuis long-temps échelonnées sur la route pour sa réception, et chaque régiment, même jusqu'aux portes de la capitale, était disposé pour lui servir d'avant-garde. Un seul fait le prouvera.

Lorsque arriva l'ordre de la part du roi de faire sauter le pont de Joigny, le colonel des lanciers de Berry, en garnison dans cette ville, s'y opposa, en disant : *Je le garde pour l'empereur.*

Il n'était donc possible d'opposer à Bonaparte que les gardes nationales. Mais si l'on envisage la rapidité de sa marche, le peu de temps que le roi a eu pour les mettre en mouvement, la trahison du maréchal Ney, sur lequel on comptait, qui avait assez de forces pour arrêter alors l'ennemi, et sous lequel on avait réuni plus de 4,000 Francs-Comtois, qui ont été abandonnés par la troupe de ligne et obligés de se disperser, l'accroissement rapide et progressif du corps d'armée de Bonaparte, qui, de 1100 hommes au débarquement, était à Lyon de 6000, de 12,000 après la réunion du maréchal Ney, et de 25,000 en arrivant à Paris, on concevra facilement la difficulté, pour ne pas dire l'impossibilité d'opposer, en douze jours, à ce torrent, une force suffisante de citoyens armés.

L'armée seule a appelé Bonaparte. Lasse de son inaction, elle voulait un chef qui la menât à la guerrre. Accoutumée au pillage et à l'insubordination, elle ne pouvait se faire à la paix et à la discipline. Presque tous ses chefs aspiraient à reprendre leurs dotations, et à reconquérir ces fortunes colossales, fruits de la dévastation de l'Europe. Cette armée a séparé son sort de celui de la nation française, et l'ambition d'une poignée de Français a fait le malheur de tous.

Telle est la véritable source de cette vaste conspiration de l'armée contre la nation, à laquelle celle-ci est absolument étrangère. Elle le prouvera par sa conduite, et en effet, quel est l'homme de sens qui pourrait penser que la nation française préférât un tyran ombrageux, vindicatif et cruel, à un roi bon, clément et vertueux, la guerre à la paix, le trouble à la tranquillité, le blocus de ses ports et de ses frontières, à un commerce actif et florissant, la ruine de ses manufactures à leur prospérité, le massacre de ses enfans à leur conservation, le règne de la terreur à celui des lois, le désordre à l'ordre, le plus honteux esclavage à la plus douce liberté; en un mot, tous les fléaux à tous les genres de bonheur?

Quelqu'effroyable que soit la catastrophe qui, comme la foudre, vient de frapper la France et l'Europe, nous devons encore des actions de grâces à la Providence. Les monstres qui ont sacrifié leur patrie à leurs intérêts avaient conçu une plus vaste conspiration. Bonaparte n'a point en son pouvoir le roi ni la famille royale dont les troupes du Nord devaient s'emparer, ainsi que de la capitale, le jour même de son entrée à Lyon. Bonaparte n'a point son fils qui, à la même époque, devait être enlevé de Vienne et conduit en France. Ses ordres d'arrêter à Lille le roi et tous les siens, n'ont point reçu leur exécution, grâces à la loyauté de M. le maréchal Mortier. Cette auguste famille, l'espoir des Français et de la tranquillité de l'Europe, est à l'abri des atteintes du nouvel Attila. Partout l'expression des plus vifs regrets, les cris du désespoir et les larmes de toutes les familles ont accompagné Louis XVIII à sa sortie de France.

Ne doutons donc pas que les Français, opprimés dans ce moment par les cohortes prétoriennes, ne revoient avec enthousiasme un roi légitime qu'ils aiment, et sous lequel ils ont fait une trop courte épreuve du bonheur.

Ce bonheur reluira bientôt sur la France. La monstrueuse alliance du jacobinisme et du despotisme de Bonaparte ne durera pas long-temps, et s'il était possible qu'il résistât aux efforts de l'Europe conjurée contre lui, sans doute il tombera sous les coups de ceux-là même qui l'ont rappelé de son exil.

N° II.

Hambourg, 11 avril 1815.

Danger pour l'Europe de l'invasion de Bonaparte en France. — Nécessité de s'y opposer sans délai.

On a laissé arriver les nouvelles de Paris. Elles

nous apprennent que Bonaparte craint la guerre en ce moment. Tous ses actes, tous ses discours, tous les articles commandés aux journaux tendent à faire croire à la nation française que les puissances étrangères ne pensent pas à la guerre, et aux puissances étrangères qu'il ne pense pas à la leur faire. Mais on reconnait là facilement ses ruses accoutumées, cette astuce et cette mauvaise foi avec lesquelles il a si long-temps trompé et la France et l'Europe. Quelles que soient ses hypocrites protestations, il doit vouloir la guerre et il la veut; il doit la faire et il la fera.

Comment satisfaire ces troupes qui lui ont donné la puissance? comment satisfaire ces traîtres qui ne l'ont été que pour la fortune et les grandeurs? comment entretenir cette armée d'officiers que l'économie du roi avait mis à la demi-solde? comment donner des dotations? Et cette soif de dominer qui le dévore, ce brûlant désir de vengeance qui l'anime, cette rage de faire du bruit, comment les satisfaire sans la guerre?

Si on lui laisse le temps de s'établir, de recruter son armée, de se procurer des armes et des munitions, de travailler la nation, de corrompre des cabinets, de soulever les peuples, c'en est fait et des trônes et de la véritable liberté des peuples et du repos du monde.

Que l'on ne s'y trompe pas, ce n'est pas seulement du roi de France *dont* il s'agit en ce moment, mais de l'existence de tous les souverains, du salut de leurs états.

Bonaparte arrive sur le continent avec un autre système que celui qu'il suivait, lorsqu'on le chassa de la France. Il y a quelques années, les peuples, suivant lui, avaient trop de pouvoir; il augmenta, partout où il le put, celui des souverains; il renversa même les constitutions libérales de plusieurs états. Il disait hautement qu'il fallait tout faire pour les peuples et rien par eux. Aujoud'hui, il vient dire aux peuples que les rois sont faits pour eux, qu'eux seuls les élisent ou les rejettent, les chassent ou les rappellent; que tout ce qui s'est fait sans le choix du peuple est nul. Il arrive avec tous les principes démagogiques de 1793, et toute la force et toute la puissance d'un despote absolu. Il veut renverser les rois par les peuples, pour opprimer ensuite les peuples, tout à son aise.

Il faut le dire, jamais il n'a été si dangereux

pour l'Europe; il ne faut, pour s'en convaincre, que lire ses décrets, ses proclamations, ses discours; c'est un jacobin couronné et puissant; c'est Robespierre à la tête d'une armée de fanatiques. C'est un nouveau Mahomet qui, le glaive d'une main et le livre de la prétendue liberté des peuples de l'autre, se prépare à révolutionner le monde. En recevant l'empire des mains des soldats, il vient de nous retracer ce que l'histoire du Bas-Empire a de plus hideux. Ce n'est que par la chute prompte de ce nouveau chef de secte que l'Europe peut se préserver du torrent dévastateur qui la menace.

N° III.

Hambourg, 15 avril 1815.

Réfutation des observations du Moniteur *sur la déclaration du congrès de Vienne du* 15 *mars.*

On lit dans le *Moniteur* du 5 avril un long article intitulé : *Observations sur une déclaration du congrès de Vienne.* Il est impossible d'accumuler en si peu de mots, autant de mensonges, de sophismes et d'absurdités.

Il faut considérer le mouvement général qu'a imprimé à l'Europe l'usurpation de Bonaparte sous deux rapports très-distincts. Ce que doivent faire et feront les Français? ce que doivent faire et feront les alliés?

Sans doute, si les Français étaient parfaitement d'accord dans le changement qui vient d'avoir lieu; s'il y avait cette unanimité qui ne laisse aucun doute sur le succès; si ce changement était tel qu'il ne pût avoir aucune espèce d'influence sur le repos et l'Europe; s'il ne violait en aucune manière les traités existans entre la France et les puissances européennes, la nation aurait incontestablement le droit de dire à ces puissances: De quoi vous mêlez-vous? nos affaires intérieures ne vous regardent pas, nous sommes tous d'accord pour les régler; ce qui se passe chez nous ne produira aucune secousse au-dehors. Nous vous laissons faire chez vous ce que vous voulez; cette indépendance que nous reconnaissons chez vous, nous la réclamons; peu vous importe que nous ayons tort ou raison, c'est notre affaire; vous n'êtes point nos juges, une nation n'a point de tribunal suprême, nous ne voulons imposer de lois à personne, mais nous n'en voulons recevoir de personne.

Mais tel n'est pas, certes, l'état des choses en France! La nation ne consiste pas dans une armée de cent mille hommes qui a appelé et soutient momentanément Bonaparte, ni dans une poignée d'ambitieux qui, pour retrouver leur grandeur passée, se font de nouveau un jeu d'épuiser les biens et le sang des Français, et qui déjà remplissent les cachots des malheureuses victimes de leurs passions haineuses. La nation consiste dans cette immense majorité de cultivateurs, d'artisans, de propriétaires, de négocians, de manufacturiers, etc., etc., qui tous et par intérêt et par sentiment repoussent l'usurpateur. Dira-t-on que les Français sont unis lorsque l'insurrection s'étend des Alpes à l'Océan? lorsque la guerre civile éclate dans tous les lieux où la troupe de ligne ne se trouve pas en force? lorsque le sang coule sur les bords de la Dordogne et de la Durance?

Cette immense majorité de la nation qui ne veut pas de Bonaparte n'appellera pas sans doute les alliés, mais elle les verra sans crainte, s'ils viennent chercher au milieu d'elle, l'ennemi commun. Les royalistes et les alliés le combattront, chacun par des motifs particuliers, sans que l'on puisse accuser les premiers d'avoir appelé les seconds; ni ceux-ci d'avoir excité les royalistes.

Lorsque Bonaparte aura succombé, la nation ne pourra pas se regarder comme humiliée et vaincue; et en effet, elle ne le sera pas, puisque partout où le despotisme militaire de Bonaparte n'aura pas étouffé son élan, elle aura combattu elle-même l'armée de Bonaparte. C'est son armée qui sera vaincue, mais son armée n'est pas la nation, et elle ne lui appartient plus depuis qu'elle l'a si indignement livrée à ses nouveaux tyrans.

Quant aux puissances étrangères, leur conduite est toute simple et conforme à tous les principes de justice. Le traité d'abdication est violé, le traité de Paris est violé; leur éternel ennemi s'est emparé d'un grand pouvoir. Ce pouvoir peut leur être fatal. Déjà il inquiète, il s'agite, il menace. Déjà de prétendues adresses de sujets soumis à un prince légitime annoncent *qu'ils sont prêts à briser d'indignes liens, a la première occasion qui leur sera offerte* (*Moniteur* du 3 avril, *adresse des Belges retirés à Mézières*). Ce pouvoir, par le caractère de celui qui s'en est emparé, est imminemment dangereux pour l'Europe. L'Europe doit le détruire, et sans que l'on puisse l'accuser de s'immiscer dans les affaires intérieures de la France, elle a le droit de poursuivre partout où il est l'ennemi de son repos, de son industrie, de son commerce, de ses constitutions, de ses princes et de tout ce que l'homme a de plus cher.

N° IV.

Hambourg, 19 avril 1815.

Parallèle du gouvernement de Bonaparte et de celui de Louis XVIII. — Véritables sentimens de la nation française.

Ce que nous avons dit dans notre n° du 15 de ce mois sur l'état de la France se confirme. Les efforts des royalistes dans le Midi se continuent, et Bonaparte est forcé d'entretenir dans l'est et sur la Garonne un corps nombreux. La nation entière repoussera bientôt l'usurpateur. Il est visible pour tout homme sensé que l'on calomniait cette nation, en l'accusant d'avoir facilité à Bonaparte le chemin du trône. Les nations comme les individus désirent ce qu'il y a de mieux pour elles et cherchent à le conserver. Or, que tout homme de bonne foi compare la situation de la France au mois d'avril 1814 à celle du mois d'avril 1815.

Le drapeau blanc, arboré il y a un an sur le palais des Tuileries, fut le signal de la réconciliation de tous les Français; le drapeau tricolore est le signal des discordes civiles. Il y a un an, tous ceux que le malheur des temps avait arrachés à leur patrie accoururent oublier dans les embrassemens de leurs concitoyens, vingt années d'exil et d'infortunes; aujourd'hui une nouvelle émigration commence, et des milliers de Français sont forcés de fuir leur patrie livrée à toutes les horreurs de la guerre intestine.

Il y a un an, le drapeau blanc fut le signal de la paix du monde; le drapeau tricolore est en ce moment le signal de la guerre universelle. Il y a un an, toutes les familles, que le bruit des armes et une police ombrageuse et inquisitoriale avait éloignées de la capitale, y rentraient en foule, et y ramenaient le luxe et l'aisance ; dès que l'on connut à Paris le débarquement du Corse, et jusqu'au 21 mars, la police délivra 1,500 passeports par jour.

Il y a un an, des milliers d'étrangers, attirés par la douceur du gouvernement de Louis XVIII, venaient avec confiance jouir au milieu des Français de tout ce que l'urbanité de leurs mœurs, leur beau climat, le progrès de leurs arts et la magnificence de leur capitale, offrent d'intéressant et de curieux; aujourd'hui, le nom seul de Bonaparte est un épouvantail qui repousse tous les étrangers, loin d'un sol que leur propre sûreté leur fera même une nécessité d'attaquer. A l'arrivée de Louis XVIII, les mers, jusque-là fermées pour les Français, s'ouvrirent; le commerce et les arts fleurirent. A l'arrivée de Bonaparte, les mers sont de nouveau fermées; les arts et le commerce, amis de la paix et du repos, s'éloignent. Il y a un an, les papiers publics ne contenaient que des actes d'un gouvernement paternel, des grâces, des récompenses; on n'y lit aujourd'hui que des proscriptions, des exils, des condamnations arbitraires. Le premier acte de Louis XVIII fut de s'autoriser des représentans de la nation, et de lui donner une constitution libre et conforme aux lumières du siècle. Le premier acte de Bonaparte fut de chasser les représentans de la nation, de renverser la constitution et de se contenter d'en promettre une autre. Louis XVIII n'a jamais gouverné que par les lois; les caprices seuls de Bonaparte sont maintenant des lois pour les malheureux Français.

En est-il un seul d'entre eux, excepté les Tigellins et les Narcisses du Néron moderne, qui puisse balancer entre ces deux états de choses? Si les nations étrangères font la guerre à Bonaparte, parce qu'elles veulent détourner les malheurs et les désastres dont il les a accablées pendant dix ans; si elles s'arment contre ce dévastateur et cet incendiaire pour éviter la dévastation et l'incendie, et pour arriver à une paix stable, pourquoi voudrait-on que la nation française ne fît pas la guerre à ce même homme, qui est l'ennemi de son bonheur, pour arriver aussi à une paix durable sous le gouvernement paternel de son roi? Oui, si les alliés pénètrent en France, ils trouveront rangés sous le drapeau blanc les ennemis de celui que viennent combattre leurs armées.

N° V.

Hambourg, 22 avril 1815.

De Murat et de son alliance avec Bonaparte. — Minorité de l'armée française, comparée à la masse fidèle de la nation.

La déclaration officielle insérée dans la Gazette de Vienne du 12 de ce mois, jette un grand jour sur les événemens actuels. C'est au mois de février que Murat demande à l'Autriche le passage par l'Italie d'une armée dirigée sur la France; et c'est le 26 du même mois que Bonaparte s'échappe de l'île d'Elbe! Certes, quelque extravagant que soit Murat, il ne l'est pas assez pour s'être imaginé obtenir du roi de France, par la seule force de ses armes, une adhésion à l'usurpation du trône de Naples; adhésion qu'il savait bien ne devoir jamais être donnée ni de gré ni de force.

Mais en secondant les projets des conjurés en France, en facilitant et promettant de soutenir l'audacieuse entreprise de son beau-frère, en s'associant de nouveau à son sort, après l'avoir trahi en 1814, Murat prévoyait bien que le repos de l'Europe serait de nouveau troublé; qu'une guerre générale éclaterait; et il espérait que de ce désordre universel naîtrait peut-être pour lui une chance favorable qui raffermirait son trône ébranlé.

Il est difficile de concevoir rien de plus vil et de plus odieux que la conduite de ce roi éphémère, qui tour-à-tour trahit et les alliés et Bonaparte. Mais il est plus difficile encore de retenir l'indignation qu'inspire la conduite de ces militaires français, qui prononcent sans cesse avec une ridicule emphase les mots: *Honneur, patrie, indépendance nationale!!!* Cette minorité, inquiète et turbulente, composée de la même espèce d'hommes qui marchaient sous les drapeaux de Catalina, foule aux pieds l'honneur et les sermens plus solennels, provoque l'entrée sur le sol français d'une armée étrangère et d'un ramassis de Corses et d'Elbois, pour renverser le gouvernement légitime; et elle ose parler d'honneur et d'indépendance nationale! Et lorsque l'immense majorité de la nation cherche à secouer un joug odieux, cette criminelle minorité l'appelle rebelle et jette les hauts cris, lorsqu'à leur tour des armées étrangères s'avancent pour chasser l'usurpateur! Bonaparte prétendrait-il encore faire croire à la paix? Murat oserait-il, sans son ordre, affronter et la puissance autrichienne et l'Europe unie à elle par d'indissolubles liens? Mais non; cet homme ne fera plus de dupes. L'hypocrisie est démasquée; le signal est donné, et bientôt va commencer cette lutte glorieuse qui décidera sans retour la grande question de la légitimité et de l'usurpation, du crime et de la vertu, des lois et de l'anarchie, de la civilisation et de la barbarie, du bonheur et du malheur de l'Europe.

N° VI.

Hambourg, 28 avril 1815.

Champ-de-Mai.

Nous allons voir dans peu de temps chez nos voisins une grande farce politique. Bonaparte va donner aux Français des capitulaires; car il est à remarquer que cet homme, qui reproche au roi d'avoir fait revivre quelques articles des excellentes ordonnances de Louis xiv, ne parle plus que des lois des anciens Francs et des capitulaires de Charlemagne. Les Français vont avoir un Champ-de-Mai Si Bonaparte fût arrivé plus tôt, ils auraient eu un Champ-de-Mars. Les flatteurs à gages, qui l'ont si souvent mis au-dessus du Dieu de la guerre, auraient trouvé dans ce rapprochement une source inépuisable d'adulations.

En convoquant à Paris une si nombreuse assemblée de gens aisés, considérés et influens, Bonaparte a trois objets en vue : de faire répandre beaucoup d'argent dans la capitale, veuve des étrangers qu'a fait fuir sa seule présence; de se procurer des ôtages qui lui répondront de la tranquillité des départemens pendant l'exécution de ses mesures révolutionnaires; et enfin de jouer devant les citoyens les plus influens de la nation, une de ces grandes jongleries qui, jusqu'à ce jour, lui ont si bien réussi.

Voici un extrait du programme de la cérémonie :

La veille, les spectacles joueront *gratis* des pièces analogues à la comédie du lendemain. Le jour solennel, Bonaparte annoncera d'abord que sa femme et son fils ne sont pas encore arrivés. Il se dispensera d'en dire la raison, parce que toute vérité n'est pas bonne à dire. Mais comme, avec trente mille législateurs, on peut bien se passer d'une femme et d'un enfant pour faire une constitution, il sera décidé qu'on ne les attendra pas, et que leur couronnement aura lieu quand il plaira à Dieu et aux alliés. Après un discours plein de mensonges et de charlatanisme que Bonaparte prononcera, un de ces Licurgues qui, depuis vingt ans, ont consolidé le bonheur de la France, par les constitutions de 1791, 1792, 1795, 1800, 1802 et 1804, lira la nouvelle constitution pour l'été 1815. Le premier article en est ainsi conçu :

La naissance et l'hérédité ne sont pas, chez un peuple libre, des droits à la couronne. Le peuple la donne à celui qu'il croit le plus digne de la porter. C'est à ce seul titre qu'elle lui appartient. Aussitôt Bonaparte déposera sa couronne, quittera son trône et se confondra modestement parmi les électeurs. A l'instant même quelques centaines de voix le proclameront le plus digne. Le président reprendra la couronne, ira la placer sur sa tête, le proclamera imperator, en lui disant : « Sire, nous vous nommerions bien roi ; mais vous avez dit vous-même au mois de mars 1812 : « Je n'ai « point succédé à Louis XIV, mais à Charle- « magne. »

Des larmes couleront de tous les yeux (cela est prescrit dans le programme de la cérémonie); une musique guerrière se fera entendre. Tous les électeurs embrasseront l'empereur-citoyen, qui embrassera tous les citoyens-empereurs. Chacun alors reprendra sa place pour voter par acclamation, et sans en avoir entendu un mot, la nouvelle constitution, chef-d'œuvre de l'esprit humain, le *non plus ultrà* des constitutions passées, présentes et futures. D'après l'article 18 du programme, on jurera de la défendre jusqu'à la mort, avec la ferme résolution de n'en rien faire. D'après l'article 25, des fontaines de vin couleront dans toutes les places publiques, dans les Champs-Élysées et au Champ-de-Mars, et personne ne pourra douter que le peuple de Paris n'ait été dans l'ivresse.

Mais quittons le côté ridicule de jonglerie et parlons sérieusement de ce Champ-de-Mai. Si tous les électeurs se rendent à Paris (et la tyrannie des préfets les y forcera), l'assemblée sera de plus de trente mille personnes, car il y a, par département entre trois et quatre cents membres du collége électoral. Est-il un homme assez insensé pour concevoir une assemblée délibérante de trente mille orateurs? et si l'on considère que les instructions auront été dictées par les préfets et sous-préfets, tous dans la dépendance de Bonaparte et absolument dévoués à ses ordres; si l'on considère que d'après des décrets rendus en 1810, tous les militaires, officiers et soldats décorés de la Légion-d'Honneur sont de droit membres de l'assemblée électorale de leur département, que cette assemblée se tiendra à Paris, au milieu des baïonnettes, que quinze jours avant de la réunir, l'on aura travaillé les membres influens par tous les moyens de la séduction, de la terreur, des promesses et des menaces, y aura-t-il un seul Français digne de ce nom, qui regardera le vœu émis dans cette tumultueuse cohue comme le vœu de la nation? Non certes! mais supposons un moment que cette constitution imposée par Bonaparte conviennent réellement aux Français, qui leur en garantira l'exécution? N'a-t-il pas renversé, en 1800, la constitution qu'il avait défendue à coups de canon au 13 vendémiaire, où il cimenta dans le sang des Parisiens la puissance dictatoriale? N'a-t-il pas renversé, en 1802, sa constitution de 1800? En 1804, celle de 1802? Et n'a-t-il pas en 1813, chassé ignominieusement ces mêmes représentans de la nation devant lesquels il s'abaisse aujourd'hui avec tant d'hypocrisie?

Si Bonaparte veut prouver aux Français et à l'Europe que les trente mille électeurs sont les représentans libres de la nation; s'il veut véritablement se soumettre à leurs vœux et recevoir d'eux ou l'honneur de la couronne ou la peine de l'ostracisme, qu'il les laisse entièrement indépendans, qu'il les convoque loin de lui, loin des ministres de sa tyrannie, loin de la capitale, loin de ses armées; que l'on place au milieu de l'assemblée deux urnes, l'une royale, l'autre impériale, l'une pour y déposer les votes de ceux qui veulent le fils de Henri IV, l'autre, les votes de ceux qui veulent le fils Lœtitia-Fesch, et l'Europe jugera, mais seulement alors, si la nation française est complice de toutes les cruelles folies dont elle est, bien malgré elle, l'instrument et la victime. Jusque-là rien, absolument rien, ne doit lui être imputé, et tant qu'un joug de fer pesera sur elle, tout sera évidemment l'ouvrage de jacobins de 1793 et des prétoriens de 1815.

N° VII.

Hambourg, ce 29 avril 1815.

Union de Bonaparte avec les jacobins.

D'après toutes les nouvelles particulières de Paris, il paraît certain que Bonaparte commence à éprouver de grands embarras dans le système qu'il a adopté. Il a eu besoin des jacobins pour favoriser son entreprise. Il en a encore besoin pour ne pas perdre tout-à-coup son influence sur la populace, mais ils commencent à le gêner. Ceux-ci l'ont deviné depuis long-temps; ils savent qu'il pense déjà aux moyens de se défaire d'eux. Il est évident que la lutte est engagée et qu'ils ont déjà la haute main, surtout dans les affaires de la police et de l'intérieur. Les journaux français nous disent que l'on chante dans tous les théâtres les chants de 1793. Ce succès, le parti révolutionnaire n'avait pu jusqu'ici l'obtenir.

Il y a quinze mois, lorsque Bonaparte se trouvait si vivement pressé par les alliés, et que ses affaires étaient au plus mal, il se rapprocha un moment des jacobins. Ce fut dans ce temps que, revenant d'une de ces promenades à cheval qu'il faisait, d'après leurs conseils, dans les faubourgs Saint-Antoine et Saint-Marceau, caressant la populace, il répondit à ses courtisans qui osaient blâmer cette ridicule popularité : « Messieurs, « vous direz tout ce que vous voudrez, mais il « n'y a de noblesse que dans la canaille des fau- « bourgs et de canaille que dans la noblesse que « j'ai faite. »

Les jacobins, à cette époque, lui offrirent de le sauver; mais ils exigèrent de lui qu'il leur en abandonnât les moyens. Il fut alors question de remuer le peuple comme aujourd'hui, par des mesures révolutionnaires. On demanda à Bonaparte de faire chanter partout les hymnes sanglants : *Allons, enfans de la patrie : Veillons au salut de l'empire*, et *Ça ira*. On lui fit d'autres propositions non moins extravagantes. Bonaparte vit le piége et rompit la négociation. Il aima mieux se confier aux hasards des combats qui lui offraient quelques chances de salut qu'aux jacobins qui, selon lui, ne lui en offraient aucune.

Sa délirante ambition et des circonstances particulières l'ont déterminé à se jeter de nouveau dans leurs bras. Mais les dangers qu'il prévoyait, il y a quinze mois, sont toujours les mêmes. Il disait alors qu'il ne pouvait y avoir aucun rapport entre les principes démagogiques de 93 et les principes de la monarchie; entre des clubs d'enragés et un ministère régulier; entre un comité de salut public et un empereur; entre des tribunaux révolutionnaires et le règne des lois. Tout cela, il se le dit encore aujourd'hui; mais comment faire? Il compte sur les soldats pour exterminer les jacobins, et il ne voit pas que ceux-ci jacobinisent l'armée. Comme il les a trompés au 18 brumaire, comme il n'a tenu aucune des promesses qu'il leur avait faites pour l'aider dans cette révolution, ils sont sur leurs gardes; ils se méfient de lui; ils l'obsèdent, ils l'enveloppent; et au moment où il s'y attendra le moins, il sera forcé de proclamer la république, dont on voudra bien, par grâce, le laisser quelque temps le premier magistrat. La masse de la nation, étrangère à l'un comme à l'autre parti, victime de tous les deux, profitera des discussions de ses oppresseurs, secouera le joug olygargique, et se rejetera avec enthousiasme dans les bras de son roi légitime.

Voilà ce que la force des choses, amenerait infailliblement en France, même sans la guerre étrangère. L'entrée des armées sur le territoire français, en offrant un point d'appui à la nation, ne fera que précipiter ce grand dénouement si nécessaire au repos du monde.

N° VIII.

Hambourg, 2 mai 1815.

Journaux des bords du Rhin.

Ceux qui observent, avec le vif intérêt qu'elle inspire, la grande et décisive lutte qui se prépare, ne peuvent se défendre d'un sentiment pénible, en voyant la désastreuse opinion que cherchent à répandre dans les armées alliées quelques journaux des bords du Rhin. Ils prêchent contre la France une croisade dévastatrice, le massacre de ses habitans, le partage de ses provinces, l'anéantissement du nom même de Français; confondant ainsi dans leur juste haine contre le tyran et ses complices, les vingt-cinq millions de Français qui soupirent après leurs délivrance. Ces journalistes semblent vouloir les placer dans la nécessité de faire cause commune avec leurs oppresseurs, pour échapper à l'inévitable destruction, dont on menace si inconsidérément la nation entière.

Est-ce bien là servir la cause de l'Europe, la cause de l'humanité? Disons-le franchement : c'est servir Bonaparte au gré de ses souhaits, peut-être ces écrivains sont-ils, sans s'en apercevoir, les instrumens de quelques agens secrets de Fouché, qui, pour de pareilles machinations, n'en serait pas à son coup d'essai. Peut-on expliquer autrement l'empressement avec lequel ces articles incendiaires sont traduits et insérés dans le journaux favoris du tyran? Comme il tire parti de cette exaspération pour exaspérer à son tour les Français, qui n'aspirent cependant qu'au moment de célébrer sa chute! il tient le même langage, sa tactique est la même! Tout ce qu'il dit, tout ce qu'il fait peut se réduire à ce peu de mots : Français, battez-vous pour moi, ou vous êtes perdus; vos enfans seront enmenés et vendus comme esclaves; vos prisonniers seront disséminés dans les déserts ou massacrés; c'est une guerre à mort que l'on veut vous faire!!! Et comment cherche-t-il à prouver ces horribles insinuations? par l'extrait des journaux dont nous parlons. Que tous les hommes bien pensans repoussent de si dangereuses provocations! Pourquoi s'arme l'Europe? pourquoi ses braves et nombreuses phalanges se précipitent-elles vers l'occident : *Donner au roi de France et à la nation française les secours nécessaires pour rétablir la tranquillité publique, venger la violation des traités, détruire un pouvoir usurpé, renverser l'oppresseur de la France et de l'Europe, conquérir une seconde fois cette paix,* besoin du monde, dont on commençait à goûter les doux fruits, et qu'a rompue *l'homme avec lequel il ne peut exister ni paix ni trêve.*

Voilà ce qu'ils veulent et ce qu'ils veulent uniquement. Eh bien! les moyens qui tendent à accélérer ces résultats, à les obtenir avec la moindre effusion de sang possible, ne sont-ils pas les meilleurs? Pourquoi donc prêcher d'avance une guerre d'extermination? pourquoi ne pas attendre au moins quel parti prendront les Français? Croient-ils donc, ces écrivains imprudens, que la lutte sera plus tôt terminée, si la nation française se déclare contre les alliés, que si elle se déclare pour eux. Tous ces braves qui quittent leurs foyers et leur patrie pour aller combattre celui qui déjà, dans sa rage insensée, menace de la destruction leur patrie et leurs foyers, ne préféreront-ils pas voir l'olivier au lieu du glaive dans les mains de la population française? Partout où elle peut se prononcer, ne combat-elle pas déjà pour le même but? Le sang français n'a-t-il pas déjà coulé dans plusieurs provinces, pour la cause sacrée qui appelle encore une fois l'Europe en armes sur les rives de la Seine

Puissent les hommes chargés de diriger l'opinion publique, ne plus confondre tous les Français dans le ressentiment des maux dont les ont accablés, pendant dix ans, les Français indignes de ce nom! Non! la terre natale de ce *François Ier*, qui disait: *tout est perdu fors l'honneur*, n'est point la terre natale du parjure et de la trahison. L'égarement et la perfidie de quelques milliers d'hommes ne doivent pas entraîner la condamnation générale de tout un peuple. Le cri de *vive le roi!* retentit dans toutes les consciences, de Dunkerque au Var, des Pyrénées à Landau; que le drapeau blanc flotte encore une fois dans ces belles contrées; qu'il soit protégé par les magnanimes souverains dont le cœur est si cher aux Français; qu'il soit un signe de ralliement et de réconciliation; et l'on verra les populations entières des villes et des campagnes se précipiter pour le défendre et pour bénir leurs libérateurs.

N° IX.

Du 5 mai 1815.

Constitution annoncée par Bonaparte.

La constitution française vient de paraître. On ne peut pas dire la nouvelle constitution, car les principes fondamentaux sont ceux de la charte donnée par le roi.

Il n'y a de remarquable que le préambule et le dernier article. Dans le préambule, Bonaparte avoue qu'il avait conçu une monarchie universelle qu'il appelle modestement *système fédératif européen*, et c'est pour cela que, dans le temps, il n'avait rien fait en France pour la liberté des citoyens. Dans le dernier article, pour lequel toute la constitution a été évidemment rédigée, Bonaparte fait dire au peuple français qu'il ne veut pas que, dans le cas même de l'extinction de la dynastie impériale, on propose jamais le rétablissement des Bourbons sur le trône de France. C'est le peuple, qui interdit aux citoyens, c'est-à-dire au peuple, toute proposition à cet égard : et c'est ensuite le peuple qui accepte la loi par laquelle, lui peuple, s'interdit lui-même cette proposition.

On rirait volontiers de ce galimathias métaphysique, s'il n'excitait en même temps la plus profonde indignation. Ce sentiment, que partageront toutes les âmes honnêtes, nous dispense de réflexions ultérieures, et il nous répugne d'ailleurs de nous arrêter plus long-temps à l'idée révoltante que les Français pourraient être un jour gouvernés par le *fils d'un Ney*, *d'un Davoust*, *d'un Fouché*, l'opprobre de l'espèce humaine.

Cette constitution est soumise à l'acceptation [d]u peuple. A cet effet, des registres seront ouverts [d]ans toutes les administrations, et chacun ira y [c]onsigner son vote. Mais quelque mépris qu'ait [t]oujours montré pour les Français le tyran qui les [o]pprime, il n'a cependant pas osé espérer que, [m]ême la minorité d'entre eux, apposerait sa signa[tu]re, au bas de l'acte infâme qui proscrit l'auguste [fa]mille de ses rois. Cet appel au peuple, que même [da]ns le temps du plus affreux et du plus déplo[ra]ble délire, la Convention n'osa pas faire pour le [ju]gement du vertueux Louis XVI; Bonaparte se [gar]de bien aussi d'y avoir recours pour ce nou[vel] arrêt. Que l'on en juge par les précautions [qu']il prend pour suppléer à cet appel au peuple, [f]aire cependant croire à son acceptation. Les re[gist]res des prétendus votes seront envoyés en *ori[gin]al* par les dépositaires aux maires; par ceux-ci [aux] sous-préfets; par ceux-ci aux préfets; par [ceu]x-ci à Carnot, ministre de l'intérieur!!!

Mais ce mode si facile de fabriquer tel nombre de votes qu'il pouvait désirer, ne tranquillisait pas encore Bonaparte. On se rappelle que depuis son retour, tous les préfets ont été renouvelés. Il fallait encore s'assurer de toutes les autorités intermédiaires entre eux et les citoyens. Aussi a-t-il pris, dès le 20 avril, deux jours avant la publication de la constitution, une des mesures les plus tyranniques qui aient jamais signalé son règne, si fertile en actes arbitraires. Il suspend à la fois, par un seul décret, tous les sous-préfets, maires, adjoints, membres des conseils de départemens, officiers et commandans de la garde nationale. Des commissaires extraordinaires, envoyés dans chaque division militaire, procéderont d'après l'avis des préfets, au renouvellement de toutes ces autorités. On se fera une idée de cette influence immense qu'obtiendra Bonaparte par l'inscription des votes et la falsification des registres, si l'on considère qu'il y a en France plus de cinq cents sous-préfets, plus de quarante mille maires, autant d'officiers de la garde nationale, et bien au delà de cent mille membres des conseils de départemens et de communes.

Et l'on aura pourtant l'impudente audace de présenter à la France, à l'Europe, au Monde, le dépouillement des registres fabriqués par des hommes choisis, *ad hoc*, comme le vœu unanime du peuple français!!!! Mais pourquoi ne se jouerait-il pas, et de la France, et de l'Europe, et du Monde, celui pour qui il n'y a jamais rien eu de sacré?

N° X.

Du 6 mai 1815.

Expédition de Murat en Italie.

Les événemens d'Italie, considérés isolément, paraissent de peu d'importance; mais ils en ont une très-grande, considérés dans leurs liaisons avec les affaires générales de l'Europe.

Murat, laissant son royaume sans défense, exposant sa capitale à être envahie au premier débarquement de quelques milliers d'hommes, marchant à la tête de toutes ses forces disponibles pour attaquer la maison d'Autriche, comptait évidemment sur le secours que lui avait promis Bonaparte.

D'après des renseignemens qui viennent de bonne source, Bonaparte, presque immédiatement après son arrivée à Paris, devait ordonner à ses maréchaux les plus dévoués de défendre autant que possible l'entrée du territoire et les approches de Paris, en pivotant autour de la triple ligne de places fortes qui cernent le nord et l'est de la France. Davoust devait être chargé de défendre Paris jusqu'à la dernière extrémité, d'armer au besoin le peuple des faubourgs, et d'y joindre 20,000 hommes de la garde nationale.

Bonaparte, qui ne croyait pas que les alliés seraient si promptement en mesure, espérait les prévenir et déconcerter leurs projets en faisant marcher Murat sur Milan et soulevant l'Italie. Le Pô une fois passé, et Murat approchant de la capitale de la Lombardie, Bonaparte, avec les corps de Suchet, de Brune, de Grouchy, de Masséna, augmentés des troupes envoyées en poste de Lyon, devait franchir les Alpes, révolutionner le Piémont, y recruter son armée, se joindre dans Milan aux Napolitains, y proclamer l'indépendance de l'Italie, la réunir sous un seul chef et marcher de suite, à la tête de 100,000 hommes, sur Vienne par les Alpes Juliennes et la route que lui avait tracé la victoire en 1797. De nombreux émissaires répandus dans la Pologne, d'où se rapprochait le théâtre de la guerre, y eussent fomenté des troubles et inquiété la Russie.

Par cette manœuvre hardie, Bonaparte prenait sur les alliés l'initiative des opérations militaires, les étendait sur une ligne de près de cinq cents lieues, d'Ostende à Vienne, par les Alpes et l'Italie, se procurait d'immenses ressources en tout genre, empêchait l'empereur d'Autriche non-seulement de faire marcher des troupes contre la France, mais le forçait probablement à faire cesser une guerre dont les provinces héréditaires eussent fait tous les frais.

Telles étaient les chances favorables que pouvait se promettre Bonaparte de cette vaste combinaison. La précipitation de Murat, les sages mesures du gouvernement autrichien, l'habileté de ses généraux, le courage de ses soldats, la fidélité de ses sujets et l'impossibilité dans laquelle s'est trouvé Bonaparte, de dégarnir assez à temps le midi de la France, ont préservé l'Europe de cruelles et longues convulsions. L'insuccès de cette audacieuse entreprise aura d'aussi grands avantages pour la cause commune que le succès lui eût été funeste.

N° XI.

Du 9 mai 1815.

Adulations envers Bonaparte.

Pline a dit que les *princes les plus haïs sont toujours les plus flattés.* Cette vérité, que confirme l'histoire, s'est vérifiée de nos jours. Nous allons prouver par des citations authentiques, que jamais prince n'a été plus flatté que Bonaparte. La conséquence sera facile à tirer. Ses courtisans ont reculé pour lui les bornes de la servitude. On a employé pour lui des formules dont les flatteurs du plus cruel tyran auraient rougi de se servir. Quelque invraisemblable que puissent paraître ces honteuses adulations, qui ont souvent l'air de l'ironie, nous les garantissons toutes *littéralement* extraites de discours, sermons et adresses, insérés à divers époques dans *le Moniteur* (1).

(1) Voyez aussi *l'Oraison funèbre de Bonaparte.* Paris, avril et mai 1814. (*Note de l'Éditeur.*)

Heureux les princes qu'on peut louer dignement avec vérité ! — Oui; c'est véritablement le trône de Charlemagne qui se relève après dix siècles ! — Comme le Dieu des chrétiens est seul digne d'être adoré, vous êtes le seul homme digne de commander aux Français. — Vous êtes au-delà de l'histoire humaine, au-dessus de l'admiration. — L'étoile de notre salut nous est venu de l'Orient. — Que la terre se taise en ce moment; qu'elle écoute avec respect et en silence la voix de Napoléon. — C'est un nouveau Cyrus que Dieu a choisi.

« Quand Dieu eut fait Bonaparte, il se reposa. — Semblable à l'astre du jour qui anime toute la nature, il porte *partout* son influence bienfaisante. — Périsse à jamais le langage de l'adulalation et de la flatterie ! On ne peut louer dignement Napoléon : sa gloire est trop haute. — Dieu a choisi, dans sa sainte miséricorde, Napoléon pour être son représentant sur la terre. — La souveraine du ciel va marquer, par le plus magnifique des présens, l'anniversaire du jour qui vit sa glorieuse rentrée dans ses domaines. Vierge sainte ! ce ne fut pas sans un témoignage spécial de votre amour pour les Français, et de votre influence toute puissante auprès de votre fils, qu'à la première de vos solennités (15 août) devait être attachée la naissance de Napoléon! Dieu a voulu que votre glorieux sépulcre enfantât ce héros. — Les Romains souhaitaient à chaque nouvel empereur d'être plus fortuné qu'Auguste, plus vertueux que Trajan : nous avons cet empereur; dans les nations les plus reculées, votre image vénérée ornera le palais des rois. — Qui a jamais fermé tant de plaies, séché tant de larmes, terminé tant de calamités, fait tant d'heureux? — Périssent les monumens élevés par l'orgueil et la flatterie! il a droit à des autels, à des temples. La douce Géneviève, ancienne protectrice de la ville de Paris, partagera ses tabernacles avec Napoléon, adopté dans le ciel et sur la terre. — Le siècle des Césars (1), a commencé pour la France. — Il peut d'un signe ébranler la terre. — Puissiez-vous bientôt régir l'Europe entière! — Vous avez créé plus de monumens qu'Auguste, tandis que vous remportiez plus de victoires que

---

(1) Ou des Tibères, des Caligula, des Néron, des Domitien.

Jules César. — Quel Dieu nous a fait ces lois?
(le Code.) — Qu'il est doux pour cette nation,
proclamée bonne par le *meilleur* des princes, de
contempler son auguste chef. — Les peuples voisins, vous saluent comme leur libérateur. Il était
réservé à vous seul d'obtenir leur reconnaissance
et de mériter *leurs bénédictions.*

« Le cœur de Napoléon est avare du sang de
ses sujets. — Oui, sire, la conscription a contribué à l'accroissement de la population. —
L'homme devant qui l'univers se tait, est aussi
l'homme en qui l'univers se confie!!! »

N.° XII.

Du 10 mai 1815.

Discours d'un président de députation, à Bonaparte.

Nous avons donné, dans notre numéro d'hier,
un extrait des adulations prodiguées à Bonaparte
avant sa déchéance. Nous ne pouvons nous dispenser de traduire en entier les flatteries d'un
genre nouveau, que lui a adressées, le 20 avril dernier, le président de la députation de la ville de

M.... Ce discours n'a pas été imprimé, mais il nous a été envoyé de Paris comme authentique.

Sire,

Depuis votre arrivée en France, que de bienfaits n'avez-vous pas répandus sur elle! Il faudrait être aveugle pour ne pas les voir Vous avez paru et tout a changé de face en un moment? Les détracteurs de votre gloire et de votre génie ne pouvant en supporter l'éclat cherchent à les ternir; mais ce sont de légères vapeurs devant un brillant soleil. Nous étions en paix avec toute l'Europe, disent ces gens qui ne sont jamais contens, et nous allons avoir une guerre générale. Ah! sire, ils ne tiendront plus ce même langage lorsqu'ils vous verront encore une fois rendre à Moscou un décret sur les comédiens français! Ils admireront cette force de génie, de cette insensibilité héroïque qui vous permettent de vous occuper d'une douzaine d'histrions, au milieu du plus épouvantable désastre dont la colère céleste puisse frapper une nation. Si depuis votre retour nous n'avons plus de commerce, ce n'est qu'une privation momentanée et qui sera bien compensée lorsque votre Majesté, renouvelant son admirable système continental, aura mis des douaniers français à Archangel, New-Norck et Calcutta! L'intérieur était calme; les citoyens étaient unis et vivaient en paix; le sang a coulé et coule encore pour votre querelle; mais comme on l'a très bien dit depuis vingt ans, les révolutions ne se font-elles qu'à *l'eau de rose?* et ne fallait-il pas renouveler cet heureux état de trouble et de dissensions qui retrempe les âmes et les dispose aux grandes choses? Les manufactures sont, il est vrai, dans une nullité complète; mais ne fait-on pas des piques, des sabres, des fusils, des baïonnettes et des lances? Ceux qui n'ont plus d'ouvrage ne se font-ils pas soldats? Pourvu que le peuple gagne sa vie, qu'importe le genre de ses occupations? La vérité plaît à Votre Majesté, nous oserons la lui dire tout entière. Les nombreuses arrestations ont excité quelques murmures; mais, sire, que votre grande âme n'en soit point affectée, qu'importe que quelques milliers d'individus gémissent dans les cachots, lorsqu'il s'agit de l'accomplissement des grands desseins de Votre Majesté et de la tranquillité de vos ministres? Si, depuis votre glorieuse rentrée dans la capitale, les impôts se perçoivent d'après votre unique volonté; si vos décisions sont des lois; si la nation n'a d'autre représentant que vous; si vous réunissez tous les pouvoirs; si tout vous est aveuglément soumis; si votre gouvernement est tellement absolu que quelques mal intentionnés osent l'appeler tyrannique, ne savons-nous pas, Sire, que c'est dans l'attente de cette constitution qui commencera pour nous le siècle d'or. Ah! Sire, nous vous en conjurons, poursuivez vos glorieuses destinées. Que le peuple français soit sans lois, sans commerce, sans manufactures, sans paix, sans alliés, sans liberté, sans bonheur, pourvu qu'il conserve le surnom de *grand peuple* dont Votre Majesté, l'a baptisé dans des fleuves de sang! » Bonaparte, dont le caractère est si prodigieusement changé, n'a pris d'autre mesure contre l'adulateur maladroit, que d'insinuer à la députation qu'il présidait de ne plus le choisir pour son orateur.

N° XIII.

Du 17 mai 1815.

Motif de la guerre d'après la déclaration du roi de France du 2 mai.

Tout annonce qu'elle va bientôt commencer la grande lutte qui doit consolider en Europe cette indépendance politique, conquise il y a un an, par tant de sacrifice et de sang, et compromise de nouveau par un événement aussi fatal qu'inattendu. S'il est vrai que dans les grandes entreprises l'union soit une des plus grandes garanties du succès, qui pourrait douter de l'heureuse issue de la guerre sainte que nous allons faire? Quelle énergie dans les moyens? Quel accord dans les mesures? Quelle harmonie entre les souverains? Quelle concordance dans leurs actes? Le roi de France lui-même, dont les alliés sont forcés d'envahir les états pour hâter la destruction prononcée d'un tyran, ce roi que les plus infâmes trahisons ont séparé momentanément d'un peuple qu'il aime et dont il est aimé, il l'appelle a faire cause commune avec nous. « *Ralliez-vous à votre* roi, *dit-il aux Français, à votre père pour l'aider à vous sauver et pour accélérer par la punition de l'auteur de tant de maux, l'époque d'une réconciliation générale.* »

A ce noble et touchant langage, les Français répondent : n'en doutons pas. Venez, ô notre roi ! ô notre père ! Venez, avec vos alliés briser les pesantes chaînes dont nous ont chargés nos tyrans, et nos mains libres alors s'armeront pour les punir et vous venger.

Nous voyons dans la déclaration du roi de France, du 2 mai, que les souverains ses alliés *lui ont déclaré vouloir respecter l'indépendance et garantir l'intégrité du territoire de France.* Le voilà donc connu le but de cette guerre. Les voilà connues ces généreuses dispositions des souverains alliés, dont la conduite est, certes, sans exemple dans l'histoire. Il ne s'agit plus de la prise de quelques villes, du partage d'une ou de plusieurs provinces, d'une guerre d'ambition ou vengeance. Combien plus utile et plus noble est le but qu'ils se proposent. La destruction d'un pouvoir incompatible avec ceux qui existent en Europe, la punition d'un grand crime politique qui ne se renouvellera plus si le châtiment suit de près, la conservation de l'ordre social, le maitien des principes sans lesquels il n'est plus ni garantie pour le trône, ni sûreté pour les citoyens, et l'affermissement d'une paix qu'il est temps enfin, après vingt-cinq ans, de mettre à l'abri du caprice et de l'ambition de quelques hommes qui ont identifié leur existence avec une guerre perpétuelle.

Voilà ce que veulent nos princes magnanimes dont les noms consacrés par la plus mémorable époque de l'histoire, passeront à la postérité comme des modèles de générosité, de grandeur d'âme et d'héroïsme.

N° XIV.

Hambourg, 23 mai 1815.

Que feront les Français après la chute de Bonaparte?

Le traité signé à Vienne le 25 mars, et la déclaration du prince-régent d'Angleterre, du 25 avril portent: *Que les hautes puissances contractantes n'ont d'autre but que de mettre Napoléon Bonaparte hors d'état de renouveler ses tentatives, pour s'emparer de l'autorité souveraine en France,* et qu'il n'est pas question *d'imposer à la France aucun gouvernement particulier.* C'est rendre à-la-fois hommage à l'indépendance des nations, et, nous en sommes convaincus, justice à la nation française. Examinons en effet ce qui doit se passer en France, lorsqu'elle sera délivrée du despotisme militaire de Bonaparte. Cette question intéresse toute l'Europe ; car du gouvernement qu'adoptera la France dépend sa tranquillité, et de cette tranquillité celle de ses voisins. Semblable à la mer dont les flots se soulèvent loin du lieu de la tempête, le continent est agité dès que l'orage gronde sur la France.

Les Français ont eu une république; ils l'ont créée dans le moment de l'enthousiasme de la liberté; ils l'ont défendue avec courage, et cependant elle n'a pu subsister. Après une période de huit années, ils sont revenus à la monarchie, mais à une monarchie militairement usurpée; et ils ont gémi treize années entières sous un joug de fer.

Cependant les jacobins s'agiteront en tout sens,

pour s'emparer du pouvoir et faire proclamer la république. Mais ce parti est bien moins considérable qu'on ne le croit généralement. Sa puissance vient de son audace, et son audace de sa situation. L'ordre social repoussant les jacobins, ils n'ont d'espoir qu'en troublant l'ordre social. Ils fuient ou la misère ou la justice. Pour échapper à l'une et à l'autre, ils ont cherché secours et protection dans Bonaparte et son armée. Ce pouvoir détruit, ils tomberont pour jamais et seront accablés par cette immense majorité d'hommes de bien, qui ne veulent ni de leurs principes, ni de leurs folies, ni de leur sanguinaire liberté. Les Français ont fait la trop funeste expérience qu'il n'est point de république avec 25 millions d'hommes. Tous les maux que, pendant huit années, ce gouvernement a déversés sur eux, sont encore trop présens à leur mémoire pour qu'ils ne le repoussent pas avec horreur.

C'est donc bien certainement vers une monarchie constitutionnelle que les Français tourneront leurs regards. Ici l'on se demande qui ils choisiront pour leur roi. Sera-ce un étranger? cela n'est pas admissible. Sera-ce un de leurs compatriotes pris dans une famille d'une ancienne ou d'une moderne illustration? Mais, outre qu'il n'est point d'anciennes familles qui osât monter sur le trône de ses maîtres, les nouvelles ne le souffriraient pas. Iront-ils chercher un prétendant dans les hommes de la révolution? Mais s'il n'est pas militaire, les militaires le repousseront. S'il est militaire, quel est celui d'entre eux qui ne se croira le plus digne de la couronne? Quel est celui qui verra paisiblement dans son camarade ou son subordonné le maître de l'empire? Si le droit vient de la force, les principaux chefs de l'armée auraient le même droit, puisque chacun pourrait disposer d'une partie de l'armée. Alors les Français seraient réduits à l'horrible extrémité d'attendre l'issue d'une bataille de Bedriac pour saluer empereur, Othon ou Vitellius. Victimes comme l'ont été les Romains depuis Claude, de toutes les rivalités et de toutes les ambitions des chefs de l'armée, les Français tomberaient dans ce degré de misère, de servitude et d'anarchie, dont le tableau nous épouvante encore après dix-sept siècles. Certes, la nation française est trop éclairée; elle a trop besoin de repos pour laisser renouveler dans son sein les terribles catastrophes et les sanglantes révolutions du bas-empire!

Tous ces malheurs disparaissent en laissant à la famille des Bourbons son antique héritage. Devant elle se taisent toutes les rivalités, toutes les ambitions; aucune n'a rendu plus de services à la patrie; aucune ne l'a plus illustrée; aucune ne l'a environnée de plus glorieux souvenirs. Tout ce qui fait que la France est une puissance forte et estimée, l'étendue de son territoire, ses richesses, ses monumens, ses grandes cités, sa littérature et ses arts, se rattache à cette auguste famille; et la France n'a été malheureuse que lorsqu'elle a été veuve de ses rois. Voilà pour la paix intérieure. Pour la paix extérieure, les Bourbons lui offrent encore plus de garanties. Deux trônes en Europe sont occupés avec deux princes de leur race. Ils sont unis par les liens du sang avec plusieurs autres souverains. Le retour de la nation au gouvernement légitime de ses princes lui conciliera l'amitié de ses voisins; elle se remettra en harmonie avec les autres gouvernemens de l'Europe. Heureuse chez elle, respectée au dehors, elle retrouvera ce qu'elle ne peut espérer, ni de l'oligarchie, ni de la tyrannie militaire ; la tranquillité au-dedans, et au-dehors ce renouvellement de relations, de sécurité, d'estime et d'amitié, qui font des nations européennes une grande famille.

Il est donc hors de doute que, pour le bonheur de la France et le repos de l'Europe, *l'expérience, le sentiment et l'intérêt*, ramèneront sans effort les Français dans les bras de Louis XVIII, dont le gouvernement d'une année a déjà fait ajouter à son surnom de *Désiré*, celui de *Regretté*.

N° XV.

Hambourg, 9 juin 1815.

De la nation et de l'armée française.

Toutes les nouvelles publiques et particulières de France, même celle rédigées sous l'influence ministérielle, attestent la résistance de la nation à l'usurpation de Bonaparte.

La France offre en ce moment, au monde, le grand et terrible spectacle d'un roi trahi, d'une nation opprimée par l'armée destinée à défendre l'un et à protéger l'autre. L'on se demande comment vingt-six millions d'hommes peuvent subir le joug de deux à trois cent mille? Cela provient de la différence de situation des opprimés et des oppresseurs. Quand la force armée d'un état, violant ses sermens, se range du côté de son usurpateur, elle lui livre par cela même les moyens de consolider son usurpation. Toutes les pages de l'histoire déposent de cette vérité. Avec des soldats le tyran se procure de l'argent; il satisfait alors ses soldats et s'en procure de nouveaux. Avec des soldats, il s'empare des forteresses, des arsenaux, de toutes les ressources militaires du pays; il bouleverse l'administration, la place dans des mains presque toujours criminelles, mais qui lui sont dévouées, et en les appuyant par la force armée, ces complices deviennent à leur tour les soutiens et les instrumens de sa tyrannie. Avec des soldats, il désarme les populations qui lui sont suspectes, il fait planer la terreur par la création des commissions militaires, de tribunaux extraordinaires composés, non pas de juges, mais d'assassins, et le glaive du bourreau s'unit à l'épée du guerrier;

alors tout cède, tout fléchit. « Rome qui avait conquis le monde, Rome, dit Montesquieu, tremblait devant la première bande de soldats qui pouvait s'en approcher. » Que peuvent faire alors les citoyens? Ils murmurent, ils se soulèvent par fois; mais la surveillance des autorités, l'espionnage, la crainte, empêchent tout concert et tout accord, surtout dans un vaste pays; ces soulèvemens sont sans résultats. Aussi Auguste disait-il qu'il craignait les révoltes des soldats, mais non les conjurations des citoyens; et tant qu'il eut les armes à la main, il ménagea les premiers, et fut cruel pour les autres.

Et en effet, si l'on considère l'organisation du militaire, cette hiérarchie dans le commandement, cette obéissance passive aux chefs, cette facilité de mouvoir à l'instant même et sur un signe, des masses à de grandes distances, et que partout où elles arrivent, elles sont relativement plus fortes que la population qui les entoure; si d'un autre côté l'on considère cette foule de citoyens paisibles, d'ouvriers, de cultivateurs, sans point de ralliement, sans organisation, sans concert pour le moment d'attaque, sans discipline, sans chefs, sans armes, sans artillerie, comprimés par les lois du tyran, par ses tribunaux, ses autorités, et ses soldats; loin de s'étonner que les insurrections partielles soient aussitôt appaisées que formées, on s'étonnera qu'avec une pareille disparité d'attaque et de défense, il puisse même y en avoir, et l'on sera convaincu que la puissance civile abandonnée à elle-même est hors de contrebalancer la puissance militaire. Ainsi Lille et Dunkerque se prononcent contre l'usurpateur. Elles sont à l'instant frappées d'une contribution extraordinaire; Marseille lui montre de la résistance; elle est mise en état de siége; sa garde nationale est dissoute, et ses citoyens les plus considérables sont jetés dans les cachots; Montpellier et Nîmes arborent le drapeau blanc: on menace d'anéantir leur population, et des commissions militaires promènent la mort dans ces belles contrées; Paris fait trembler le tyran sur son trône ensanglanté, il entoure la ville de fortifications, et mille pièces d'artillerie destinées en apparence à la défendre, la menacent d'une entière destruction. Un si déplorable état des choses ne peut cesser que par la mort de l'usurpateur, ou lorsqu'une force étrangère détournant les baïonnettes du sein des citoyens, leur permet de faire éclater leurs sentimens, et de se rallier et d'agir d'après un plan fixe pour seconder leurs libérateurs.

Mais, dit-on, pourquoi l'armée française, composée de citoyens, s'est-elle séparée de citoyens; et pourquoi, faisant elle-même partie de la nation, l'opprime-t-elle en soutenant un homme qui lui est en horreur? Lorsque les soldats ont fait la guerre pendant une longue suite d'années, qu'ils ont séjourné long-temps en pays étrangers, ils perdent peu à peu l'esprit de citoyen; ils commencent à ne connaître que leur général, et à fonder sur lui toutes leurs espérances. Alors de pareils soldats en viennent facilement à ne plus combattre pour la *patrie*, mais pour une *personne*; ils croient que la patrie ne leur donnera pas ce que leur chef leur procure, et ils la sacrifient à leur intérêt. Telle est la position des soldats français. Vingt années de guerre les ont attachés à Bonaparte, qu'ils regardent comme le garant de tous les avantages que la guerre leur avait procurés; et, dans l'espoir de retrouver ces avantages, ils l'ont proclamé empereur *pour leur utilité particulière, contre le vœu de toute la nation.* Tel a été et tel sera toujours le sort des peuples chez lesquels le pouvoir militaire aura acquis trop de prépondérance. Lorsque le poison priva Claudius de l'empire et de la vie, l'empire appartenait à son fils, et les Romains l'y appelaient. Mais le chef des cohortes prétoriennes était gagné. Agrippine conduit son fils au camp; quelques milliers d'hommes donnent l'empire du monde à Néron. Un monstre gouverne, et Britannicus est proscrit.

Plaignons donc le peuple français, et ne l'accusons pas. Privé de son roi qu'il aime et qu'il redemande, subjugué par un usurpateur qu'il hait et qu'il repousse, il subit le sort que, dans des circonstances analogues, n'a pu éviter et n'évitera aucun peuple.

N° XVI.

Hambourg, 16 juin 1815.

De la prétendue acceptation de l'acte additionnel par le peuple français.

La farce du Champ-de-Mai a été jouée le

1ᵉʳ juin. Un héraut d'armes a proclamé que *l'acte additionnel aux constitutions de l'empire était accepté par le peuple français!!!* Que conclure de cela? non que le *peuple français* a rejeté la famille de ses rois; mais que, pour la dixième fois, Bonaparte fait solennellement proclamer à la face du ciel une sacrilége imposture. Ce n'est point par des raisonnemens, mais par des calculs sur l'exactitude desquels on peut compter, que nous prouverons cette assertion.

Il y a en France au moins 4,500,000 personnes ayant droit de voter. En admettant pour vrai le dépouillement des registres, ce qui est beaucoup accorder, il y aurait d'acceptans 1,286,000. — Il reste donc 3,214,000 Français qui n'ont point émis de votes; et comme sous le gouvernement tyrannique de Bonaparte, il y a toujours une sorte de danger à ne pas faire ce qui est exigé, on est fondé à regarder les votes non émis comme négatifs.

Mais voyons de quoi se composent les 1,285,000 acceptans, et, pour les bien apprécier, rappelons-nous le décret du 20 avril dernier, par lequel *tous* les agens de l'administration dont le gouvernement n'était pas sûr, ont été changés par des commissaires extraordinaires, envoyés *ad hoc* :

Armée de terre et de mer. . . .	300,000
Maires.	44,000
Adjoints.	44,000
Douanes.	60,000
Droits-réunis.	40,000
Officiers de la garde nationale nommés par Bonaparte. . . .	40,000
Receveurs et percepteurs des contributions	40,000
	568,000

Il faut ajouter à ce nombre tous les employés des ministères, des préfectures, sous-préfectures, justices de paix, des tribunaux, de l'administration des postes, de l'enregistrement, des hypothèques, de l'octroi, des eaux-et-forêts, des loteries, etc., etc. On estime, pour tout le royaume, le nombre de tous ces employés à 600,000, ce qui, certes, ne paraîtra pas exagéré.

Ainsi voilà 569,000 personnes, qui, par leurs fonctions, étaient forcées de signer et 600,000 qui n'ont pu faire autrement, sous peine de mourir de faim en perdant leurs places, et qui, par cette raison, voteraient affirmativement pour la proposition que deux et deux font cinq. Il resterait donc 118,000 votes libres pour l'acte additionnel. En comparant ce nombre à celui de 3,314,000 qui n'en ont point émis, on verra que de bonne volonté et librement, un Français sur vingt-sept de ceux ayant droit de voter a accepté l'acte additionnel. Et c'est un pareil résultat que l'on ose proclamer comme la volonté du *peuple français*.

FIN.

TABLE
DES MATIÈRES.

TABLE

DES MATIÈRES

CONTENUES DANS LE DEUXIÈME VOLUME.

CHAPITRE PREMIER.

Observations sur le 18 brumaire de M. de Bourrienne, par M. Boulay de la Meurthe, ancien ministre d'État, etc.   Pag. 1

CHAPITRE II.

Suite des observations de M. d'Aure.   52

CHAPITRE III.

Observations sur le procès de Pichegru, Georges, etc.   67

CHAPITRE IV.

Lettre à M. Bourrienne, sur quelques passages de ses Mémoires relatifs à la mort du duc d'Enghien. 97

CHAPITRE V.

Suite des observations de M. le comte de Survilliers. 113

Observations au sujet des imputations contenues dans les Mémoires de M. de Bourrienne, sur l'archi-chancelier. 180

Observations sur deux Chapitres des Mémoires de M. de Bourrienne, par M. le baron de Stein, ancien ministre de Prusse, etc. 200

La Romana. — Son départ. — M. de Bourrienne oublie les dates 213

Bourrienne et le maréchal Davoust. — Notes sur quelques observations contenues dans les Mémoires de M. de Bourrienne, contre le maréchal Davoust. 225

Observations sur les affaires de Saint-Domingue. 247

—405—

CHAPITRE IX.

Documens impériaux. — Ambassade de Bernadotte à Vienne. — Roman atroce. — La vérité. 280

Marche de l'Empereur sur Fontainebleau. 345

Recueil de pièces insérées dans le Correspondant de Hambourg, pendant les cent jours de l'usurpation. 357

FIN DE LA TABLE DU DEUXIÈME VOLUME.

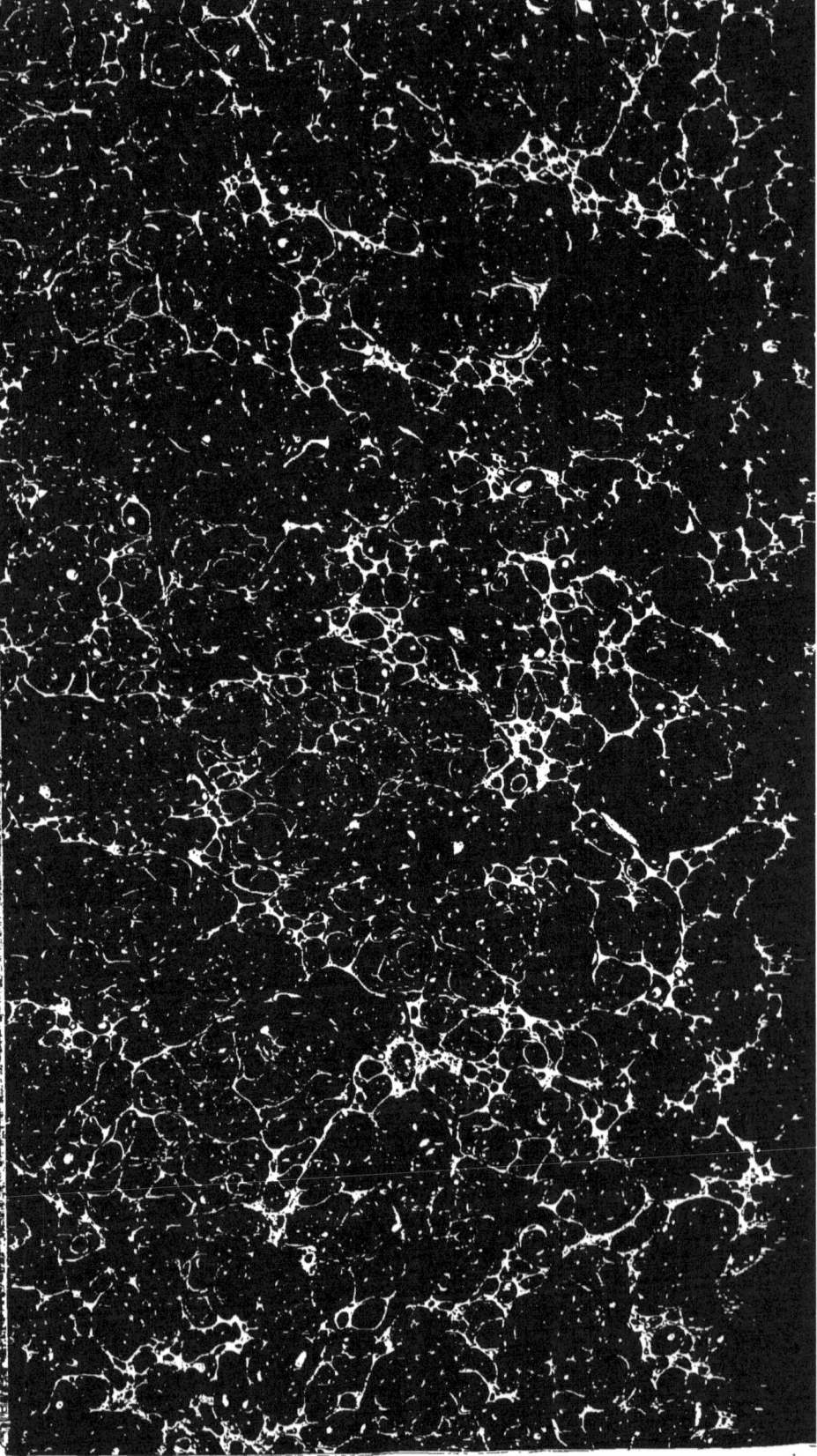

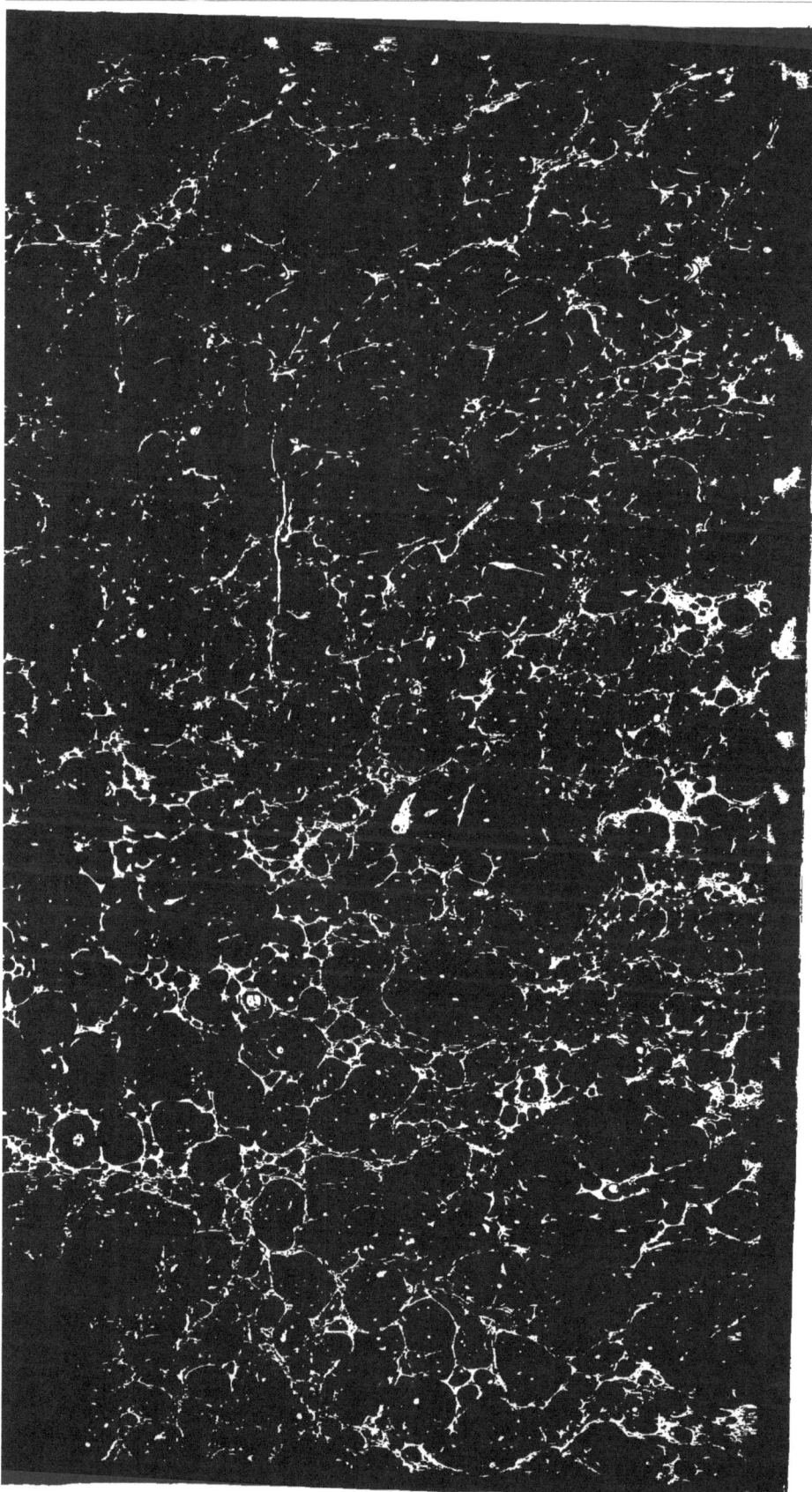

www.ingramcontent.com/pod-product-compliance
Lightning Source LLC
Chambersburg PA
CBHW052129230426

43671CB00009B/1172